高等职业教育"十三五"规划教材
道路桥梁工程技术专业系列规划教材

公路工程计量与计价

（修订版）

辛建丽　主编

李永成　副主编

张海霞　沈秋雁　参编

杨占启　华　均　主审

科学出版社

北　京

内 容 简 介

本书根据专业人才培养目标和"公路工程计量与计价"课程标准的要求,结合《公路工程标准施工招标文件》(2018 年版)、《公路工程预算定额》(JTG/T B06-02—2007)等最新规范文件进行编写。全书共八个单元,分别为工程量清单、公路工程计量、计算工程量、计算材料的平均运距、计量与支付、"路"相关计量、"桥"相关计量、计量与支付实训。

本书既可作为高职高专院校公路工程造价管理、道路桥梁工程技术及其相关专业的教学用书,也可供公路工程监理、设计、施工、咨询等单位的相关工程技术人员学习与参考。

图书在版编目(CIP)数据

公路工程计量与计价/辛建丽主编. —北京:科学出版社,2016
(高等职业教育"十三五"规划教材·道路桥梁工程技术专业系列规划教材)
ISBN 978-7-03-048815-2

Ⅰ. ①公… Ⅱ. ①辛… Ⅲ. ①道路工程-工程造价-高等职业教育-教材 Ⅳ. ①U415.13

中国版本图书馆 CIP 数据核字(2016)第 132813 号

责任编辑:万瑞达 李 雪 /责任校对:赵丽杰
责任印制:吕春珉 /封面设计:曹 来

科 学 出 版 社 出版
北京东黄城根北街 16 号
邮政编码:100717
http://www.sciencep.com
新科印刷有限公司 印刷
科学出版社发行 各地新华书店经销
*
2016 年 8 月第 一 版   开本:787×1092 1/16
2019 年 1 月修 订 版   印张:19 1/2
2020 年12月第四次印刷   字数:462 000

定价:49.00 元
(如有印装质量问题,我社负责调换〈新科〉)
销售部电话 010-62136230 编辑部电话 010-62130874(VA03)

修订版前言

"公路工程计量与计价"是公路工程造价专业的核心课程,同时也服务于道路桥梁工程技术、高等级公路维护与管理、公路监理等多个专业。为了适应行业发展和教学改革需要,南京交通职业技术学院课程开发团队多次深入相关企业调研人才需求情况,并邀请企业专家、课程专家共同参与调研材料的分析、论证,在明确了本课程对应岗位的职业能力要求的基础上,联合江苏东南交通工程咨询监理有限公司等路桥企业共同编写了本书。

编者以公路工程类专业毕业生就业岗位(造价员、计量员、预算员)的能力要求为出发点,参照《公路工程造价人员资格考试大纲》来选择内容。本书的编写重点在于培养学生的职业能力,同时也兼顾了学生专业知识体系的构建和学生的后续发展。故本书既可作为高职高专院校公路工程造价管理专业的教学用书,也可供道路桥梁工程技术及其相关专业教学使用,还可作为公路工程监理、设计、施工、咨询等单位从事公路工程造价管理工作的业务人员学习与参考。

随着《公路工程标准施工招标文件》(2018 年版)的颁布与实施,2018 年版标准文件中的技术规范主要强化安全施工管理和标准化管理。为了统一工程量清单计量的方法与原则,2018 年版将原标准文件中的计量支付条款从技术规范中分离出来,构成招标文件的一个独立章节"第八章 工程量清单计量规则",以促进工程量计量行为的规范化和标准化,减少工程实施过程中因计量条款不清晰、不明确而发生的合同争议。本书第一版于 2016 年 8 月出版,编者依据《公路工程标准施工招标文件》(2018 年版)及本书第一版在使用过程中发现的一些问题,对第一版内容进行了相应的修订和完善。

本书单元一、单元三、单元六、单元七由南京交通职业技术学院辛建丽编写,单元二、单元四由李永成编写,单元五由张海霞编写,单元八及附录由沈秋雁编写。江苏东南交通工程咨询监理有限公司高级工程师杨占启(注册造价工程师)、湖北城市建设职业技术学院华均审阅了全书,并提出了许多建设性意见,在此深表谢意。在编写本书过程中,编者得到了江苏交通工程投资咨询有限公司王聪(注册造价工程师)、南京南部路桥工程有限公司工程师姚光福(公路造价师)的大力支持和帮助,在此一并表示感谢。

由于编者水平有限,书中难免有疏漏之处,恳请读者批评指正。

编 者

2018 年 6 月

第一版前言

"公路工程计量与计价"是公路工程造价管理专业的核心课程，同时也服务于道路桥梁工程技术、高等级公路维护与管理、公路监理等多个专业。本书是在南京交通职业技术学院课程团队进行了多次企业人才需求情况调研和论证的基础上，依据专业人才培养目标和公路造价从业人员任职要求，与江苏东南交通工程咨询监理有限公司等路桥企业合作开发的一本工学结合的、以任务为导向的项目化课程用书。

编者以公路工程类专业毕业生就业岗位(造价员、计量员、预算员)能力要求为出发点，参照《公路工程造价人员资格考试大纲》来选择内容。本书的编写重点在于培养学生的职业能力，同时也兼顾了学生专业知识体系的构建和学生的后续发展。故本书既可作为高职高专院校公路工程造价管理专业的教学用书，也可供道路桥梁工程技术及其相关专业教学使用，还可供公路工程监理、设计、施工、咨询等单位从事公路工程造价管理工作的业务人员学习与参考。

本书单元一、单元三、单元六、单元七由南京交通职业技术学院辛建丽编写，单元二、单元四由李永成编写，单元五由张海霞编写，单元八及附录由沈秋雁编写。江苏东南交通工程咨询监理有限公司高级工程师杨占启(注册造价工程师)、湖北城市建设职业技术学院华均审阅了全书，并提出了许多建设性意见，在此深表谢意。在编写过程中，编者得到了江苏交通工程投资咨询有限公司王聪(注册造价工程师)、南京南部路桥工程有限公司工程师姚光福(公路造价师)的大力支持和帮助，在此一并表示感谢。

由于编者水平有限，书中难免有疏漏之处，恳请读者批评指正。

编　者
2016 年 3 月

目　　录

第一部分　计量与计价基础

第二部分　计量与计价实训

第一部分　计量与计价基础

工程量清单

学习目标 1. 知道工程量清单的含义、特点、作用。

2. 知道用工程量清单如何计价。

3. 知道工程量清单的内容组成及编制程序。

4. 知道工程量清单与招标投标的关系。

5. 能够描述清单计价与定额计价的联系与区别。

6. 能够描述清单计价体系的优缺点。

7. 能够编写简单的工程量清单。

任务背景

招标人×××市 104 国道改造工程建设指挥部根据相关规定，对 104 国道镇江×××段改扩建工程 G104-JRLJ4～G104-JRLJ7、G104-JRQL3～G104-JRQL5 合同段进行了公开施工招标，对通过了资格预审的施工单位发售了招标文件及标段图纸。对招标文件中的重要组成部分——工程量清单，招标文件给出的备注如下：

1）投标人无须自行编制标价的工程量清单，工程量清单请各投标人自行从互联网下载，下载地址为 www.infobidding.com。投标人只需输入单价，就会自动形成合价、汇总价。

2）投标人不能修改招标人提供的工程量清单的编号、细目、数量、运算定义等，否则该投标文件将被按废标处理。

3）投标人在填报清单单价过程中，若发现工程量清单的电子文档有数量、运算定义等错误时，请及时向招标人提出，在招标人未修改之前，切勿自行修改。

任务一　了解工程量清单的含义及作用

●**工作任务**　上述背景中提到了工程量清单，请从工程量清单的含义、作用两方面对工程量清单进行初步了解。

根据《中华人民共和国招标投标法》和《中华人民共和国政府采购法》的相关规定，目前公路工程施工单位施工任务获得的主要方式是通过参加投标，竞争中标后才能获得该施工项目的施工任务。

工程量清单是招标文件和合同文件的重要组成部分，是一种以一定计量单位说明工程实物数量的文件，也是与招标文件中技术规范相对应的文件，它详细说明了技术规范中各工程子目的数量。其中，有报价的工程量清单称为报价单，是投标文件中最主要的组成部分，中标后含单价的工程量清单将成为合同文件的重要组成部分。因此，它的正确编制，对做好招标投标工作有着重要意义。

一、工程量清单的含义

工程量清单，又叫工程数量清单，有的书上也称作工程量表，它是工程招标及实施工程时计量与支付的重要依据，在工程实施期间，对工程费用起控制作用。工程量清单是招标单位（业主）将要招标的工程按一定的原则（如按工程部位、性质等）进行分解，以明确工程的内容和范围，并将这些内容数量化而得到的一套工程项目表。每个表中既有工程部位和该部位需实施的各个子项目（工程子目），又有每个子项目的工程量和计价要求（单价或包干价），以及总计金额，单价与总价两个栏目由投标单位填写。可知，工程量清单反映的是每个相对独立的个体项目的主要内容和预算数量，以及完成的价格。

招标工程的工程量清单通常由业主提供，但也有一些国际招标工程，并没有工程量清单，仅有招标图纸，这就要求投标人按照自己的习惯列出工程细目并计算工程量，或按国际通用的工程量编制方法提交工程量清单。我国的公路工程项目招标，一般由招标单位提供工程量清单。招标单位在编制工程量清单时可参考《公路工程标准施工招标文件》（2018年版）（以下简称《招标文件》），其中有工程量清单的专门介绍，其第五章给出了按章、节、目排列的工程量清单表。

另外，需要特别指出的是工程量清单中所列的工程数量（也称为清单工程量），是在实际施工生产前根据设计施工图纸和说明及工程量计算规则所得到的一种准确性较高的预算数量，并不是中标人在施工时应予完成的实际的工程量。因为在实际施工过程中，可能会因各种原因与设计条件不一致，从而产生工程量的数量变化，招标单位应按实际工程量支付工程费用。

二、工程量清单的作用

既然工程量清单是招标投标时使用的招标文件之一，那么它的作用显然是为招标投标服务的，其主要表现在以下几个方面：

1. 为投标人的公平竞争提供基础

工程量清单是按照招标文件中技术规范的规定和要求的分项原则，以及工程量计算方法编制的，是招标单位计算标底、投标单位计算报价的依据。一方面，招标单位的标底是按这些分项进行计算而编制的；另一方面，各投标单位也是以工程量清单为依据，参照招标文件中的其他合同文件，结合本单位以往的施工经验，对工程量清单中所列各项分别进行报价，然后汇总，从而完成对整个工程的报价，这样就为所有投标单位提供了一个报价计算的共同基础，使其能有效而精确地编写报价单，从而合理地进行投标报价。这样充分体现了公平竞争原则，同时由于标底也是在此基础上计算出来的，这为评标时对报价进行比较提供了方便。

2. 中标后的工程量清单为实施工程计量和办理中期支付提供依据

工程量清单描述了工程项目的范围、内容及计量方式和方法，在工程实施期间对工程的计量与支付必须以工程量清单为依据，即使发生工程变更及费用索赔时，其参考作用也很明显——直接影响监理工程师对单价的确定。因此，工程量清单必须做到分项清楚明了、各种工作内容"不重不漏"，报价时工程数量的计算应尽可能准确。

3. 促使投标人提高技术水平及管理水平

由于各个投标单位是在同一个基础上进行报价，为了中标，投标单位必须不断提高管理水平和技术水平，从而降低投标报价。这样有利于促进施工单位改进施工方法、优化施工方案、加强项目管理，采用自己掌握的先进施工技术、设备，最大限度地提高劳动生产率，最终降低生产成本。

4. 为招标单位选择合适的承包人提供重要参考

鉴于投标人受工程量清单制约，主要的竞争为价格竞争，而这有利于降低招标单位费用，因此它是招标单位选择中标人的重要参考。一般招标单位会选择报价最低的中标，但同时也要兼顾施工组织及承包人低价完成的可能性，若对其有疑问时会倾向于适当抬高预计支付标准。另外，招标单位也会在报价后的清单中分析投标人是否使用不平衡报价，作为选择中标人的参考。

5. 为费用监理提供依据

由于工程量清单既是合同文件的组成部分，又是发生工程变更、价格调整、工程索赔时招标单位与承包人都比较易于接受的价格基础，因此无论采用总价合同、单价合同，还是成本加酬金合同，工程量清单都是费用监理中应最优先考虑到的问题。

任务二　认识工程量清单特点

● **工作任务**　请从工程量清单的特点为出发点对工程量清单进行深入的理解和认知。

一、工程量清单的一般特点

1. 招标投标的产物

我国施工的方式主要采用承发包方式。承发包方式是招标单位通过合同或协议明确规定招标单位即工程发包人(甲方)和施工企业即工程承包人(乙方)双方的经济责任、权利和义务后，把工程发包给施工企业负责施工的方式。承发包方式的核心是在市场经济体制下，根据等价交换的原则，招标单位与施工企业以平等的身份签订合同，互相制约、互相督促、共同努力，在保证工程进度和质量要求的前提下，提高经济效益，完成建设任务。这一方式要求按经济核算原则组织施工，符合当前生产力发展和现代化社会分工的要求，因而已逐渐成为占主导地位的施工方式。

在工程招标投标过程中，要达到的质量标准应在与清单配套的技术规范中具体规定，其标准可由招标单位根据具体工程情况参照相关标准自行逐条制订，这就为工程质量标准的具体掌握打下了坚实基础。与此同时，由于工程质量标准、工程数量都在招标文件中规定了，故投标人的竞争主要是在规定的质量、数量条件下单价的竞争，这就为施工水平高、能保证工程质量且报价低的企业获得工程承包合同创造了条件。工程采购实行招标投标制度后，工程量清单就是招标文件和合同文件的重要组成部分，所以工程量清单是招标投标的产物。

2. 与技术规范一致

技术规范在招标文件中与合同条件、工程量清单一样是一份十分重要的文件，它详细具体地说明了承包人履行合同时应遵守的施工技术规范，以及计量与支付的规定等。由于不同性质的工程，其技术特点和质量要求及标准等都不相同，所以技术规范应根据不同的工程性质及特点分章、分节、分部、分项来编写。而工程量清单则是完成这一工程中某章、某节、某项内容具体的工程数量，它是对按照技术规范要求实施工程所需完成的工程量的一种预测，其编号与技术规范相同，也相应分章、分节、分项等，因而与技术规范保持了高度的一致性。

3. 与图纸的一致性

设计图纸及有关技术资料是工程项目的原始资料，它说明了工程项目的位置、地质条件、工程要求及建设标准。工程量清单的工程数量就是根据工程设计图纸的实物量按技术规范的要求计算出来的。当设计图纸发生变更或出现错误时，工程量清单的工程子目分项及工程数量都会发生变化或出错，有的承包人会利用工程量清单与设计图纸的一致性对两者进行仔细研究，为其谋求更大利润寻找突破口。

4. 与标底的一致性

编写工程量清单的一个重要目的，就是在招标投标时为所有的投标人提供一个共同计算标价的基础，所有的投标人都以工程量清单所列工程数量为依据，并参照招标文件的要求，结合自己的经验进行报价。同时，招标单位的标底也是以此为依据计算出来的，所以投标人的报价与招标人编制的标底也保持了高度的一致性。

5. 与定额的联系与区别

工程定额是在合理的生产组织、合理的使用资源和正常的施工条件下，完成符合国家技术标准、技术规范(包括设计、施工、验收等技术规范)和计量评定标准的单位合格产品或劳动量所消耗的人工、材料、施工机械台班数量的标准。它是由国家或地方主管部门经过科学的测定、分析、计算而确定的具有法令性的一种指标，是一定时期内社会生产力和科技水平的反映，它反映了整个社会某一具体劳动的平均工、料、机、管理等汇总的消耗水平。清单单价则与此既有联系又有区别，其联系是它也是投标人认可的某一工作内容工、料、机、管理等消耗量的货币化表现；区别是它只代表本企业在某一具体工程中某项目的消耗水平，而不是社会平均水平，故它可能比国家颁布的定额要高，也可能比定额要低。此外，如果投标人采取了不平衡报价策略，其单价可能在本企业实际消耗水平之上，同时又对不同的清单子目进行了修正，也就是说其单价经过了调整(为了谋取更多利益)。

工程量清单中的工程项目与预算定额中的工程子目不是完全相同的，是有差异的，它们的差异将在单元三中介绍。

6. 工程数量为预计值

清单中所填写的工程数量为预计值。为了使所有投标人有一个平等竞价的基础，在广泛实施的单价合同中，其清单工程量是招标单位或者招标代理所取的一种准确性较高的预估数量。其数量只供投标人在投标报价时作为计算总价的依据，不作为实际结算的依据。提供清单工程数量的主要目的是在招标阶段剔除不同投标人在工程量计算差异上可能引起的报价差别，使其竞争有一个共同的数量平台，从而将投标人之间的竞争引导向单价竞争，优胜劣汰，便于招标单位在保证工程质量的基础上，选取生产效率高、材料消耗少、技术管理水平高的投标人作为承包人，它也使得投标人之间的竞争更加残酷，促使其只能在降低企业内部总体消耗水平或提高技术水平上苦练内功。但是，由于工程量清单数量只是预计值，不作为工程结算的依据，结算和支付以监理工程师认可的、按技术规范完成的实际数量为依据。这也给投标人留下了一定的投机的余地，当招标单位工程数量预估不准确时，投标人可以在投标总价不变的基础上，通过采取提高招标单位工程量估计偏小项目的报价、降低招标单位工程量估计偏大项目的报价等不平衡报价策略，以获取额外利润。

7. 单价或总额范畴

清单中的单价或者总额价，包含内容广泛，包括了所有的工、料、机消耗费用，企业管理费用，税收，保险，利润，以及合同所明示或暗示的承包人应承担的各种风险费用，其单价或总额是承包人在该项目中所能获得的所有费用。因此，投标单位应将各种间接费用合理分摊在清单单价或总额中。

8. 造价结算的依据

一般情况下，清单单价是承包人施工中进行造价结算的依据，当工作内容无变更、物价上涨在承包人所能预见的合理幅度内时，其结算单价就是清单单价；当工作内容有变更、物价上涨幅度过大时，可以根据工程变更指令及合同中价格调整的规定对单价进行必要的变更。

二、单价合同中工程量清单的特点

由于工程量清单的结算方式多数采用单价合同计算，因此清单中从单价的确定到计量支付的管理都具有以下特点：

1. 管理方便

由于工程量清单中的单价包括工程项目的所有费用，所以无论是招标单位还是监理工程师对施工过程中的管理都十分方便。一方面，招标单位根据承包人进度计划中每个时期要完成的工程量，按照清单的单价进行资金的筹措；另一方面，监理工程师在管理过程中，除个别项目单价进行变更外，各项目基本上保持单价不变，因此避免了由于单价变化而引起的麻烦和纠纷。

2. 适应性强

工程量清单中的工程数量是在制订招标文件时，在图纸和说明以及技术规范中规定的工程量计算方法的基础上计算出来的，仅是对完成该工程所需工程量的一种较准确的预算工程量。实际工程量必须在施工过程中实测才能获得。清单中的工程量是为投标人提供一个计算报价的共同基础，投标人按清单中的工程量报价，招标单位按实际完成的工程量付款，这样就减轻了双方在施工前由于工程量的准确性带来的压力。另外，在投标期间对于一些项目没有足够资料进行估价时(包括数量)，还可以采用暂定金额进行处理。因此，工程量清单具有较强的适应性。

3. 竞争性强

采用招标机制的目的就是防止垄断，鼓励竞争，而单价合同的公平性较好，竞争性较强。因为有一个计算标价的共同基础——工程量清单，所以承包人为了中标就必须综合自己的实力拟定出一个合理的报价，这就要求承包人具有较高的管理水平和技术水平。对于同一项工程，管理水平的高低和技术力量的强弱直接影响着报价的高低，而单价的高低通常显示出施工队伍的综合水平及实力。

4. 保险性好

保险性好是指采用单价合同的工程量清单对招标单位和承包人双方都"保险"，FIDIC 合同条件(《土木工程施工合同条件》的简称)对合同双方的风险作了明确而详细的规定。一般不经常发生的风险或对单价影响较大但又无法预料的风险，包括战争、动乱等特殊风险，以及市场价格的浮动、不利的外界障碍、后继的法律变更等风险，均由招标单位承担，这就避免了由于上述风险的发生而造成的承包人的破产。对招标单位而言，由于规定了这些风险由他承担，其在招标时可以得到一个合理的报价，这是其他承包方式的合同所缺少的。

5. 计算困难

由于工程量清单中的单价为综合费用，这给单价计算分析带来了较大的困难，特别是合同暗示给承包人的风险费用，以及有些工程子目中规定不作单独计量等，使清单中单价的内容十分广泛，计算难度更大。

任务三 编写工程量清单

● **工作任务** 请简述工程量清单的内容组成，领会清单汇总表即投标报价的计算思路，并根据具体施工任务结合清单编写注意事项，完成简单工程量清单的编写。

一、工程量清单的内容

编写工程量清单应遵循以下原则：
1) 和技术规范保持一致。
2) 便于计量支付。
3) 便于合同管理及处理工程变更。
4) 保持合同的公平性。
按上述原则编制的工程量清单，其内容分为说明、工程量清单表、计日工表和投标报价汇总表 4 个部分。

1. 说明

工程量清单说明主要是对工程项目的工作范围和内容、计量方法和方式、费用计算的依据、在工程实施期间如何对工程进行计量和支付等进行的一些必要解释和说明。当工程发生变更或费用索赔时，监理工程师将根据它来确定单价。概括起来，说明应强调以下几方面内容：

1）应将工程量清单与投标须知、合同条件、技术规范、图纸和图表、资料等文件结合起来阅读、理解或解释。这一条说明的主要目的是要求投标人先综合考虑支付条件、技术要点、质量标准、工程施工条件，以及需综合在某一单项中的众多子目，然后再适当考虑他自身的费用、风险后再填报单价。

2）除非合同另有规定，工程量清单中有标价的单价或总额价均已包括了为实施和完成合同工程所需的劳务、材料、机械、质检、安装、缺陷修复、管理、保险、税费、利润等费用，以及合同明示或暗示的所有责任、义务和一切风险。本条说明要求投标人认识自己在合同中的报价所包括的范围，强调风险自担的范围。

3）工程量清单中的每一个子目，不论工程数量是否标出，都须填入单价或总额价。投标时没有填入单价或总额价的子目，其费用应视为已分配在工程量清单的其他单价或总额价之中。这一说明减少了招标投标过程中可能发生的争执，规范和加快了招标投标的工作过程，对投标人提出了计算中要认真、仔细的要求。

4）符合合同条件规定的项目若没列子目，其费用应视为已分摊在本合同工程的有关子目的单价或总额价之中。这一条说明作用同上条，要求投标人将子目的分摊工作做好，如果出现漏计或重计，后果自负。

5）规范和图纸上有关工程与材料的简介不必在工程量清单中重复及强调。当计算工程量清单中每个项目的价格时，应参考合同文件中有关章节对有关项目的描述。但有时招标文件在工程量清单的序言中，对计算各类工程量(如开挖、回填、混凝土、钢结构等)时应包含什么内容和注意什么问题进行了说明，以避免以后的纠纷，这为投标人项目分摊的细化提供了基础。

6）进行工程计量与价款支付时，应根据技术规范中规定的计量和支付方法进行。所有工程数量均为完工以后测量的净值，对于构造物工程，通常明确以设计尺寸计量，这为以后工程实施中的费用工作提供了直接依据。

7）工程量清单的暂定金额，应按照合同条件的规定使用和支付。

8）工程量清单中所列工程量的变动，丝毫不会降低或影响合同条件的效力，也不免除承包人按规定的标准进行施工和修复缺陷的责任。这是为了强调清单量只是估计工程量，应以实际完成工程量作为支付依据，但最终支付额与质量标准及合同责任无关。

9）明确对清单中出现算术性错误的修正办法。这一条主要是投标人在单价×数量≠总价时，招标单位的理解通常认为单价是正确的，单价未填时以"0"计算，即认为投标人将此费用在别的项目中分摊了。这一规定减少了可能的争执，但要求投标人必须仔细地核对自己的报价，否则损失是巨大的。

10）清单中各项金额的单位均为人民币元。承包人对本合同工程提供的各类装备的运输、维护、拆卸、拼装等费用，均已包括在清单的单价或总额价之中。

2. 工程量清单表

工程量清单表又叫分项清单表或工程子目表，是招标工程中按章的顺序排列的各个项目表。表中有子目号、子目名称、单位、工程数量、单价及合价或金额等内容，其格式见表 1-1。其中，单价及合价或金额栏的数字一般由承包人投标时填写，而其他部分一般由业主或者招标单位在编制工程量清单时确定。

表 1-1 工程量清单格式

子目号	子目名称	单位	工程数量	单价	合价或金额

工程子目分章排列，有利于将不同性质、不同部位、不同施工阶段或其他特性不同的工程区别开来，同时也有利于将那些需要采用不同施工方法、不同施工阶段或成本不一样的工程区别开来。

工程子目按章、节、目的形式设置，至于具体分多少章，章中设多少节，节下设多少目，则根据工程实际情况确定。项目编码如图 1-1 所示。《招标文件》分为 8 章，前 7 章名称见表 1-2。表 1-3、表 1-4 分别为《招标文件》中第 100 章和第 200 章的节、目表（部分），通过这两个表可以了解章、节、目的整体联系和具体内容。

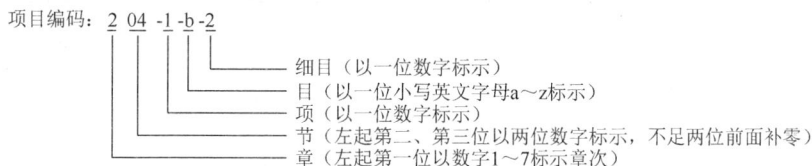

```
项目编码:  2 04 -1 -b -2
                        ├── 细目（以一位数字标示）
                        ├── 目（以一位小写英文字母a～z标示）
                        ├── 项（以一位数字标示）
                        ├── 节（左起第二、第三位以两位数字标示，不足两位前面补零）
                        └── 章（左起第一位以数字1～7标示章次）
```

图 1-1 项目编码

表 1-2 公路工程标准施工招标工程量清单汇总表

序号	章次	项目名称	金额/元
1	100	总则	
2	200	路基	
3	300	路面	
4	400	桥梁、涵洞	
5	500	隧道	
6	600	安全设施及预埋管线	
7	700	绿化及环境保护设施	
8		第 100 章～第 700 章清单合计	

续表

序号	章次	项目名称	金额/元
9		已包含在清单合计中的材料、工程设备、专业工程暂估价合计	
10		清单合计减去材料、工程设备、专业工程暂估价合计(即8-9)	
11		计日工合计	
12		暂列金额(不含计日工总额)	
13		投标报价(即8+11+12)	

表1-3　第100章总则

子目号	子目名称	单位	数量	单价	合价
101	通则				
101-1	保险费	总额			
-a	按合同条款规定，提供建筑工程一切险	总额			
-b	按合同条款规定，提供第三方责任险	总额			
102	工程管理				
102-1	竣工文件	总额			
102-2	施工环保费	总额			
102-3	安全生产费	总额			
102-4	信息化系统(暂估价)	总额			
103	临时工程与设施				
103-1	临时道路修建、养护及拆除(包括原道路的养护)	总额			
103-2	临时占地	总额			
103-3	临时供电设施架设、维护与拆除	总额			
103-4	电信设施的提供、维修与拆除				
103-5	临时供水与排污设施				
104	承包人驻地建设				
104-1	承包人驻地建设	总额			
105	施工标准化				
105-1	施工驻地	总额			
105-2	工地试验室	总额			
105-3	拌和站	总额			
105-4	钢筋加工厂	总额			
105-5	预制场	总额			
105-6	仓储存放地	总额			
105-7	各场(厂)区、作业区连接道路及施工主便道	总额			

清单第100章合计　人民币_____元

表 1-4　第 200 章路基

子目号	子目名称	单位	数量	单价	合价或金额
202	场地清理				
202-1	清除与掘除				
-a	清理现场	m^2			
-b	砍伐树木	棵			
-c	挖除树根	棵			
202-2	挖除旧路面				
-a	水泥混凝土路面	m^3			
-b	沥青混凝土路面	m^3			
-c	碎石路面	m^2			
202-3	拆除结构物				
-a	钢筋混凝土结构	m^3			
-b	混凝土结构	m^3			
-c	砖、石及其他砌体结构	m^3			
-d	金属结构	kg			
203	挖方路基				
203-1	路基挖方				
-a	挖土方	m^3			
-b	挖石方	m^3			
-c	挖除非适用材料(不含淤泥)	m^3			
-d	挖淤泥	m^3			
-e	挖岩盐	m^3			
-f	挖冻土	m^3			
203-2	改河、改渠、改路挖方				
...	...				
204	填方路基				
204-1	路基填筑(包括填前压实)				
-a	利用土方	m^3			
-b	利用石方	m^3			
-c	利用土石混填	m^3			
-d	借土填方	m^3			
...	...				

清单第 200 章合计　　人民币_____元

　　表 1-3 为第 100 章一般条目(或总则)，通常将开办项目的工程量清单放在此章中，其特点是有关款项包干支付按总额结算。具体以表 1-3 所列内容来看，该章分为 5 节：

1）第一节中计量支付的子目只有一项保险费，它由两部分组成：建筑工程一切险和第三方责任险。

2）第二节中计量支付的子目有 4 条，即 102-1 竣工文件、102-2 施工环保费、102-3 安全生产费及 102-4 信息化系统(暂估价)。

3）第三节中计量支付的子目有 5 项，即临时道路修建、养护与拆除(包括原道路的养护费)，临时工程用地，临时供电设施架设、拆除、维修，电信设施的提供、维修与拆除，临时供水与排污设施。

4）第四节中计量支付的子目只有一项，即承包人驻地建设。

5）第五节中计量支付的子目有 7 项，即施工驻地、工地试验室、拌和站、钢筋加工场、预制场、仓储存放地、各场(厂)区、作业区连接道路及施工主便道等与施工标准化建设相关的内容。

需要注意的是，技术规范每一节的最后一目与这一节工作内容的计量与支付的规定是对应的。尽管工程子目表中未将此规定列出，但在投标人报价、监理工程师计量支付时必须仔细阅读。

在第 100 章后的各章中一般为永久性工程项目，如路基、路面、桥梁与涵洞、隧道、安全设施及预埋管线，以及绿化及环境保护设施等，如表 1-4 为第 200 章的路基部分，其中只列出前面几节的部分内容。

表中工程数量是根据图纸中的工程量并按技术规范的规定处理后确定的，是一暂估数量，实际的工程量要通过计量的方式来确定。

3. 计日工表

计日工也称散工或点工，指在工程实施过程中，建设单位可能有一些临时性的或新增加的项目，而且这种临时的新增项目的工程量在招标投标阶段很难估计，希望通过招标投标阶段预先定价，避免开工后可能发生时出现争端，故需要以计日工明细表的方法在工程量清单中予以明确。

计日工表由计日工劳务、计日工材料、计日工施工机械和计日工汇总表组成，其格式见表 1-5。

表 1-5　计日工表

合同段：　　　　　　　　　　　　　　　　　　　　　　　　　　　货币单位：元

子目号	子目名称	单位	暂定数量	单价	合价或金额
101	班长	h			
102	普通工	h			
103	焊工	h			
104	电工	h			
105	混凝土工	h			
106	木工	h			

续表

子目号	子目名称	单位	暂定数量	单价	合价或金额
107	钢筋工	h			
...	...				
201	水泥	t			
202	钢筋	t			
203	钢绞线	t			
204	沥青	t			
205	木材	m^3			
206	砂	m^3			
...	...				
301	装载机				
301-1	1.5m^3 以下	h			
...	...				
302	推土机				
...	...				

计日工总计：_____

在计算应付给承包人的计日工工资时，工时应从工人到达施工现场，并开始从事指定的工作算起，到返回原出发地点为止，扣去用餐和休息的时间。

承包人可以得到计日工使用的材料费用(已计入劳务费内的材料费用除外)的支付，此费用按承包人"计日工材料单价表"中所填报的单价计算，该单价应包括基本单价及承包人的管理费、税费、利润等所有附加费。承包人可以得到用于计日工作业的施工机械费用的支付，该费用按承包人填报的"计日工施工机械单价表"中的租价计算。

未经监理人书面指令，任何工程不得按计日工施工；接到监理人按计日工施工的书面指令，承包人也不得拒绝。投标人应在计日工单价表中填列计日工子目的基本单价或租价，该基本单价或租价适用于监理人指令的任何数量的计日工的结算与支付。计日工的劳务、材料和施工机械由招标人(或发包人)列出正常的估计数量，投标人报出单价，计算出计日工总额后列入工程量清单汇总表中并进入评标价。

4. 投标报价汇总表

投标报价汇总表又叫工程量清单汇总表，是将各章的工程子目表及计日工明细表进行汇总，再加上一定比例或数量(按招标文件规定)的暂定金额而得出该项目的总报价，该报价与投标书中填写的投标总价是一致的，其格式见表1-2。

二、工程量清单编写案例

1. 编写工程量清单注意事项

工程量清单包括的内容很多，也很细，稍不留神就有可能出错，给计量支付、合同管理带来麻烦，因此在编写时要注意以下几点：

1）将开办项目作为独立的工程子目单列出来。开办项目通常是一些一开工就要发生或开工前就要发生的项目，如工程保险、担保、监理单位设施及承包人驻地的建设、测量放样、临时工程等。如果将这些项目包含在其他项目的单价中，到承包人开工时，上述各种款项将得不到及时支付，这不仅影响合同的公平性和承包人的资金周转，而且会增加招标中预付款的数量。

2）合理划分工程项目。在工程子目划分时，要注意将不同等级要求的工程区分开。将同一性质但不属于同一部位的工程区分开；将情况不同，可能要进行不同报价的项目区分开。这一做法主要是为了强化工程投标中的竞争性，使投标人报价更加具体，针对不同情况可以采用不同的单价，便于降低造价。

3）工程子目的划分要大小合适，灵活掌握。工程子目的划分可大可小，工程子目大，可减少计算工作量，但太大就难以发挥单价合同的优势，不便于工程变更的处理；另外，工程子目太大也会使支付周期延长，影响承包人的资金周转，最终影响合同的正常履行。例如，在桥梁工程中，若将基础回填工作的计价包含在基础挖方项目中，则承包人必须等到基础回填工作完成以后才能办理该项目的计量支付，支付周期可能要半年或更长的时间，这将直接影响承包人的资金周转，不利于合同的正常履行。但如果将基础开挖和基础回填分成两个工程子目，则可避免上述问题的发生。工程子目如相对较小，虽会增加计算工作量，但对处理工程变更和合同管理是有利的。如路基挖方中弃方运距的处理，有两种方案：一是路基挖方单价中包含全部弃方运距；二是路基挖方中包括部分弃方运距(如 100m)，超过该运距的弃方运费单独计量与支付。如果弃土区明确而且施工中不出现变更的话，上述两种方案是一样的，而且前一方案还可减少计量工程量。但是，一旦弃土区变更或发生设计变更，弃土运距会发生变化，则前一方案的单价会变得不适应，双方需按变更工程协商确定新的单价，从而使投标合同中的单价失效；而采用后一种方案时，合同中的单价仍是适用的，原则上可按原单价办理结算。

由以上可知，工程子目的划分不是绝对的，既要简单明了、高度概括，又不能漏掉项目和应计价的内容，要结合工程实际和具体问题具体对待，灵活掌握。

4）工程量的计算整理要细致准确。计算和整理工程量的依据是设计图纸和技术规范，它是一项严谨的技术工作，绝不是简单地罗列设计文件中的工程量。要认真阅读技术规范中的计量和支付方法，仔细核查设计文件中工程量所对应的计量方法与技术规范中的计量方法是否一致，如不一致，则需在整理工程量时进行技术处理。此外，在工程量的计算过程中，要做到"不重不漏"，更不能发生计算错误，否则会带来一系列问题。

如果工程量计算不准，投标人会利用机会进行不平衡报价，当实际工程量可能较多地大于清单工程量时，承包人可报较高的单价，这样对投标总价影响不大，但在施工时是按实际工程量进行支付，则该项目的费用会增加很多，招标单位很难控制工程总费用，而承包人不仅可以获取超额利润，其还有权提出索赔。因为 FIDIC 合同条件第 52 条规定，当变更工程涉及工程金额超过合同总额的 2%，且变更后的工程量大于或小于原来单项清单工程量的 25%时，应调整原单价，承包人可以提出施工索赔。另外，工程计算不准还会增加合同管理的难度，尤其是费用监理的难度。

5) 计日工清单或暂定金额不可缺少。计日工清单用来处理一些附加的或小型的变更工程计价，清单中计日工的数量完全是由招标单位虚拟的，用以避免承包人在投标时计日工的单价报得太离谱，有了计日工清单会使合同管理很方便。国内招标项目取消了计日工，但同样性质的暂定金额也是不可缺少的。

暂定金额是指招标人在工程量清单中暂定并包括在合同价款中的一笔款项，用于施工合同签订时尚未确定或不可预见的所需材料、设备和服务的采购，施工中可能发生的工程变更、合同约定调整因素出现时的工程价款调整，以及发生的索赔、现场签证确定等费用。暂定金额按招标文件的规定计算、填写(一般为《招标文件》附录第 100 章～第 700 章子目工程量清单小计金额的 8%～12%，具体百分率数值应在招标文件中明确)。

6) 应与技术规范一致。工程量清单的编号、项目、单位等要求与技术规范中的计量支付统一，从而保证整个合同的严密性和前后一致性。

2. **工程量清单编写案例**

以下是某公路工程项目国际招标工程量清单分解及对其计量方法的有关规定(摘要)。

1) 100 清单：一般。计量规定浅显易懂，无须另加解说。

2) 200 清单：土方工程。土方工程的计量，通常是工地上最难协商的工作，内含下列项目：

① 201 工地清理：

a. 道路工程。

b. 取土区。

按公顷测量，不扣除项目有：建筑物、构筑物、既有道路。

注意：

① 首先清理一部分工地后，就立即由承包人与监理方一同勘察，定出正确的垂直土方工程计算范围；50m 间隔区中线的垂直横断面；取土坑的中线为两个最大平行面间的中间直线。实地勘察表须由双方签字。

② 然后以修正横断面及分布在高速公路中线上的连通工地运输路线最短的地点为基准，计算并给出土方运距图。

② 202 清除：

a. 道路工程。

b. 取土区。

以公顷为单位，并包括（由工程师指定）挖土清除下列物体的土地清理：树杈、树根、植物残余、其他无用物料，还包括填区的回填土工程。

③ 203 清除表土：

a. 道路工程。

b. 取土区。

以立方米（m³）为计量单位，按照（清除）计划区面积乘以工程师指定的厚度。

注：本规定或许会使 203 项及 205 项有变更。

④ 204 项附加于 203 项，为运送表土至认可的储料堆，以"m²"乘以公里运距计量，由开挖中心至储料堆的一条直线，减 203 项内 1km。本数量为暂定数量。

⑤ 205 截挖工程及纵向边沟（包括 1km 运距）。以"m³"计量，为以下两者之间的量：受测土地横断面减指定表土厚度，以及设计土方工程线（按平均断面面积法计算，以 50m 间距计量）。去除区内的无用物料应计入，但需独立计量，并从填筑用量中减除。

⑥ 206 取土区水位以上的挖土（包括沿高速公路 1km 运距）。以"m³"计量，为以下两者之间的量：受测土地横断面减指定表土厚度，以及挖土时水位减不付费的无用物料（按平均断面面积法计算，以 50m 间距计算）。

⑦ 207 取土区水位以上的挖土（包括沿高速公路 1km 运距）。以"m³"计量，为以下两者之间的量：挖土时水位，以及已完成的认可开挖面减不付费的无用物料，计量方法同 206 项。

⑧ 208 项附加于 206 项及 207 项，以便运土至工地（投标人须推荐取土地点，故应填写数量及费率）。以"m"乘以由取土中心点起沿实用最短运输距离至高速公路中线止的公里运距计量。无偿运输不适用于本项。

注：取土坑水位需经常测算，以便运土至工地。

⑨ 209 项附加于 205 项、206 项及 207 项，为沿高速公路运土到路堤设置。从土方运距图中，按"m"乘以公里运距减上列各项内最多 1km 运距计量。

⑩ 210 填料。以"m³"计量，为总填量，减独立付费物料。路堤施工时，沉降量可能有重大财务价值，故监测系统应对这些沉降量作出适当记录。土方运距图应包括：所有路面挖方，205 项（无用量需以图中减除）；所有取土区挖方，206 项及 207 项；所有填量，210 项。

为使土方运距图保持平衡，填量可用松散系数换算为挖方量。松散系数 B 的限程为 1.1～1.3，适用于大多数土。

土方运距图已计入取土区挖方(作为路堑)按连通工地的实用最短运输路线。沿高速公路运输，开始 1km 不予计算。但工地所有取土运输都应予计算。

⑪ 211 矿渣。供路堤用，以"m^3"为计量单位，在压实路堤时，用平均断面法自 25m 间距路段中计量。

⑫ 212 路基修整与压实。以"m^3"测算，为超填区域以外的路基区。

⑬ 213 矿渣稳定路基(30cm 厚)。以"m^3"测算，为图纸指定的稳定路面区。

⑭ 214 砂垫层。以"m^3"测算，在压实后用平均断面法自 25m 间距路段中计量。

⑮ 215 超填清除。以"m^3"测算，为以下两者之间的量：超填清除之前路堤的顶点和稳定底基层现场的顶点。用平均断面法自 50m 间距路段中计量。

⑯ 216 项附加于 215 项，为运走超填料并予以处理设置。以"m^3"乘以 1km 以上的公里运距。

⑰ 217 项～222 项的计量按照净值执行。

⑱ 223 项～224 项构筑物挖方。以"m^3"为单位，按图纸所示构筑平面面积(按实际净空计算)乘以平均深度计量。平均深度按以下方法计算：受测土地高度减指定表土清除高度；路基高程(以两者之中的较低值为准)在指定范围以外进行的构筑物挖方将不予测算，因工程费率应包括下列各项：架设必要木料支撑设施或回铺边坡以维持稳定状态；排水；回填至原地高度(承包人可选择回铺挖方斜坡)，但土地情况须符合规定。

⑲ 225 在建造结构或排水基础时挖出的无用物料。以"m^3"测算，为挖方地基以下的空隙回填，通常计在费率之内，本量属暂定性质。

⑳ 226 项附加于 225 项，用指定材料回填。以"m^3"测算(空隙)，本数量属暂定性质。

㉑ 227 项附加于 225 项，为运走无用物料设置。以"m^3"乘以公里运距(减 1km)计量，本数量属暂定性质。

3) 300 清单：排水。所有工程按照建成状况计量；所有工程须按照图纸净值或指令规定数量计量。

301 图纸规定的钢筋混凝土管／箱形涵洞。按项目测算，包括：所有工程，供应，挖土，敷设，浇筑混凝土／铺板，进水口／出水口，回填及压实，连接原有系统。

若所有涵洞均依照投标图纸施工，本计量规定便于直接简单执行；遇有更改指令情况，则须再作复杂计算。

4) 400 清单：铺路(略)。

5) 500 清单：打桩工程。

① 501、502、503 钻孔桩。按图纸规定或工程师的指示以延米计算，须根据打桩时

的连续监控情况作出适当计量记录。

② 504 调动静载测试设备。按一个项目计量。

③ 505～509 载荷测试、打桩分析器测试、空心钻及钻孔桩。按工程师决定采用的暂定数量。

6）600 清单：混凝土。混凝土结构计量单位为"m^3"，如图纸所示，未扣除细小的孔穴、削角、突缘、预留孔堵块、插筋孔等。费率包括模板工程、脚手架、表面修整、接口接驳处理、一切插铸固定件、指定的所有试验、填孔隙混凝土，以及基床及地面下防水基底的一切工程。

注意：费率包括就每一混凝土质量的要求而进行的试混合及试验，并包括水泥及（或）集料质量要求改变时进行的试混合及试验。须有足够的时间以供多个试混合料做试验用，规定时限为不少于浇筑混凝土之前 5 个星期。据经验所得，所需时限通常多 1 倍以上。

7）700 清单：钢筋。计量单位以"t"计量，按图纸计算钢筋净重，钢筋的单位密度以 7.850t/m^3 计算。计量时不应包括：废品、辊轧余量、绑扎用钢丝、未列的支撑件及间隔件、额外接口所需的钢筋、桥面膜片所需的 32mm 钢筋。

用于锚固及连接钢筋的费率包括：一切物料、设备与工程，一切指定的物料试验。

8）800 清单：预应力。以"t"计量，按图纸(7.850t/m^3)及平面图所示锚固板件端面(或预加拉应力构件两端)之间的钢筋长度计算出钢筋束的净吨数。费率包括：一切物料、设备与工程，包括预应力在内；一切指定的物料试验。

9）900 清单：公路构件。

10）1000 清单：路面设备。

11）1100 清单：路景设施。

12）1200 清单：机电工程服务。

13）1300 清单：建筑结构。

14）1400 清单：计日工。

以下是国内工程某桥梁项目工程量清单的编写：

某省拟修建一座预应力混凝土连续刚构大桥，桥跨组合为：3×30m+60m+2×100m+60m+3×30m，桥梁全长 505.5m，桥梁宽度为 12.50m。其中，30m 跨径为现浇预应力混凝土连续箱梁。基础为钻孔灌注桩，采用回旋钻机施工，连续刚构桥主墩(单墩)为每排 3 根共 6 根 1.50m 桩，过渡墩(单墩)为每排两根共 4 根 1.20m 桩，桥台及现浇箱梁段均为两根 1.20m 桩，1.50m 桩平均设计桩长为 63.00m，1.20m 桩平均设计桩长为 28.00m。主墩承台尺寸为 7.50m×11.50m×3m。除连续刚构主墩为水中施工(水深 5m 以内)外，其他均为干处施工。连续刚构上部构造采用悬臂浇筑法施工，最大块件的混凝土数量为 50m³。混凝土均采用泵送施工，水上混凝土施工考虑搭便桥的方法，便桥费用不计入本工程造价中。连续刚构上部构造现浇段长度为 10.00m，两岸过渡墩高度均为

10.00m，两岸桥台的高度均为 6.00m。

1）其主要工程项目的工程量见表 1-6。

表 1-6　主要项目的工程量

部位	编号	工程项目名称	单位	各工程项目数量
基础	405-1	ϕ 1.50m 桩径钻孔深度		
	-a	砂、黏土	m	69
	-b	砂砾	m	871.4
	-c	软石	m	175.5
	-d	次坚石	m	26.9
	405-1	ϕ 1.20m 桩径钻孔深度		
	-a	砂、黏土	m	66.8
	-b	砂砾	m	333.2
	-c	软石	m	160
	410-2	灌注桩混凝土	m³	2637.3
	403-1	灌注桩钢筋（Ⅰ／Ⅱ）	t	118.423
	410-1	承台封底混凝土	m³	341
	410-1	承台混凝土	m³	1376.3
	403-1	承台钢筋（Ⅰ／Ⅱ）	t	34.067
上部	410-3	悬浇 100m 连续刚构		
	-a	墩顶 0 号混凝土	m³	537
	-b	0 号块钢筋	t	66.237
	-c	箱梁混凝土	m³	2621.4
	-d	箱梁钢筋	t	310.897
	410-3	现浇 30m 箱梁		
	-a	箱梁混凝土	m³	1176.8
	-b	箱梁钢筋	t	207.25
	411-5	钢绞线		
	-a	束长 80m 内 19 孔锚具束数	t／束	91.097/76
	-b	束长 40m 内 19 孔锚具束数	t／束	39.46/68
	-c	束长 20m 内 3 孔锚具束数（单锚）	t／束	14.64/338
	-d	束长 20m 内 19 孔锚具束数	t／束	11.184/40
	411-6	预应力粗钢筋(660 根)	kg	25.76
	410-4	人行道混凝土预制块	m³	161
	403-3	人行道混凝土钢筋	t	12.411
	410-3	现浇搭板混凝土	m³	96.3
	403-3	现浇搭板钢筋（Ⅰ／Ⅱ）	t	5.204

2）桥梁工程清单分解见表 1-7。

表 1-7 桥梁工程清单分解表

编号	子目名称	单位	数量
405-1	钻孔灌注桩		
-a	桩径 120cm	m	560
-b	桩径 150cm	m	1134
403	钢筋		
403-1	基础钢筋	t	152.49
403-3	上部结构钢筋	t	589.588
410	结构混凝土		
410-1	基础混凝土	m^3	1717.3
410-3	上部结构混凝土		
-a	箱梁混凝土	m^3	1176.8
-b	桥头搭板混凝土	m^3	96.3
410-3	人行道	m^3	505.5
411	预应力混凝土结构		
411-4	预应力钢材		
411-5	钢绞线	t	156.381
411-6	预应力粗钢筋	t	25.76
411-7	预应力混凝土连续刚构	m^3	3158.4

单 元 训 练

1．什么是报价单？为什么说工程量清单是招标投标的产物？

2．从工程量清单与工程定额的联系与区别为出发点，你是如何理解清单计价体系和定额计价体系之间的关系的？

3．工程量清单由哪些内容组成？

4．单价合同中的工程量清单有什么特点？

5．已知某路面改造工程，投标人 A 投标计算如下：第 100 章（人民币）小计 860000 元，第 200 章（人民币）小计 1064886 元，第 300 章（人民币）小计 98765495 元。

（1）假设你是投标人 A，请按表 1-8 完成 S231LS-LM4 标段的清单汇总表编制。

表1-8 工程量清单汇总表

项目名称：S231LS-LM4 标段 货币单位：人民币元

序号	章次	科目名称	金额
1	100	总则	
2	200	路基	
3	300	路面	
4	400	桥梁、涵洞	
5	500	隧道	
6	600	安全设施及预埋管线	
7	700	绿化及环境保护设施	
8	第100章～第700章清单小计		
9	不可预见费(8×8%)		
10	安全生产费(8+9)×1%		
11	投标价(即8+9+10)		

（2）投标人 A 在踏勘现场后，发现招标人提供的清单工程量中"挖除老路(含面层、基层及底基层)"一项所提供的清单数量要远小于需要挖除的实际工程数量，针对这一发现，投标人决定在报价中采用不平衡报价策略以获取较高利润，假设你是投标人 A，你将具体采用怎样的不平衡报价策略？

公路工程计量

▌学习目标　1. 知道公路工程计量概念及程序。
2. 知道目前常用的计量组织类型。
3. 能够解释计量依据，描述常用的计量方法。
4. 能够描述监理方及施工方在计量工作中各自的职责。
5. 能够解释工程量清单计量总原则。
6. 能够解释公路工程各专业计量细则要点。

▌任务背景

某施工单位承接了江苏省×××市丁平线工程 K0+000～K6+096 段的施工任务，且已与建设单位签订了施工合同。该工程位于江苏省×××市，工程投资约 2.44 亿元，工程内容主要包括地基处理、路基土方、排水设施、路面工程、涵洞、桥梁及拆除工程、附属工程等。建设单位为江苏省×××市交通局，设计单位为江苏省×××设计院，监理单位为×××咨询监理有限公司。本施工段沿线跨越主要河流为×××河，为Ⅶ级航道，主要相交道路为 S334、沿海高速公路。本施工段按双向四车道一级公路标准设计；汽车荷载等级：公路-Ⅰ级；设计时速为80km。

本项目合同工期为 1 年，施工单位在接受了施工任务后，就进行了施工前的各项准备工作；准备工作到位后，监理人签发开工令。目前，各项施工内容正按施工进度计划正常开展。

施工单位很重视本项目的计量工作，项目部安排专人负责本项目的工程计量，同时本项目的监理组也配设有专业的计量工程师。

任务一 了解计量的概念及程序

● **工作任务** 从工程计量的概念及计量的程序两方面对工程计量进行初步了解。

一、计量的概念

计量是按照《招标文件》所规定的方法,对承包人所完成的符合要求的已完工程的实际数量所进行的测量、计算、核查和确认的过程。计量是监理人的基本职责和基本权利,也是费用监理的基本环节。没有准确和合理的计量,就会破坏工程承包合同中的经济关系,影响承包合同的正常履行。

计量的任务是确定实际的工程数量。工程量有预估工程量和实际工程量之分。工程量清单的工程量仅是估算工程量,不能作为承包人应予以完成的工程的实际和确切的工程量。这是因为工程量中的数量是在制定招标文件时,在图纸和规范的基础上估算出来的,与实际工程量相比存在一定的误差甚至计算错误。它只能作为投标报价的基础,而不能作为结算的依据。实际工程量的多少只有通过计量才能揭示和确定。按实际完成的工程量付款可以减少工程量的估计误差给双方带来的风险,增强造价结算结果的公平性,这正是单价合同的优点。

计量必须以净值为准,除非项目专用合同条款另有约定。工程量清单中各个子目的具体计量方法按标准合同文件工程量清单计量规则中的规定执行。FIDIC 合同条件第 57 条明确规定:无论通常和当地的习惯如何(除非合同另有规定),计量必须以净值为准。

计量必须准确、真实、合法和及时。准确是指计量结果是正确地按照规定的计量方法和工程量计算原则而得出的,方法正确,结果准确无误,使已完工程的实际数量得到了确定,没有漏计和错计。真实是指被计量的工程内容真实可靠,没有虚假的部分,即被计量的工程中没有质量不符合要求的,也没有重复计量,隐蔽工程的数量没有弄虚作假,工程量中没有虚报成分。合法是指计量是按规定的程序进行的,这是因为计量结果是支付的直接基础和依据,直接关系到建设单位和承包人双方的经济利益。建立组织机构会制定严格的计量管理程序和指定专人按分级管理的原则进行分工负责,明确谁负责现场计量、谁复核、谁审定等各项工作。只有通过了程序严格的审查所产生的计量结果才是合法的。及时是指计量必须按合同规定的时间进行,不得无故推延。

二、计量的程序

根据合同规定,监理人应及时对已经完成且质量合格的工程子目进行计量。当工程需计量时,承包人必须提交有关计量的文件资料,按以下步骤进行:

1. 发出计量通知或提出计量申请

当工程达到规定计量的单位时,监理人应向承包人发出计量通知,或承包人向监理人提出计量申请。无论哪一方提出计量要求，双方必须派合格人员到现场进行计量，若不参加则认为单方面所做的计量工作是正确的。

2. 审查有关计量的文件资料

当承包人的已完工程需计量时，应准备好开工申请批复单、检验申请批复单及自检资料，以及工程质量检验表及中间交工证书等。监理人必须检查承包人为计量准备的有关资料，看其是否具备计量的基本条件，若发现问题或资料不全，应将有关资料退还给承包人，暂不进行计量；但在某些情况下，若可能会发生费用索赔，则可先计量但暂不予支付。

3. 填写中间计量表

计量工作可以由监理人和承包人双方委派合格人员在现场进行计量，也可以采用记录和图纸计量。无论哪种形式都必须清楚、真实地将计量结果填写在中间计量表中，必须经双方同意签字认可。若承包人有异议，可以在合同规定时间内提出，监理人应进一步检查计量记录，将复议后的结果通知承包人。

另外，在工程计量时，监理人可根据工程特殊情况增加计量次数，但应提前向承包人发出通知，写明监理人准备何时对工程进行何种计量。对承包人申请增加计量次数的，应要求其提前填写计量申请单，写明要求计量的原因、计量的工程部位和计量时间，监理人应根据情况作出计量或暂不计量的决定。

任务二　学习工程计量

●**工作任务**　以计量组织方式、计量管理、计量依据、计量方式方法等内容为切入点，对工程计量进行较为深入的认知。

一、计量组织方式

工程量计量一般有 3 种组织方式，即监理人单独计量、承包人单独计量和监理人与承包人联合计量。这 3 种计量各有其特点，但无论采用何种方式，计量都必须符合合同的要求，并且计量结果需由监理人确认。

1. 监理人单独计量

计量工作由监理人单独承担，然后将计量的记录送承包人。此种计量方式可以由监理人完全控制被计量的部位，质量不合格的工程肯定不会被计量，也很少出现多计的情况，能够确保计量结果的准确性；但其程序复杂，占用了监理人大量的时间。这是因为，承包人如果对监理人的计量有异议，他可按合同条件的要求，在 14d 内以书面形式提出申请，这时监理人需对承包人提出的质疑进行复核，并将复议的结果通知承包人。因此，这种方式不仅加大了监理人的工作量,还容易因产生争议而拖延时间。

2. 承包人单独计量

计量工作是由承包人对已完成的工程进行计量,然后将计量的记录及有关资料报监理人核实确认。此种方式可以减轻监理人的工作量,使其有时间进行计量分析和计量管理;但由于是承包人自行计量,通常会出现多计和冒计的现象,有时计量细节和计量方法及计算也有差错,并且一些质量不合格的工程也会被计量,在这种情况下,监理人要对计量结果的准确性和测量方法及计算规则进行严格审查。

3. 监理人与承包人联合计量

计量工作由监理人与承包人共同承担。在进行计量前,由监理人通知承包人计量时间与工程部位,然后由承包人派人同监理人共同计量,计量后双方签字认可。若承包人在收到监理人的计量通知后,不参加或未派人参加计量工作,根据 FIDIC 合同文件第 17 条的规定,由监理人派出人员单方面进行工程计量后,经监理人批准的计量应认为是正确的工程计量,可以用作支付的依据,承包人不能对此种计量提出异议。这种联合计量的方式有利于消除双方的疑虑,可当场解决分歧,减少争议,又能较好地保证计量结果的公正性和准确性,显著简化了程序,节约了时间。因此,公路工程合同中,较多采用联合计量,即承包人和监理人共同进行计量工作。

二、计量管理

1. 落实计量职责

为使计量的责任分明,监理机构中一般设有专门负责计量的工作班子,并在每个驻地办事机构中设一名专门的计量工程师。在组织计量工作时,应采用按专业分工,分别进行计量的办法,做到计量职责分明。具体工程内容的计量应落实到人,以免重复计量和漏计。如果职责不明,势必造成计量混乱,从而造成计量工作的不准确。因此,一定要注意计量工作由谁负责,并且为了保证计量的准确性,还必须有负责检查、复核的人员,以及最终签认的人员,使计量工作按规定的程序进行。

通过对计量工作的分工,使工程计量责任到人,并通过对计量的复核、审定等程序和制定计量人员的岗位责任制,对计量工作进行有效管理。

2. 做好计量记录

计量记录与档案是计量管理中的一个重要内容,对于公路工程这样大型的复杂项目,要进行多次计量,将形成一系列的计量资料,只有在完善计量记录的基础上加强对计量的档案管理,才能使项目的计量工作顺利完成。

为了便于合同管理,正确评价工程和查询、交流计量工作,必须加强工程计量(中间计量)档案管理。

计量应根据合同的要求做好记录。符合要求的记录应能说明哪些已经计量，哪些尚未计量，哪些已经签发支付证书，哪些尚未签发证书。计量时监理人还应完成以下工作：

1）应有一套图纸（最好挂在墙上），用彩笔将所进行的工程的位置在图纸上标示出来，并在适当的位置作详细补充说明，如工程的开始、结束及几何尺寸等数据，这将有助于做好计量记录。

2）应有一套档案，包括计量证书的号码及所计量的数量。所有计量证书必须是承包人和监理人共同签署的，只有这样才能作为支付的凭证。

3）记录工程量清单中所列出的分类细目的数量与计量后数量的差异，以及双方同意的任何进度支付证书应付的款额。

4）对计日工应记录在有号码的计量证书上，并由承包人代表及监理人代表共同签名。计日工应详细记录如下内容：

① 记录已指令进行的工程计日工的估计数量和已获同意的付款额，记录计日工已完成的数量及付款金额。

② 如果计日工的时间超过一个月，应在暂时计量单上记账，并在计量证书上另立系列号码，这些记录应与累计账册一同归档；记录已同意的计日工单价、付款的金额、付款报表号码。

5）工程变更应记录已下达的变更指令依据、已同意的单价和价格调整。增加费用的计量证书应另编系列号码分开存档。

6）对于现场存放的材料应每月计量记录一次，其计量表中应记录已发到现场的材料的种类和数量，以及这些材料的发票面值；已计量的数量应记录每一次报表中的预付金额及回收金额，材料计量证书应另编系列号码，并应与发票及所有材料的累计账册一同归档。

3. 计量分析

为了做好计量的管理工作，除落实职责和加强记录与档案管理外，还应加强计量分析，一方面及时发现计量工作中的问题；另一方面及时掌握工程进度，为进度监理和费用支付提供基础。

为了便于计量的分析与管理，计量的表格应统一，使其标准化和规范化。监理人应设计好表格让承包人和具体从事计量的人员按此填写，这便于采用计算机辅助计量和进行计量分析。

计量分析时一方面应对照原工程量清单和设计图纸进行分析，将实际工程量与原设计的工程量进行对比，发现偏差并分析偏差的原因；另一方面以计量的工程量为依据，计算出实际进度，将实际进度与批准的进度进行比较，发现进度偏差，并找出原因从而采取措施改进。

计量分析也应对计量的方法是否恰当、计量的结果是否准确，以及是否有质量不合格的工程等进行分析，通过分析找出是否有多计、错计的部分。

除以上所述三项基本内容外，计量管理还包括计量争端的协调与处理。因为计量是费用支付的直接基础，也是对承包人工作的一种基本评价，因此在计量工作中难免发生争端与分歧，监理人必须协调各方，尽快解决争端。

三、计量依据

计量的依据一般有质量合格证书、工程量清单计量规则、工程量清单说明、合同条件中的计量与支付条款，以及设计图纸及各种测量数据。也就是说，计量时必须以这些资料为依据。

1. 质量合格证书

计量的基本条件和前提是质量合格，质量不合格部分不予计量。因此，计量工程师进行计量时一定要同质量工程师配合。只有由质量监理人签发了质量合格证书的工程内容才能进行计量。

2. 工程量清单计量规则和清单说明

因为工程量清单计量规则和清单说明规定了清单中每一项工程子目的计量规则与计量方法，同时还明确了按规定的计量方法确定的各子目单价(即各工程子目包括的工程内容)。

3. 设计图纸

工程量清单的数量是该工程的估算工程量，但是被计量的工程数量并不一定是承包人实际施工的数量，因为计量的几何尺寸应当以设计图纸为准。图 2-1 为就地灌注桩施工实测图。根据计量规定：对就地灌注桩的支付计量，应根据图纸所示由监理人确定的从设计基础表面到下方桩端间的长度考虑。因此，图中实际施工的灌注桩的长度虽然为 L_1+L_2，但是被计量与支付的长度为 L_1。

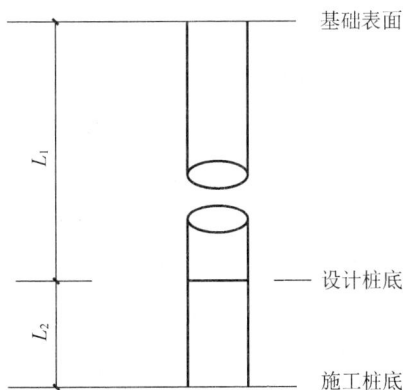

图 2-1　就地灌注桩施工实测图

4. 测量数据

与计算有关的测量数据有原始地面线高程的测量数据，土、石分界线的测量数据，基础高程的测量数据、竣工测量数据等。测量数据的准确性严重影响计量结果的准确性。

四、计量方式方法

1. 计量内容

理论上，所有工程事项均应加以计量，以便获得完整的记录；实际上，工程中只是对所有需要支付的细目加以计量，这是计量工作范围的最低要求。这些细目由技术规范中每一节的计量与支付条款及工程量清单的前言明确规定了计量方法与付款内容，除了对已完成的工程细目进行计量和记录外，监理人最好对那些涉及付款的工程细目在施工中发生的一切问题进行详尽的记录，以便发生索赔时有据可查。

因此，计量工作的范围有最高与最低要求，具体达到什么样的要求，由具体工程项目的内容及施工情况确定。

公路工程计量的范围一般是技术规范和工程量清单所包含的内容，一般有：为监理人提供必要的办公、生活服务和交通运输设施，土方工程，排水及小型构筑物工程，路基工程，路面工程，桥梁工程，通信监控系统，收费系统，民用房建工程和附属工程等。

2. 计量时间

根据合同规定，监理人应及时对已经完成且质量合格的工程细目进行计量，并且对一切进行中的工程均须每月粗略计量一次；到该部分工程完工后，再根据规范的条款进行精细的计量。每月进行计量以便掌握工程进度情况及核定月进度款（即期中支付证书），为此监理人一般须填制中间计量单。

对于隐蔽工程，则须在工程覆盖之前进行计量。否则，在覆盖后再进行计量将使工作更复杂和更困难。

3. 计量单位与计量精度

计量单位分两类，一类是物理计量单位，一类是自然计量单位。物理计量单位以公制计量，自然计量单位通常采用十进位自然数计量。表 2-1 为常用计量单位及其符号。

表 2-1　常用计量单位及其符号

类别		单位	符号
物理计量单位	长度	米、千米(公里)	m、km
	面积	平方米、千平方米、平方千米	m^2、10^3m^2、km^2
	体积	立方米、千立方米	m^3、10^3m^3
	质量	克、千克、吨	g、kg、t
	时间	日、月、年	d、mon、y
自然计量单位		个、块、座、棵	

对于精度，为方便起见，浮点数须四舍五入至小数点后恰当的位数。应对不同的细目分别作出统一规定。虽然这是一简单问题，但实际工作中，常出现计量名称、符号及取位错误和不规范。同时，还应该注意的是：各细目的计量单位必须与工程量清单中所用单位一致，同时还应注意，所有计量都以净值为准。

4. 计量方式

计量方式一般有如下 3 种：

1) 实地测量与实地勘查。如土方工程，一般对横断面宽度、挖方的边长等需实地测量和勘查；又如场地清理也需按野外实地测得的数据，根据计算规则进行计算。

2) 室内按图纸计算。对于钢筋混凝土结构物及多数永久工程，一般可按图纸计算工程量。

3) 根据现场记录。如计日工必须按现场记录来计算，又如灌注桩抽芯应按取芯时的钻探记录来计算等。

一般工程量的计算由承包人负责，工程量审核由监理人负责。通常，一个工程项目的计量往往是三种方式综合运用。不论采用何种方式，其结果都须经监理人和承包人双方同意，共同签字；有争议时，协商解决，协商解决不了的仍由监理人决定。

5. 计量规则和计量方法

计量规则和计量方法主要在《招标文件》和工程量清单计量规则中明确给予规定。在进行计量时必须遵守其要求，并且在不同的合同中，这些计量规则和计量方法会有差别(即使对同一工程内容)。不同的合同均有各自的计量规定与要求，这些要求工程量清单计量规则和工程量清单的说明中已经给出。因此，计量时必须严格按合同计量细则的规定进行计量，不能按习惯计量方法或别的计量细则进行计量。

在工程量清单计量规则和工程量清单的说明中已经给出，计量时必须认真地遵照执行。计量统一的规定如下：

1) 所采用的测量方法，是计算工程量清单的统一依据，既适用于在建工程，也适用于该工程的竣工测量。

2) 工程量清单不仅包括合同规定的所有必须完成的工作项目，还包括该项目工作所必需的一切有关费用(人工、材料、机械、附属工程、管理费、利润、税金等)。

3) 对所采用的测量方法，如用于特殊地段、特殊部位的工程项目时，应根据具体情况制定补充规定。

4) 工程量清单的子目，均需逐项进行详细说明，这些说明应以设计文件和图纸为依据，并同合同文件中的施工技术规范相呼应。

5) 计算的工程量，不论采用什么方法，其计量结果都应该是净尺寸工程量。计算结果中不包括施工中必然发生的允许的"合理超量"，超量价值应包括在净量单价内。

6) 以长和宽计量的项目，应注明其断面尺寸、形状大小、周长或周长范围及其他适当的说明。管道工程应注明其内径或外径尺寸。

7）以面积计量的项目，应注明厚度或其他的说明。

8）以质量计量的项目，应注明材料的规格或其他适当的说明。

9）对于专利产品，应尽量适合制造厂价目表或习惯的计量方法，可不受本原则的限制。

10）工程量清单中的项目说明，要以其他文件或图纸为依据，在这种情况下，应理解为该资料是符合本计算原则的。

应该注意的是，监理人除了对工程量清单的各个细目进行计量外，还应对所有有关支付的其他事务进行计量。如计日工使用的具体数量，各种工程意外事件及工程变更后的工程量等，均应加以计量，以便进行支付。这些内容主要采取记录计量方式。

任务三　熟悉工程量清单计量总原则

● **工作任务**　以任务背景为切入点，结合公路工程施工技术相关专业知识，熟悉工程量清单计量总原则。

计量规则在工程量清单计量规则和工程量清单的说明中明确给予了规定，在进行计量时必须遵守。有时，对同一工程内容，在不同的合同中计量规则会有所差别，所以必须严格按照合同规定的计量规则进行计量，不能按习惯计量方法，也不能按别的计量规则进行计量。

下面介绍《招标文件》第八章"工程量清单计量规则"中有关工程量清单计量的说明。

1. 一般要求

1）本计量规则各章节是按第七章"技术规范"的相应章节编号的，因此，各章节工程子目的工程量计量规则应与"技术规范"相应章节的施工规范结合起来理解、解释和应用。

2）本规则所有工程项目，除个别注明者外，均采用中国法定的计量单位，即国际单位及国际单位制导出的辅助单位进行计算。

3）本规则的计量与支付，应与合同条款、工程量清单以及图纸同时阅读。工程量清单中的支付项目和本规则的章节编号是一致的。

4）任何工程项目的计量，均应按本规则的规定或监理人的书面指示进行。

5）按合同提供的材料数量和完成的工程数量所采用的测量与计算方法，应符合本规则的规定。所有这些方法，应经监理人批准或认可。承包人应提供一切计量设备和条件，并应保证其设备精度符合要求。

6）除非监理人另有准许，一切计量工作都应在监理人在场的情况下，由承包人测量、记录。有承包人签名的计量记录原本，应提交给监理人审查和保存。

7）工程量应由承包人计算，由监理人审核。工程量计算的副本应提交给监理人并由监理人保存。

8）除合同特殊约定单独计量之外，全部必需的模板、脚手架、装备、机具、螺栓、垫圈和钢制件等其他材料，应包括在工程量清单中所列的有关支付项目中，均不得单独计量。

9）除监理人另有批准外，凡超过图纸所示的面积或体积，都不予计量与支付。

10）承包人应严格标准计量基础工作和材料采购检验工作。沥青混凝土、沥青碎石、水泥混凝土、高强度等级水泥砂浆的施工现场必须使用电子计量设备称重。因不符合计量规定引发的质量问题，所产生的费用由承包人承担。

11）第104节"承包人驻地建设"与第105节"施工标准化"属选择性工程子目，由发包人根据工程项目管理实际情况选择使用或同时使用。

2．质量

1）凡以质量计量或以质量作为配合比设计的材料，都应在精确与批准的磅秤上，由称职合格的人员在监理人指定或批准的地点进行称量。

2）称重计量时应满足以下条件：监理人在场；称重记录；将载明包装材料、支撑装置、垫块、捆束物等质量的说明书在称重前提交给监理人作为依据。

3）钢筋、钢板或型钢在计量时，应按图纸或其他资料标示的尺寸和净长计算。搭接、接头套筒、焊接材料、下脚料和定位架立钢筋等，则不予另行计算。钢筋、钢板或型钢应以千克计量，四舍五入，不计小数。钢筋、钢板或型钢由于理论单位质量与实际单位质量的差异而引起材料质量与数量不相匹配的情况，计量时不予考虑。

4）金属材料的质量不得包括施工需要加放或使用的灰浆、楔块、填缝料、垫衬物、油料、接缝料、焊条、涂敷料等的质量。

5）承运按质量计量的材料的货车，应每天在监理人指定的时间和地点称出空车质量，每辆货车还应标示清晰易辨的标记。

6）对有规定标准的项目，例如钢筋、金属线、钢板、型钢、管材等，均有规定的规格、质量、截面尺寸等指标，这类指标应视为通常的质量或尺寸。除非引用规范中的允许偏差值加以控制，否则可用制造商的允许偏差。

3．面积

除非另有规定，计算面积时，其长、宽应按图纸所示尺寸线或按监理人的指示计量。对于面积在 $1m^2$ 以下的固定物(如检查井等)不予扣除。

4．结构物

1）结构物应按图纸所示的净尺寸线，或根据监理人指示修改的尺寸线计量。

2）水泥混凝土的计量应按监理人认可的并已完工工程的净尺寸计算，钢筋的体积不扣除，倒角不超过 $0.15m \times 0.15m$ 时不扣除，体积不超过 $0.03m^3$ 的开孔及开口不扣除，面积不超过 $0.15m \times 0.15m$ 的填角部分也不增加。

3）所有以延米计算的结构物（如管涵），除非图纸另有标示，应按平行于该结构物的位置的基面或基础的中心方向计量。

5. 土方

1）土方体积可采用平均断面法计算，但应与似棱体公式（prismoidal formula）计算结果进行比较，如果该差超过±5%时，监理人可指示按似棱体公式计算。似棱体公式为

$$V = \frac{1}{3} \times (S_1 + \sqrt{S_1 S_2} + S_2) \times L$$

式中　V——体积，即土（石）方数量；
　　　S_1、S_2——相邻两横断面的面积；
　　　L——相邻两横断面之间的距离。

2）各种不同类型的挖方和填方计量，应以图纸所示界限为准，而且应在批准的横断面上标明。

3）用于填方的土方量，应按压实后的纵断面高程和路床面为准来计量。承包人报价时，应考虑在挖方或运输过程中引起的体积差。

4）在现场钉桩后 56d 内，承包人应将设计和进场复测的土方横断面图连同土方的面积与体积计算表，一并提交监理人批准。所有横断面图都应标明图题框，其大小由监理人指定。一旦横断面图得到最后批准，承包人应交给监理人原版图及 3 份复制图。

6. 运输车辆体积

1）用体积计量的材料，应以经监理人批准的车辆装运，并在运到地点进行计量。

2）用于运输以体积计量材料的车辆，其车厢的形状和尺寸应使其容量能够容易而准确地测定并应保证精确度。每辆车都应有明显标记。每车所运材料的体积应于事前由监理人与承包人相互达成书面协议。

3）所有车辆都应装载成水平容积高度，车辆到达送货点时，监理人可以要求将其装载物重新整平，对超过定量运送的材料将不予支付。运量达不到定量的车辆，应被拒绝或按监理人确定减少的体积接收。根据监理人的指示，承包人应在货物交付点，随机将一车材料刮平，在刮平后如发现货车运送的材料少于定量时，从前一车起所有运到的材料的计量都按同样比率减为目前的车载量。

7. 质量与体积换算

1）如承包人提出要求并得到监理人的书面批准，已规定要用立方米计量的材料可以称重，并将此质量换算为体积（立方米）计量。

2）从质量计量换算为体积计量的换算系数应由监理人确定，并应在此种计量方法使用之前征得承包人的同意。

8. 沥青和水泥

1）沥青和水泥应以千克计量。

2) 如用货车或其他运输工具装运沥青材料，可以按经过检定的质量或体积计算沥青材料的数量，但要对漏失量或泡沫进行校正。

3) 水泥可以以袋作为计量单位，但一袋的标准应为 50kg。散装水泥应称重计算。

9. 成套的结构单元

如规定的计量单位是一成套的结构物或结构单元（实际上就是按"总额"或称"一次支付"计的工程子目），该单元应包括所有必需的设备、配件和附属物及相关作业。

10. 标准制品项目

1) 如规定采用标准制品（如护栏、钢丝、钢板、轧制型材、管子等），而这类项目又是以标准规格（单位质量、截面尺寸等）标识的，则这种标识可以作为计量的标准。

2) 除非采用标准制品的允许误差比规范的允许误差要求更严格，否则生产厂确立的制造允许误差不予认可。

任务四　学习公路工程计量细则

● **工作任务**　结合公路工程施工技术相关专业知识，熟悉公路工程工程量清单计量各专业计量细则。

一、开办项目

开办项目（《招标文件》第 100 章）包括的主要工程内容有：保险、工程管理、临时工程与设施、承包人驻地建设、施工标准化等。对于这些工程的具体工作内容已经在技术规范中作了详细规定和说明，在清单中按项报价，均属于包干支付项目。因此，在计量规则中很简单，计量方法都是现场检查和统计。但是，具体工程中，对于这种按自然计量单位计量的项目，一定要在现场认真地检查和核实，并注意按照技术规范规定的工作内容在现场逐项查实。

二、路基工程

路基工程（《招标文件》第 200 章）包括的工程内容主要有：场地清理，挖方路基，填方路基，特殊地区路基处理，路基整修，坡面排水，护坡、护面墙，挡土墙，锚杆、锚定板挡土墙，加筋土挡土墙，喷射混凝土和喷浆边坡防护，预应力锚索边坡加固，抗滑桩，河道防护等。

路基工程的施工测量与放样、调查与试验、施工期间的防水和排水、冬期施工、雨期施工等工作内容均不单独计量，其费用应包括在与其相关工程子目的单价或费率中。

1. **场地清理**

对于场地清理的计量，《招标文件》中作了如下规定：

1）清理与掘除中清理现场的计量，应依据图纸所示位置及范围（路基范围以外临时工程用地清场等除外），按路基开挖线或填筑边线之间的水平投影面积以平方米为单位计量。清理现场包括路基范围内的所有垃圾、灌木、竹林及胸径小于 100mm 的树木、石头、废料、表土（腐殖土）、草皮的铲除与开挖。借土场的场地清理与拆除（包括临时工程）均应列入土方单价之内，不另行计量。

2）砍伐树木的计量：图纸所示路基范围内胸径 10cm 以上（含 10cm）的树木，按实际砍伐数量以棵为单位计量，包括砍伐后的截锯、移运（移运至监理人指定的地点）、堆放等一切有关的作业。挖除树根以棵计量，包括挖除、移运、堆放等一切有关的作业。

3）挖除旧路面应依据图纸所示位置，挖除路基范围内原有的旧路面，按不同的路面结构类型以立方米为单位计量。拆除原有公路结构物应分别按结构物的类型，依据图纸所示位置，拆除钢筋混凝土、混凝土、砖、石及其他砌体结构以立方米为单位计量，拆除金属结构以千克为单位计量。

4）植物移栽应依据图纸所示位置，移栽乔（灌）木按成活的各类乔（灌）木数量，以棵为单位计量。移栽草皮按成活的草皮面积，以平方米为单位计量。

5）所有场地清理、拆除与挖掘工作的一切挖方、回填、压实，以及适用材料的移运、堆放和废料的移运处理等作业均不另行计量。

2. **挖方路基**

1）路基土（石）方开挖数量包括边沟、排水沟、截水沟，应依据图纸所示地面线、路基设计横断面图、路基土石比例，采用平均断面面积法计算，按照天然密实体积以立方米为单位计量。弃方运距在"技术规范专用条款"规定的范围内时为免费运距；超出"技术规范专用条款"规定的范围时，另计超运距运费，按立方米公里（$m^3 \cdot km$）计量。

2）挖除路基范围内非适用材料（不含淤泥、岩盐、冻土）的数量，应依据图纸所示位置，以立方米为单位计量。

3）除非监理人另有指示，凡超过图纸或监理人规定尺寸的开挖，均不予计量。

4）石方爆破安全措施、弃方的运输和堆放、质量检验、临时道路和临时排水等均不另计量，作为承包人应做的附属工作。

5）在挖方路基的路床顶面以下，土方断面应先挖松深 300mm 再压实；石方断面应辅以人工凿平或填平压实，此两项工作作为承包人应做的附属工作，均不予计量。

改河、改渠、改路的开挖工程按合同图纸施工，计量方法可按上述 1）款进行。改路挖方线外工程的工作量计入《招标文件》203-2 子目内。

需要说明的是，应注意编制估（概、预）算时与编制招标控制价（清单预算、投标报价）时对路基土（石）方数量计算规定的差异。编制估（概、预）算时，路基土（石）方数量中仅包括边沟的开挖数量，不包括排水沟和截水沟的开挖数量，其开挖数量在排水工程中计列；而编制招标控制价（清单预算、投标报价）时，则全部计入路基土（石）方数量内。

3. 填方路基

1) 填筑路堤的土(石)方数量,应以承包人的施工测量和补充测量经监理人校核批准的横断面地面线为基础,以监理人批准的横断面施工图为依据,由承包人根据不同来源(包括利用土方、利用石方和借方等)按平均断面面积法计算压实的体积,以立方米为单位计量。其中,满足施工需要,预留路基宽度宽填的填方量作为路基填筑的附属工作,不另行计量;填前压实、地面下沉增加的填方量按填料来源参照本条计量。

2) 零填挖路段的翻松、压实含入报价之中,不另计量。

3) 零填挖路段的换填土,按压实的体积,以立方米为单位计量。计价中包括表面不良土的翻挖、运弃(不计运距)、换填好土的挖运(免费运距以内)、摊平、压实等一切与此有关作业的费用。

4) 利用土、石填方及土石混合填料的填方,按压实的体积,以立方米计量。计价中包括运输、挖台阶、摊平、压实、整型等一切与此有关作业的费用。利用土、(石)方的开挖作业在《招标文件》第203节路基挖方中计量。承包人不得因为土石混填的工艺、压实标准及检测方法的变化而要求增加额外的费用。

5) 借土填方,按压实的体积,以立方米计量。计价中包括借土场(取土坑)中非适用材料的挖除、弃运,借土场的资源使用费、场地清理、地貌恢复,施工便道、便桥的修建与养护,临时排水与防护,填方材料的开挖,免费运距以内的运输,挖台阶,推平,压实,整型等一切与此有关作业的费用。

6) 借土填方、零填挖地段换土填方,其运距在"技术规范专用条款"规定的范围以内时为免费运距,不计运费;运距超过"技术规范专用条款"规定的范围以外时,另计超运距运费,以立方米公里($m^3 \cdot km$)计量。计价中包括运输及其有关作业的费用。

7) 粉煤灰路堤按压实体积,以立方米计量,计价中包括材料储运(含储灰场建设)、摊铺、晾晒、土质护坡、压实、整型,以及试验路段施工等一切与此有关的作业费用。土质包边土在《招标文件》204-1-e中计量。

8) 结构物台背回填依据图纸所示结构物台背回填数量,按照压实的体积以立方米为单位计量,计价中包括挖运、摊平、压实、整型等一切与此有关的作业费用。挡土墙墙背回填不另行计量。

9) 锥坡及台前溜坡填土,依据图纸所示锥坡及台前溜坡填土数量,按照压实的体积以立方米为单位计量。

10) 临时排水以及超出图纸要求以外的超填,均不予计量。

11) 改造其他公路的路基土方填筑的计量方法同本条1)款。

4. 特殊地区路基处理

特殊地区路基处理所完成的工程量,经验收后,由承包人计算监理人校核的数量作为计量的工程数量。

1) 抛石挤淤。依据图纸所示位置和范围,按照抛石体积的片石数量,以立方米为单位计量。

2）爆炸挤淤。依据图纸所示位置和范围，按照设计的爆炸挤淤的淤泥体积，以立方米为单位计量，包括有关的一切作业。

3）砂垫层、砂砾垫层、灰土垫层等。按垫层类型依据图纸所示位置和断面尺寸，按图示垫层密实体积以立方米为单位计量，包括材料、机械及有关的一切作业。因换填而挖除的非适用材料列入《招标文件》203-1 相关子目计量。

4）土工合成材料包括反滤土工布、防渗土工膜、土工格栅(室)。计量均依据图纸所示位置和规格，按土层中分层铺设的土工合成材料累计净面积以平方米为单位计量；接缝的重叠面积和边缘的包裹面积不予计量。

5）预压和超载预压。真空预压依据图纸所示的沿密封沟内缘线密封膜覆盖的路基面积以平方米为单位计量；计量中包括预压所用垫层材料、密封膜、滤管及密封沟与围堰等一切相关的材料、机械、人工费用。真空联合堆载预压的堆载土方在《招标文件》205-1-e-2 子目计量；砂垫层作为真空预压的附属工作不另行计量。超载预压依据图纸所示预压范围(宽度、高度、长度)预压后体积以立方米为单位计量，包括材料、机械及有关的一切作业。

6）袋装砂井。依据图纸所示位置和断面尺寸，按不同直径袋装砂井的长度以米为单位计量。砂及砂袋不单独计量。

7）塑料排水板。依据图纸所示位置和断面尺寸，按图示不同类型的塑料排水板长度以米为单位计量；不计伸入垫层内的长度，包括材料、机械及有关的一切作业。

8）粒料桩、加固土桩、CFG 桩、Y 形沉管灌注桩、薄壁筒型沉管灌注桩、静压管桩等。均依据图纸所示位置和断面尺寸，按图示不同桩径的砂桩长度以米为单位计量。

9）强夯及强夯置换。强夯依据图纸所示位置和处理面积，按图示路堤底面积以平方米为单位计量。强夯置换依据图纸所示位置，按图示置换的体积以立方米为单位计量。均包括材料、机械及与此有关的一切作业。

10）滑坡处理。清除滑坡体依据图纸所示位置，按照清除滑坡体土方与石方的天然体积分别以立方米为单位计量。计价中包括施工中所采取的安全保护措施，采取措施截断流向滑体的地表水、地下水及临时用水，以及采取措施封闭滑体上的裂缝等全部作业。

滑坡处理采用抗滑支挡工程施工时所发生工程量按不同工程项目，分别在相关支付子目下计量。

11）红黏土及膨胀土路基处理。采用石灰(水泥)改良土时，依据图纸所示位置和断面尺寸，对不良填料进行掺石灰(水泥)改良处理，按不同掺灰量(水泥量)的压实体积，以立方米为单位计量；包括石灰(水泥)的购置、运输、消解、拌和及有关辅助作业等一切有关费用；土石方挖运、摊平、压实、整型及包边土方在《招标文件》第 204 节计量。

12）黄土陷穴处理按实际开挖和回填体积，经监理人验收合格后，以立方米为单位计量。

13）湿陷性黄土采用强夯处理，以图纸为依据经监理人验收合格后，以平方米为单位计量，包括施工前的地表处理、拦截地表水和地下水、强夯及强夯后的标准贯入、静力触探测试等相关作业。

14）盐渍土路基处理。垫层依据图纸所示位置和断面尺寸，按图示垫层密实体积以立方米为单位计量，其内容包括铲除过盐渍土、材料运输、分层填筑、分层压实等相关作业。

15）土工合成材料处理风积沙填筑路基。计量应依据图纸所示位置和规格，按土层中分层铺设的土工合成材料累计净面积以平方米为单位计量；接缝的重叠面积和边缘的包裹面积不予计量。

16）冻土路基处理。XPS 保温板依据图纸所示位置和断面形状、尺寸，按图示粘贴的 XPS 保温板面积，以平方米为单位计量。通风管依据图纸所示位置和断面形状、尺寸，按设置的通风管长度以米为单位计量。热棒依据图纸所示位置和尺寸，按图示设置的热棒数量以根为单位计量。

17）工地沉降观测，不予计量与支付。

18）临时排水与防护设施认为已包括在相关工程中，不另行计量。

5. 路基整修

路基整修工作内容均不作计量，其所涉及的费用应包括在与其相关的工程子目的单价或费率之中。

6. 坡面排水

1）边沟、排水沟、截水沟的加固铺砌，依据图纸所示位置及断面尺寸，根据不同的结构材料类型、不同的强度等级按沟、渠铺砌或浇筑的体积以立方米为单位计量。由于边沟、排水沟、截水沟加固铺砌而需扩挖部分的开挖，均作为承包人应做的附属工作，不另计量。

2）跌水与急流槽根据不同的结构材料类型、不同的强度等级依据图纸所示位置及断面尺寸，按其结构的体积以立方米为单位计量。

3）渗沟依据图纸所示位置及断面尺寸，分不同类型及规格的渗沟，按长度以米为单位计量。

4）仰斜式排水孔。钻孔依据图纸所示位置及孔径，按照不同孔径排水孔长度以米为单位计量；排水管依据图纸所示位置及排水管材质，按照不同管径排水管长度以米为单位计量；软式透水管依据图纸所示位置及排水管材质，按照不同管径排水管长度以米为单位计量。

5）蒸发池依据图纸所示位置及断面尺寸按挖土（石）方、圬工的体积分别计量，挖土（石）方根据土石比例，按开挖的天然密实体积以立方米为单位计量，圬工分不同类型及强度等级，按圬工体积以立方米为单位计量。

6）所用砂砾垫层或基础材料、填缝材料、钢筋，以及地基平整、夯实及回填等土方工程均含入相关子目单价之中，不另行计量。

7）土工合成材料的计量按特殊地区路基处理中的规定执行。

8）集水井的计量按路面及中央分隔带排水的规定执行。

7. 护坡、护面墙

1) 护坡垫层、干砌片石护坡、浆砌片石(骨架)护坡、混凝土护坡、护面墙等工程的计量，依据图纸所示位置及铺砌厚度，根据不同的结构材料类型、不同的强度等级按其铺筑、铺砌或浇筑的体积以立方米为单位。

2) 护坡工程量计量计算体积时应包含碎落台、护坡平台满铺干(浆)砌片石或满铺混凝土的数量，同时应扣除急流槽所占体积。

3) 护面墙工程量计量计算体积时不扣除沉降缝、泄水孔、预埋件所占体积。

4) 封面、捶面、坡面柔性防护。封面、捶面依据图纸所示位置及断面尺寸，按照不同厚度的封(捶)面面积以平方米为单位计量。坡面柔性防护依据图纸所示，按防护系统防护的坡面面积以平方米为单位计量；网片搭接部分作为附属工作，不另行计量。

8. 挡土墙

1) 挡土墙垫层、基础、砌体挡土墙和混凝土挡土墙依据图纸所示位置和断面尺寸，根据不同的结构材料类型、不同的强度等级按其铺筑、铺砌或浇筑的体积以立方米为单位计量。

2) 混凝土挡土墙的钢筋，依据图纸所示及钢筋表所列钢筋质量以千克为单位计量；固定钢筋的材料、定位架立钢筋、钢筋接头、吊装钢筋、钢板、铁丝作为钢筋作业的附属工作，不另行计量。

3) 嵌缝材料、砂浆勾缝、泄水孔及其滤水层，混凝土工程的脚手架、模板、浇筑和养护、表面修整，基础开挖、运输与回填等有关作业，均作为承包人应做的附属工作，不另行计量。

9. 锚杆、锚定板挡土墙

1) 锚杆、锚定板挡土墙工程计量依据图纸所示位置及断面尺寸，现浇(预制安装)混凝土立柱、预制安装混凝土挡板、现浇(预制安装)混凝土肋柱、预制安装混凝土锚定板、现浇混凝土墙身、现浇附属部位混凝土以及现浇桩基混凝土，分别按照不同强度等级混凝土体积以立方米为单位计量。

2) 锚杆及拉杆依据图纸所示位置，按照锚杆或拉杆设计长度和规格计算质量以千克为单位计量。钢筋依据图纸所示及钢筋表所列钢筋质量以千克为单位计量。

3) 锚杆的钻孔、锚杆的制作和安装、锚孔灌浆、钢筋混凝土立柱和挡土板的制作与安装、墙背回填、防(排)水设置及锚杆的抗拔力试验等，以及一切未提及的相关工作均为完成锚杆挡土墙及锚定板挡土墙所必需的工作，均含入相关支付子目单价之中，不单独计量。

10. 加筋土挡土墙

1) 加筋土挡土墙计量依据图纸所示位置及断面尺寸，混凝土基础、现浇帽石混凝土、预制安装混凝土墙面板、钢筋混凝土带根据不同的结构材料类型、不同的强度等级按其体积以立方米为单位计量。

2）扁钢带、塑钢复合带、聚丙烯土工带依据图纸所示位置和断面尺寸，按铺设数量换算为质量以千克为单位计量。钢筋依据图纸所示及钢筋表所列钢筋质量以千克为单位计量；塑料土工格栅以平方米为单位计量。

3）基坑开挖与回填、墙顶抹平层、沉降缝的填塞、泄水管的设置及钢筋混凝土带的钢筋等，均作为承包人的附属工作，不另行计量。

4）加筋土挡土墙的路堤填料按图纸的规定和要求，在填方路基中计量。

11. 喷射混凝土和喷浆边坡防护

1）锚杆依据图纸所示位置，按照锚杆设计长度和规格计算质量以千克为单位计量。

2）喷射水泥砂浆和喷射混凝土边坡防护的计量，应依据图纸所示位置及砂浆或混凝土强度等级，按照不同厚度喷浆或喷射的防护面积以平方米为单位计量；钢筋网、钢丝网以千克为单位计量；土工格栅以平方米为单位计量。

3）喷射前的岩面清理、锚杆钻孔、锚杆制作，以及钢筋网和钢丝网编织及挂网土工格栅的安装与铺设等工作，均作为承包人为完成锚杆喷射混凝土和喷射砂浆边坡防护工程应做的附属工作，不另行计量。

4）土钉支护施工以图纸为依据，经监理人验收合格，分不同类型组合的工程项目按下列内容分别计量：

① 钻孔注浆钉按米为单位计量。

② 含钢筋网或土工格栅网的喷射混凝土面层区分不同厚度按平方米为单位计量。

③ 击入钉、钢筋、钢筋网以千克为单位计量。

④ 土工格栅以净面积为单位计量。

⑤ 网格梁、立柱、挡土板以立方米为单位计量。

⑥ 永久排水系统依结构形式参照坡面排水中的规定计量。

⑦ 土钉支护施工中的土方工程、临时排水工程，以及未提及的其他工程均作为土钉支护施工的附属工作，不予单独计量，其费用含入相关工程子目单价之中。

12. 预应力锚索边坡加固

1）预应力钢绞线、无黏结预应力钢绞线依据图纸所示位置和钢绞线规格，按照各类锚索锚固端底至锚头外侧的长度，以米为单位计量。锚杆以千克为单位计量。

2）混凝土锚固板、框格梁依据图纸所示位置及断面尺寸，按照不同强度等级混凝土浇筑体积以立方米为单位计量。

3）钻孔、清孔、锚索安装、注浆、张拉、锚头、锚索护套、场地清理，以及抗拔力试验等均为锚索的附属工作，不另行计量。

4）混凝土的立模、浇筑、养护等为锚固板的附属工作，不另行计量。

13. 抗滑桩

1）现浇混凝土抗滑桩依据图纸所示位置及断面尺寸，按照不同强度等级混凝土体积以立方米为单位计量；护壁混凝土及护壁钢筋为桩基混凝土的附属工作，不另行计量；声测管为现浇混凝土桩的附属工作，不另行计量。设置支撑和护壁混凝土及护壁钢筋、挖孔、清孔、通风、钎探、排水，声测管以及无破损检验均作为抗滑桩的附属工程，不另行计量。

2）抗滑桩用钢筋依据图纸所示及钢筋表所列钢筋质量以千克为单位计量。

3）桩板式抗滑挡土墙依据图纸所示位置及断面尺寸，按照不同强度等级混凝土体积以立方米为单位计量。

4）土方工程、临时排水等相关工作均作为辅助工作不予计量，费用含入相关工程报价中。

14. 河道防护

1）河床铺砌、顺坝、丁坝、调水坝及锥坡铺砌等工程，以及抛石防护，应依据图纸所示位置和断面尺寸，按图示不同强度等级以立方米为单位计量。

2）砌体的基础坑开挖、回填、夯实，以及砌体勾缝等工作，均作为承包人应做的附属工作，不另行计量。

三、路面工程

路面工程（《招标文件》第300章）包括的主要内容有：在已完成并经监理人验收合格的路基上铺筑各种垫层、底基层、基层和面层；路面及中央分隔带排水施工；培土路肩、中央分隔带回填土及路缘石设置，以及修筑路面附属设施等有关的作业。

1. 垫层

1）碎石、砂砾垫层与水泥稳定土垫层、石灰稳定土垫层应依据图纸所示压实厚度，按照铺筑的顶面面积以平方米为单位计量。

2）对个别特殊形状的面积，应采用适当计算方法计量，并经监理人批准以平方米为单位计量。除监理人另有批准外，超过图纸所规定的面积，均不予计量。

2. 石灰稳定土底基层、基层

1）石灰稳定土底基层、基层应依据图纸所示压实厚度，按照铺筑的顶面面积以平方米为单位计量。

2）对个别特殊形状的面积，应采用监理人认可的计算方法，以平方米为单位计量。除监理人另有批准外，超过图纸所规定的计算面积或体积均不予计量。

3）桥梁和明涵处的搭板，以及埋板下变截面石灰稳定土底基层依据图纸所示尺寸、范围，按照铺筑体积以立方米为单位计量。

3. 水泥稳定土底基层、基层

1）水泥稳定土底基层、基层依据图纸所示压实厚度，按照铺筑的顶面面积以平方米为单位计量。

2）对个别特殊形状的面积，应采用监理人认可的计算方法，以平方米为单位计量。除监理人另有批准外，超过图纸所规定的计算面积或体积均不予计量。

3）桥梁和明涵处的搭板，以及埋板下变截面水泥稳定土底基层依据图纸所示尺寸、范围，按照铺筑体积以立方米为单位计量。

4. 石灰粉煤灰稳定土底基层、基层

1）石灰粉煤灰稳定土基层和底基层依据图纸所示压实厚度，按照铺筑的顶面面积以平方米为单位计量。任何地段的长度应沿路幅中线水平量测。对个别不规则地段，应采用经监理人批准的计算方法计量。

2）桥梁和明涵处的搭板，以及埋板下变截面石灰粉煤灰稳定土底基层依据图纸所示尺寸、范围，按照铺筑体积以立方米为单位计量。

5. 级配碎（砾）石底基层、基层

1）级配碎（砾）石底基层和基层应依据图纸所示压实厚度，按照铺筑的顶面面积以平方米为单位计量。除监理人另有批准外，超过图纸所规定的面积均不予计量。

2）桥梁和明涵处的搭板，以及埋板下变截面级配碎（砾）石底基层依据图纸所示尺寸、范围，按照铺筑体积以立方米为单位计量。

6. 沥青稳定碎石

沥青稳定碎石混合料，依据图纸所示级配类型、铺筑压实厚度，按照铺筑的顶面面积以平方米为单位计量。除监理人另有批准外，超过图纸所规定的面积均不予计量。

7. 透层和黏层

1）透层、黏层依据图纸所示沥青品种、规格、喷油量，按照洒布面积以平方米为单位计量。

2）对个别特殊形状的面积，应采用适当的计算方法计量。除监理人另有批准外，超过图纸规定的计算面积均不予计量。

8. 热拌沥青混合料面层

热拌沥青混合料面层依据图纸所示级配类型及铺筑压实厚度，按照铺筑的顶面面积以平方米为单位计量。除监理人另有批准外，超过图纸所规定的面积均不予计量。

9. 沥青表面处置与封层

1）沥青表面处置依据图纸所示沥青种类、厚度、喷油量，按照沥青表面处置面积以平方米为单位计量。

2）封层依据图纸所示沥青种类、厚度，按照封层面积以平方米为单位计量。

3）表面处置除监理人另有批准外，超过图纸所规定的面积均不予计量。

10. 改性沥青混合料

改性沥青混合料依据图纸所示级配类型及压实厚度，按照铺筑的顶面面积以平方米为单位计量。

11. 水泥混凝土路面

1）水泥混凝土面板依据图纸所示厚度和混凝土强度等级，按照铺筑体积以立方米为单位计量。除监理人另有批准外，任何超过图纸规定尺寸的计算面积，均不予计量。

2）水泥混凝土路面的补强钢筋及拉杆、传力杆等钢筋依据图纸所示水泥混凝土路面钢筋按图示质量以千克为单位计量。因搭接而增加的钢筋不予计量。

3）接缝材料等未列入支付子目中的其他材料均含入水泥混凝土路面单价之中，不单独计量。

12. 路肩培土、中央分隔带回填土、土路肩加固及路缘石

1）路肩培土及中央分隔带回填土依据图纸所示断面尺寸，按照压实体积以立方米为单位计量。现浇混凝土加固土路肩、混凝土预制块加固土路肩依据图纸所示断面尺寸和混凝土强度等级，按照体积以立方米为单位计量。

2）加固土路肩的混凝土立模、摊铺、振捣、养护、拆模，预制块预制、铺砌，接缝材料等及其他有关加固土路肩的杂项工作均属承包人的附属工作，均不另行计量。

3）混凝土预制块路缘石依据图纸所示断面尺寸和混凝土强度等级，按照预制安装体积以立方米为单位计量。埋设缘石的基槽开挖、回填、夯实，以及混凝土垫层或水泥砂浆垫层等有关杂项工作均属承包人的附属工作，不另行计量。

13. 路面及中央分隔带排水

中央分隔带处设置的排水设施，依据图纸所示位置及断面尺寸，按照不同类型分别按下列项目计量：

1）排水管按不同材料、不同直径分别以米为单位计量。
2）纵向雨水沟（管）按长度以米为单位计量。
3）集水井按不同尺寸以座为单位计量。
4）中央分隔带渗沟分不同类型，按埋设长度以米为单位计量。
5）沥青油毡防水层以平方米为单位计量。
6）路肩排水沟按长度以米为单位计量。
7）拦水带按长度以米为单位计量。

四、桥涵工程

桥涵工程（《招标文件》第 400 章）包括的工程内容主要由：模板、拱架和支架，钢筋，基坑开挖及回填，钻孔灌注桩，沉桩，挖孔灌注桩，桩的垂直静荷载试验，沉井，结构混凝土工程，预应力混凝土工程，预制构件的安装，砌石工程，小型钢构件，桥面

铺装，桥梁支座，桥梁接缝及伸缩装置，防水处理，圆管涵及倒虹吸管涵，盖板涵、箱涵、拱涵。

1. 模板、拱架和支架

桥涵工程中的模板、拱架和支架的设计制作、安装、拆卸施工等有关作业均作为有关工程的附属工作，不做计量。

2. 钢筋

1）依据图纸所示及钢筋表所列钢筋质量以千克为单位计量。

2）除图纸所示或监理人另有认可外，因搭接而增加的钢筋不予计量。

3）固定钢筋的材料、定位架立钢筋、钢筋接头、吊装钢筋、钢板、铁丝以及钢筋的防锈、截取、套螺纹、弯曲、场内运输、安装等均作为钢筋作业的附属工作，不另行计量。

3. 基坑开挖及回填

1）基坑开挖及回填应按下述规定，根据图示，取用底、顶面间平均高度的棱柱体体积，分别按干处、水下及土、石，以立方米为单位计量。干处挖方与水下挖方是以经监理人认可的施工期间实测的地下水位为界线。在地下水位以上开挖的为干处挖方；在地下水位以下开挖的为水下挖方。基础底面、顶面及侧面的确定应符合下列规定：

① 基础挖方底面：按图纸所示的基底高程线计算。

② 基础挖方顶面：按按设计图纸横断面上所标示的原地面线计算。

③ 基础挖方侧面：按顶面到底面，以超出基底周边 0.5m 的竖直面为界。

2）当承包人遇到特殊或非常规情况时，应及时通知监理人，由监理人定出特殊的基础挖方界线。凡未取得监理人批准，承包人以特殊情况为理由而完成的任何挖方将不予计量。其基坑超深开挖，应由承包人用砂砾或监理人批准的回填材料予以回填并压实。

3）为完成基础挖方所做的地面排水及围堰、基坑支撑及抽水、基坑回填与压实、错台开挖及斜坡开挖等，作为挖基工程的附属工作，不另行计量。

4）台后路基填筑及锥坡填土在路基填方内计量。

5）基坑土的运输作为挖基工程的附属工作，不另行计量。

4. 钻孔灌注桩

1）钻孔灌注桩依据图纸所示桩长及混凝土强度等级，按照不同桩径的桩长以米为单位计量。施工图设计水深小于 2m（含 2m）的为陆上钻孔灌注桩。施工图设计水深大于 2m 的为水中钻孔灌注桩。桩长为桩底至承台底面或系梁底面的距离。对于与桩连为一体的柱式墩台，如无承台或系梁时，则以桩位处原始地面线为分界线，地面线以下部分为灌注桩桩长。若图纸有标示的，按图纸标示为准。未经监理人批准，由于超钻而深于所需的桩长部分，将不予计量。

2) 开挖、钻孔、清孔、钻孔泥浆、护筒、混凝土、破桩头，以及必要时在水中填土筑岛，搭设工作台架、浮箱平台、栈桥等其他为完成工程的子目，作为钻孔灌注桩的附属工作，不另行计量。混凝土桩无破损检测及所预埋的钢管等材料，均作为混凝土桩的附属工作，不另行计量。

3) 钢筋在钢筋工程内计量，列入《招标文件》403-1 子目内。

4) 监理人要求钻取的芯样，经检验，如混凝土质量合格，钻取的芯样应予计量，否则不予计量。混凝土取芯按取回的混凝土芯样的长度，以米为单位计量。

5. 沉桩

1) 钢筋混凝土或预应力混凝土沉桩依据图纸所示桩长及混凝土强度等级，按照不同桩径的桩长以米为单位计量。未经监理人批准，沉入深度超过图纸规定的桩长部分，将不予计量。

2) 为完成沉桩工程而进行的钢筋混凝土桩浇筑（预制）、养护、移动、沉入、桩头处理、锤击、射水、接桩等一切有关作业，均为沉桩工程所包括的工作内容，不另行计量。

6. 挖孔灌注桩

1) 挖孔灌注桩依据图纸所示桩长及混凝土强度等级，按照不同桩径的桩长以米为单位计量。桩长为桩底高程至承台底面或系梁底面。对于与桩连为一体的柱式墩台，如无承台或系梁时，则以桩位处原始地面线为分界线，地面线以下部分为灌注桩桩长，若图纸有标示的，按图纸标示为准。监理人认为由于超挖而深于所需的桩长部分，将不予计量。

2) 设置支撑和护壁、挖孔、清孔、通风、钎探、排水、混凝土、每根桩的无破损检验，以及其他为完成此项工程的项目，均为挖孔灌注桩的附属工作，不另行计量。

3) 钢筋在钢筋工程内计量，列入《招标文件》403-1 子目内。

4) 监理人要求钻取的混凝土芯样检验，经钻取检验后，如混凝土质量合格，钻取的芯样应予计量；否则不予计量。钻取芯样长度按取回的芯样长度以米为单位计量。

7. 桩的垂直静荷载试验

1) 试桩不论是检验荷载或破坏荷载，均依据图纸及桩的检验荷载试验委托合同，在图纸所示位置现场进行桩的检验荷载试验，按实际进行检验荷载试验的桩数，分不同的桩径、桩长、混凝土强度等级、检验荷载等级以每一试桩为单位计量。计量包括压载、沉降观测、卸载、回弹观测、数据分析，以及为完成此项试验的其他工作子目。

2) 桩的检验（或破坏）荷载试验仅指荷载试验工作。桩的工程量在对应工程结构中计量。

8. 沉井

1）钢筋混凝土沉井依据图纸所示位置及尺寸，按图示混凝土体积分不同强度等级、不同部位(井壁、顶板、封底、填芯)以立方米为单位计量。

2）沉井所用钢筋，列入钢筋工程中的基础钢筋支付子目内计量。

3）沉井制作及下沉奠基，其中包括场地准备，围堰筑岛，模板、支撑的制作、安装与拆除，沉井浇筑、接高，沉井下沉，空气幕助沉，井内挖土，基底处理等工作，均应视为完成沉井工程所必需的工作，不另行计量。

4）沉井刃脚所用钢材，视作沉井的附属工程材料，不另行计量。

9. 结构混凝土工程

1）依据图纸所示体积，分别按不同结构类型及混凝土等级，以立方米为单位计量。

2）直径小于 200mm 的管道、钢筋、锚固件、泄水孔或桩所占混凝土体积不予扣除。

3）桥面铺装混凝土在桥面铺装内计量，结构钢筋在钢筋工程内计量。

4）为完成结构物所用的施工缝连接钢筋、预制构件的预埋钢板、防护角钢或钢板、脚手架或支架及模板、排水设施、防水处理、基础底碎石垫层、混凝土养护、混凝土表面修整及为完成结构物的其他杂项子目，以及混凝土预制构件的安装架设设备的拼装、移运、拆除和为安装所需的临时性与永久性的固定扣件、钢板、焊接、螺栓等，均作为各项相应混凝土工程的附属工作，不另行计量。

10. 预应力混凝土工程

1）预应力混凝土结构物(包括现浇和预制预应力混凝土)依据图纸所示体积分不同强度等级以立方米为单位计量。钢筋、钢材所占体积及单个面积在 $0.03m^2$ 以内的孔洞不予扣除。计量应包括悬臂浇筑、支架浇筑，以及预应力混凝土梁、板的一切作业。

2）完工并经验收的预应力混凝土结构的预应力钢材，按图纸所示和本条规定的相应长度计算，预应力钢材数量以千克为单位计量。后张法预应力钢材的长度按两端锚具间的理论长度计算；先张法预应力钢材的长度按构件的长度计算。除上述计算长度以外的锚固长度及工作长度的预应力钢材含入相应预应力钢材报价之中，不另行计量。

3）预应力混凝土结构的非预应力钢筋，在钢筋工程内计量。

4）预应力钢材的加工、锚具、管道、锚板及联结钢板、焊接、张拉、压浆、封锚等，作为预应力钢材的附属工作，不另行计量。预应力锚具包括锚圈、夹片、连接器、螺栓、垫板、喇叭管、螺旋钢筋等整套部件。

5）后张法预应力混凝土梁封锚及端部加厚混凝土，计入相应梁段混凝土之中，不单独计量。

6）预制板、梁的整体化现浇混凝土及其钢筋，分别在结构混凝土及钢筋工程内计量。

7）桥面铺装混凝土在桥面铺装内计量。

11. 预制构件的安装

本项目包括预制构件的起吊、运输、装卸、储存和安装，其工作量在《招标文件》第 410 节及第 411 节计量，不另行计量。

12. 砌石工程

1）砌石工程依据图纸所示位置及尺寸，砌筑体积分不同砂浆强度等级以立方米为单位计量。

2）砌体的垫铺材料的提供和设置，拱架、支架及砌体的勾缝，沉降缝设置等作为砌体工程的附属工作，不另行计量。

13. 小型钢构件

本项目包括桥梁及其他公路构造物，除钢筋及预应力钢筋以外的小型钢构件的供应、制造、保护和安装。除另有说明外，工作内容均不作计量。

14. 桥面铺装

1）桥面铺装依据图纸所示位置、尺寸，分为不同材料和级别按照铺筑体积以立方米为单位计量。由于施工原因而超铺的桥面铺装，不予计量。

2）防水层桥面混凝土表面处理按图示处理的桥面混凝土表面净面积以平方米为单位计量。铺设防水层按图示铺装净面积分不同材质以平方米为单位计量。

3）竖、横向集中排水管按图示数量分不同材质、管径计量；铸铁管、钢管以千克为单位计量。PVC 管以米为单位计量。

4）桥面边部碎石盲沟依据图纸以立方米为单位计量。桥面铺装钢筋在钢筋工程有关工程子目中计量，不另行计量。

15. 桥梁支座

支座按图纸所示不同类型，包括支座的提供和安装，板式橡胶支座按图示体积，分不同的材质及形状以立方分米为单位计量。盆式支座、隔震橡胶支座、球形支座，按图示数量分不同型号、支座反力以个为单位计量。支座的质量检查、清洗、运输、起吊，安装支座所需的扣件、钢板、焊接、栓接、粘接，以及质量检测等作为支座安装的附属工作，不另行计量。

16. 桥梁接缝及伸缩装置

桥面伸缩装置依据图纸所示位置及尺寸，依图示长度(包括人行道、缘石、护栏底座与行车道等全部长度)，按不同伸缩量以米为单位计量。其内容包括伸缩装置的提供和安装等作业。

除伸缩装置外的其他接缝，如橡胶止水片、沥青类等接缝填料，作为有关工程的附属工作，不另行计量。

安装时切割和清除伸缩装置范围内的沥青混凝土铺装或安装伸缩装置所需的部分水泥混凝土及临时或永久性的扣件、钢板、钢筋、焊接、螺栓、粘接等，作为伸缩装置安装的附属工作，不另行计量。

17. 防水处理

沥青或油毛毡防水层，作为其他有关子目内的附属工作，不另行计量。

18. 圆管涵及倒虹吸管涵

1）钢筋混凝土圆管涵或倒虹吸管涵，依据图纸所示，按不同孔径的涵身长度（进出口端墙外侧间距离）计算，以米为单位计量。管节所用钢筋，不另计量。

2）图纸中标明的基底垫层和基座、圆管的接缝材料、沉降缝的填缝与防水材料、砌筑进出口（端墙、翼墙、八字墙井口），以及基础挖方及运输、地基处理与回填等，均作为承包人应做的附属工作，不另行计量。

3）洞口（包括倒虹吸管涵）建筑以外涵洞上下游沟渠的改沟铺砌、加固，以及急流槽消力坎的建造等均列入路基坡面排水相应子目内计量。

4）建在软土、沼泽地区的圆管涵（含倒虹吸管涵），基底软基处理参照《招标文件》第 205 节的相关规定计量，并列入《招标文件》第 205 节相应子目。

19. 盖板涵、箱涵

1）钢筋混凝土盖板涵（含通道）、钢筋混凝土箱涵（含通道）应依据图纸所示，按不同跨径以米为单位计量。盖板涵、箱涵所用钢筋不另计量。

2）所有垫层和基座、沉降缝的填缝与防水材料，洞口建筑，包括八字墙、一字墙、帽石、锥坡（含土方）、跌水井、洞口及洞身铺砌以及基础挖方、地基处理与回填土、沉降缝的填缝与防水材料以及铺设通道路面等作为承包人应做的附属工作，均不单独计量。

3）建在软土、沼泽地区的盖板涵、箱涵（含通道），基底软基处理参照《招标文件》第 205 节的相关规定计量，并列入《招标文件》第 205 节相应子目。

20. 拱涵

同盖板涵、箱涵的计量。

五、隧道工程

隧道工程（《招标文件》第 500 章）包括的工程内容主要有：洞口与明洞工程、洞身开挖、洞身衬砌、防水与排水、洞内防火涂料和装饰工程、风水电作业及通风防尘、监控量测、特殊地质地段施工与地质预报、洞内机电设施预埋件和消防设施。

1. 洞口与明洞工程

1）各项工程依据设计图纸所示位置及尺寸，按照实际完成并经验收过的工程数量进行计量。

2）洞口路堑等开挖与明洞洞顶回填的土(石)方，不分土、石的种类，只区分为土方和石方，以立方米为单位计量。

3）弃方运距在图纸规定的弃土场内为免费运距，弃渣超出规定弃土场的距离时(如图纸规定的弃土场地不足要另外增加弃土场，或经监理人同意变更的弃土场)，其超出部分另计超运距运费，按立方米公里(m³·km)为单位计量。若未经监理人同意，承包人自选弃土场时，则弃土运距不论远近，均为免费运距。

4）隧道洞门的端墙、翼墙、明洞衬砌，以及遮光棚(板)的混凝土(钢筋混凝土)或石砌砌体，以立方米为单位计量。

5）截水沟(包括洞顶及端墙后截水沟)、排水沟、渗沟依据设计图纸所示位置及尺寸以立方米为单位计量。

6）遮光棚(板)、土工合成材料、洞门墙装修依据图纸所示以平方米为单位计量。

7）洞口坡面防护工程，按不同砌体类型分别汇总以立方米为单位计量。主动防护系统依据图纸所示的坡面面积以平方米为单位计量。钢筋以千克为单位计量。锚杆以米为单位计量。洞口坡面植物防护在《招标文件》第700章计量。

8）截水沟的土方开挖和砂砾垫层、隧道标志牌，以及模板、支架的制作、安装和拆卸等均包括在相应工程中，不单独计量。

9）泄水孔、砂浆勾缝、抹平等的处理，以及图纸示出而支付子目表中未列出的零星工程和材料，均包括在相应工程子目单价内，不另行计量。

2. 洞身开挖

1）洞内土(石)方开挖符合图纸所示(包括紧急停车道、行车横洞、行人横洞，以及监控、消防和供配电设施等的洞室)或监理人指示，依据图纸所示成洞断面(不计允许超挖值及预留变形量的设计净断面)计算开挖体积，不分围岩级别，只区分土方和石方，以立方米为单位计量。开挖土(石)方的弃渣，其弃渣距离在图纸规定的弃渣场内为免费运距；弃渣超出规定弃渣场的距离时(如图纸规定的弃渣场地不足要另外增加弃渣场，或经监理人同意变更的弃渣场)，其超出部分另计超运距运费，按立方米公里(m³·km)为单位计量。若未经监理人同意，承包人自选弃渣场时，则弃渣运距不论远近，均为免费运距。

2）不论承包人由于何种原因而造成的超过允许范围的超挖，或由于超挖所引起增加的工程量，均不予计量。

3）支护的喷射混凝土依据设计图纸所示位置及尺寸，按图示喷射混凝土体积，分不同强度等级以立方米为单位计量。钢筋网以千克为单位计量。喷射混凝土其回弹率、钢纤维,以及喷射前基面的清理工作均包含在工程子目单价之内,不另行计量。

4) 洞身超前支护所需的材料,按图纸所示或监理人指示并经验收的各种规格的超前锚杆或小钢管、管棚、注浆小导管、锚杆等均以米为单位计量;型钢支架、钢筋格栅套拱钢架以千克为单位计量;连接钢板、螺栓、螺母、拉杆、垫圈等作为钢支护的附属构件,不另行计量。

5) 隧道开挖的钻孔爆破、弃渣的装渣作业均为土(石)方开挖工程的附属工作,不另行计量。

6) 隧道开挖过程,洞内外采取的施工防水措施,其工作量应含在开挖土(石)方工程的报价之中。

7) 承包人为加快施工速度,增大工作面或因其他目的而自行增加的辅助坑道,不予计量支付。

3. 洞身衬砌

1) 洞身衬砌的拱部(含边墙),依据图纸所示位置及尺寸,按图示混凝土体积分不同强度等级以立方米为单位计量。洞内衬砌用钢筋,按图纸所示以千克为单位计量。

2) 任何情况下,衬砌厚度超出图纸规定轮廓线的部分,均不予计量。

3) 按隧道洞身的规定,允许个别欠挖的侵入衬砌厚度的岩石体积,计算衬砌数量时不予扣除。

4) 仰拱、铺底混凝土,应按图纸施工,以立方米为单位计量。

5) 预制或就地浇筑混凝土边沟及电缆沟,依据图纸所示位置及尺寸以立方米为单位计量。

6) 洞内混凝土路面工程依据图纸所示位置及尺寸,按图示混凝土体积分不同强度等级以立方米为单位计量。钢筋,含拉杆、补强钢筋、传力杆,依据图纸以千克为单位计量。钢筋接头、铁丝作为钢筋作业的附属工作,不另行计量。

7) 各类洞室门按图纸要求,经验收合格以个为单位计量。其中材料采备、加工制作、安装等均不另行计量。

8) 洞内装饰符合图纸要求,经验收后以平方米为单位计量。其中墙面清理,材料采备、供应、运输、加工,脚手架搭设与拆除等,均不另行计量。

9) 施工缝及沉降缝按图纸规定施工,其工作量含在相关工程子目之中,不另行计量。

10) 各种设备、设施的预埋(预留)管件的工作量含在相关工程子目中,不另行计量。

4. 防水与排水

1) 洞内排水用的排水管按不同类型、规格,以米为单位计量。

2) 压浆堵水按所用原材料水泥浆液以吨为单位计量,水玻璃原液以立方米为单位计量。

3）防水层按所用材料(防水板、涂料防水层等)以平方米为单位计量，止水带、止水条以米为单位计量。

4）保温依据图纸所示位置，按图示保温层面积以平方米为单位计量；保温出水口暗管以米为单位计量。保温出水口以处为单位计量。为完成上述项目工程所加工、安装的所有工料、机具等均不另行计量。

5）隧道洞身开挖时，洞内外的临时防(排)水工程应作为洞身开挖的附属工作，不另行支付。为此，隧道工程支付子目的土方及石方工程在报价时，应考虑除本节支付子目外的其他施工时采取的防(排)水措施的工作量。

5. 洞内防火涂料和装饰工程

洞内防火涂料和装饰工程所属各项工程，依据设计图纸所示位置及尺寸，按实际完成并经监理人验收的数量，分别按以下的工程子目进行计量：

1）喷涂防火涂料。分不同喷涂厚度以平方米为单位计量。其工作内容包括材料的采备、供应、运输，支架、脚手架的制作、安装和拆除，基层表面处理，防火涂料喷涂后的养护，施工的照明、通风等一切与此有关的作业。

2）洞内装饰工程中的墙面装饰、喷涂混凝土专用漆以及吊顶，均依据设计图纸所示位置及尺寸，按图示面积分不同材质以平方米为单位计量。其工作内容包括材料的采备、供应、运输，混凝土边墙表面的处理，砂浆找平，施工的照明、通风等一切与此有关的作业。找平用的砂浆不另行计量。

6. 风水电作业及通风防尘

隧道施工中的供风、供水、供电、照明以及施工中的通风、防尘的作业，其工作量应包含在相关工程子目的报价中，不予另行计量。

7. 监控量测

监控量测是隧道安全施工必须采取的措施，监控量测除必测项目外，应根据具体情况确定选测项目，分别以总额报价及支付。

8. 特殊地质地段的施工与地质预报

隧道施工中遇到特殊地质地段时承包人应采取的有关施工措施，不另行计量与支付。地质预报所采用的方法应根据具体情况选用，以总额报价及支付。

9. 洞内机电设施预埋件和消防设施

1）机电设施预埋件按图纸要求施工完毕，经监理人分别按其所属设施验收合格以千克为单位计量。

2）供水钢管依据图示要求材料、尺寸，按供水管管道中心线长度以米为单位计量。其工作内容包括焊接、法兰连接、防腐处理、开挖(回填)沟槽所需的人工和材料等，不另行计量。

3）消防洞室防火门制作、安装，经验收合格以套为单位计量。

4）集水池、蓄水池、泵房等按图纸要求施工完毕，经监理人验收合格分别以座为单位计量；消防设施的其他混凝土、砖石砌体工程以立方米为单位计量。

5）消防系统中未列入清单中的附属设施其工作量含在相关子目中，不另计量。

六、安全设施及预埋管线

安全设施及预埋管线(《招标文件》第 600 章)包括的工程内容主要有：护栏、隔离栅和防落物网、道路交通标志、道路交通标线、防眩设施、通信和电力管道与预埋(预留)基础、收费设施及地下通道等的施工及有关作业。

1．护栏

1）设置在中央分隔带的混凝土护栏(护墙、立柱)，依据图纸所示位置和断面尺寸以立方米为单位计量。不扣除混凝土沉降缝、泄水孔所占体积。桥上混凝土护栏(护墙、立柱)在《招标文件》410-7 中计量。混凝土基础以立方米为单位计量。钢筋以千克为单位计量。

2）地基填筑、垫层材料、混凝土基础、砌筑砂浆、嵌缝材料，以及油漆、涂料等均不另行计量。

3）路侧(中央分隔带)波形梁钢护栏依据图纸所示位置、防撞等级、构造形式代号，按图示长度以米为单位计量。钢护栏起、终端头以个为单位计量。

4）缆索护栏、中央分隔带活动护栏按图示活动护栏长度以米为单位计量。

5）明涵、通道、小桥、挡土墙部分缆索护栏的立柱插座、预埋构件作为上述构造物的附属工作，不另行计量。

2．隔离栅和防落物网

1）隔离栅应安装就位并经验收，分别按钢板网隔离栅、编织网隔离栅、焊接网隔离栅、刺钢丝网隔离栅等依据图纸所示位置和断面尺寸，按图示隔离栅沿路线展开长度以米为单位计量；不扣除钢管(型钢)所占沿路线长度，三角形起讫端按相应沿路线长度的 1/2 计量。金属主柱的紧固件等均并入隔离栅计价中，不另行计量。

2）防落物网按图纸设计以米为单位计量。立柱、安装网片的支架，预埋件及紧固件、防雷接地等不另行计量。

3．道路交通标志

1）标志按图纸的规定提供、装好、埋设就位，并按验收的不同种类、规格分别计量：

① 所有各式交通标志(包括柱式、门架式、悬臂式、附着式)均以个为单位计量。

② 所有支撑结构、底座、硬件和为完成组装而需要的附件，均附属于各有关标志工程子目内，不另行计量。

2）里程标和公路界碑等均应按要求的埋设就位和验收的数量以个为单位计量。

4. 道路交通标线

1）路面标线应按图纸所示，经检查验收后，以热熔型涂料、溶剂型涂料和预成型标线带按图示标线面积以平方米为单位计量。反光型的路面标线玻璃珠应包含在涂敷面积内，不另行计量。

2）突起路标安装就位经检查验收后以个为单位计量。

3）轮廓标安装就位经检查验收后以个为单位计量。

4）立面标志设置经检查验收后以处为单位计量。

5）锥形交通路标安装就位经检查验收后以个为单位计量。

6）减速带安装就位经检查验收后以米为单位计量。

7）铲除原有路面标线经检查验收后以平方米为单位计量。

5. 防眩设施

1）防眩板设置安装完成并经验收后以块为单位计量。

2）防眩网设置安装完成并经验收后以米为单位计量。不扣除立柱所占长度。

3）为安装防眩板、防眩网设置的预埋件、连接件、立柱、基础混凝土，以及钢构件的焊接等均作为防眩板、防眩网工程的附属工作，不另行计量。

6. 通信和电力管道及预埋（预留）基础

1）人(手)孔应根据图纸所示的形式及不同尺寸以个为单位计量。

2）紧急电话平台应按底座就位和验收的数量以个为单位计量。

3）预埋管道工程应按铺筑就位并验收的长度以米为单位计量，计量是沿着单管和多管结构的管道中线进行。过桥管箱的制作、安装以米为单位计量。所有封缝料和牵引线及拉棒检验等，作为承包人的附属工作，不另行计量。

4）挖基及回填，以及压实及接地系统作为相关工程的附属工作，不另行计量。

5）附属于桥梁、通道或跨线桥的预留管道及其他的电信设备应作为这些结构的一部分，在主体工程内计量，不单独计量。

6）通信管道安装在桥上的托架作为制造、安装过桥管的附属工作，不另行计量。

7. 收费设施及地下通道

1）收费亭依据设计图纸所示位置和尺寸，分不同类型，按图示材料材质制作安装，经监理人验收后以个为单位计量。

2）收费天棚按图示材料制作安装，经监理人验收按收费天棚平面投影面积以平方米为单位计量。

　　3) 收费岛按图纸所示经监理人验收，以个为单位计量。

　　4) 地下通道按图纸要求经监理人验收，按地下通道中心量测的洞口间距离以米为单位计量，计量中包含了装饰贴面工程及防(排)水处理等内容。

　　5) 预埋及架设管线按图纸规定敷设就位，经监理人验收以米为单位计量。

　　6) 收费设施的预埋件为各有关工程子目的附属工作，均不另行计量。

　　7) 所有挖基、挖槽，以及回填、压实等均为各相关工程细目的附属工作，不另行计量。凡未列入计量子目的零星工程，均含在相关工程子目内，不另行计量。

七、绿化及环境保护设施

　　绿化及环境保护设施(《招标文件》第700章)包括的工程内容主要有：铺设表土，撒播草种和铺植草皮，种植乔木、灌木和攀缘植物，植物养护和管理，声屏障。

　　1. 铺设表土

　　1) 开挖并铺设表土和铺设利用的表土依据图纸所示位置和断面尺寸，分别按开挖并铺设的种植土体积、利用的种植土体积以立方米为单位计量。

　　2) 铺设表土的准备工作(包括提供、运输等)，为承包人应做的附属工作，不另行计量。

　　2. 撒播草种和铺植草皮

　　1) 撒播草种(含喷播)、撒播草种及花卉、灌木籽(含喷播)、先点播灌木后喷播草种、铺植草皮、三维土工网植草、客土喷播、植生袋等均依据图纸所示位置，按图示种植的面积以平方米为单位计量。扣除结构工程和密栽灌木所占面积，不扣除散栽苗木所占面积。

　　2) 草种、水、肥料等，作为承包人撒播草种的附属工作，均不另行计量。

　　3) 铺草皮按经监理人验收的数量以平方米为单位计量，密铺、间铺按不同支付子目计量。

　　4) 需要铺设的表土，按表土的来源，在铺设表土相关支付子目内计量。

　　5) 绿地喷灌设施按图纸所示，敷设的喷灌管道以米为单位计量。喷灌设施的闸阀、水表、洒水栓等均不另行计量。

　　3. 种植乔木、灌木和攀缘植物

　　1) 人工种植依据图纸所示位置，按图示种植的不同规格的各类乔木数量、灌木数量、攀缘植物数量以及竹母数量以棵为单位计量。

　　2) 需要铺设的表土，按表土的来源，在铺设表土相关支付子目内计量。

　　3) 种植用水、设置水池储水，均作为承包人种植植物的附属工作，不另行计量。

4. 植物养护和管理

从绿化植物开始种植到工程缺陷责任期结束的养护和管理是承包人完成绿化工程的附属工作，不另行计量与支付。

5. 声屏障

吸、隔声板声屏障应按图示吸、隔声板声屏障的长度以米为单位计量；吸声砖声屏障及砖墙声屏障以立方米为单位计量；声屏障的基础开挖、基底夯实、基坑回填，以及立柱、横板的安装等工作为砌筑吸声砖声屏障及砌筑砖墙声屏障所必需的附属工作，均不另行计量。

单 元 训 练

一、单项选择题

1. 对于现场存放的材料应（   ）计量记录一次。
　　A. 每旬　　　　　B. 每月　　　　　C. 每年　　　　　D. 每季

2. 沥青稳定碎石混合料，按图纸所示或监理人指示的平均铺筑面积，经监理人验收合格的平均面积，按不同厚度以平方米计量。除监理人另有指示外，超过图纸所规定的面积均（   ）。
　　A. 按实际发生计量　　　　　　B. 不予计量
　　C. 按合同规定计量　　　　　　D. 按主管部门意见计量

3. 工程计量由（   ）负责。
　　A. 承包人　　　　　　B. 业主
　　C. 设计单位驻现场代表　　　　D. 监理人

4. 借土填方，按（   ），以（   ）计量。
　　A. 压实的体积　立方米　　　　B. 松散的体积　立方米
　　C. 天然密实体积　立方米　　　D. 天然密实体积　平方米

5. 收费设施及地下通道工程中，属于承包商附属工程，不给予计量的是（   ）。
　　A. 收费亭　　　　　　B. 收费顶棚
　　C. 收费设施的预埋件　　　　D. 预埋及架设管线

6. 图 2-2 为灌注桩施工实测图，在该图中计量与支付的长度是（   ）。
　　A. L_1　　　　B. L_2　　　　C. L_1+L_2　　　　D. L_1-L_2

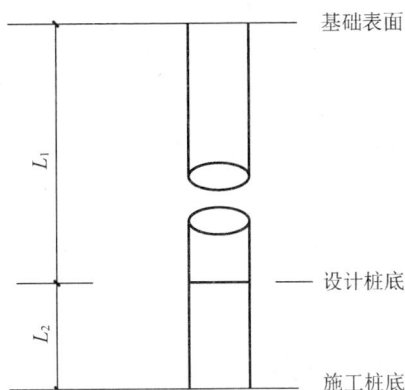

图 2-2　灌注桩施工实测图

7. 桥上防护网以（　　）为计量单位，安设网片的支架、预埋件及紧固件等不另行计量。

A．米　　　　　　B．平方米　　　　C．立方米　　　　D．吨

8. 某承包人在工程基坑开挖时没有按设计高程施工，导致基坑开挖超深 1.5m，监理人发现后指令对片石混凝土回填至设计高程，则多做的开挖和回填工程量在工程价款的计量与支付应（　　）。

A．均予以计量　　　　　　　　B．只计开挖工程量

C．均不予以计量　　　　　　　D．只计回填工程量

9. 在一个驻地监理机构中，一般配有项目工程师，其中专门负责计量与支付的工程师是（　　）。

A．道路工程师　　B．计量工程师　　C．结构工程师　　D．合同工程师

10. 在公路工程计量中，质量的计量单位规范的是（　　）。

A．公斤　　　　　B．斤　　　　　　C．千克　　　　　D．两

11. 弃方运距在图纸规定的弃土场内为免费运距，弃土超出规定弃土场的距离时，其超出部分另计超运距运费，按（　　）计量。

A．立方米　　　　B．立方米公里　　C．公里　　　　　D．吨

12. 结构混凝土工程中，直径小于（　　）mm 的管道、钢筋、锚固件、泄水孔或桩所占混凝土体积不予扣除。

A．300　　　　　B．200　　　　　C．150　　　　　D．100

13. 桥面防水层按图纸要求施工，并经监理人验收的实际数量，以（　　）计量。

A．米　　　　　　B．平方米　　　　C．立方米　　　　D．千克

14. 沥青表面处置按图纸所示或监理人指示铺筑，经监理人验收合格，按不同厚度分别以（　　）计量。

A．立方米　　　　B．米　　　　　　C．千克　　　　　D．平方米

15. 砍伐树木仅计胸径(即离地面 1.3m 高处的直径)大于(   )mm 的树木，以棵计量。

    A．50   B．100   C．150   D．200

16. 挖除旧路面(包括路面基层)应按不同结构类型的路面分别以(   )计量。

    A．立方米   B．米   C．平方米   D．吨

17. 路基土(石)方开挖数量包括边沟、排水沟、截水沟，应以经(   )校核批准的横断面地面线和土、石分界的补充测量为主。

    A．监理人   B．业主   C．承包人   D．政府主管部门

18. 在挖方路基的路床顶面以下，土方断面应挖松(   )mm 再压实。

    A．50   B．100   C．200   D．300

19. 边沟、排水沟、截水沟的加固铺砌，按图纸施工经监理人验收合格的(   )，分不同结构类型以(   )计量。

    A．沟渠体积 立方米   B．沟渠平面投影面积 平方米

    C．实际长度 米   D．材料质量 吨

20. 路面垫层工程中，碎石、砂砾垫层应按图纸和监理人指示铺筑，经监理人验收合格的(   )，按不同厚度以(   )计量。

    A．面积 平方米   B．体积 立方米

    C．长度 米   D．材料质量 千克

21. 水泥稳定土底基层、基层按图纸所示和监理人指示铺筑，经(   )验收合格的平均面积，按不同厚度分别以平方米计量。

    A．业主   B．监理人   C．承包人   D．政府主管部门

22. 拦水带按长度以(   )计量。

    A．立方米   B．米   C．千克   D．平方米

23. 下列工程中，已经含在各有关工程子目的报价中，不再另行计量的是(   )。

    A．风水电作业及通风防尘

    B．仰拱、铺底混凝土

    C．洞身超前支护所需的材料

    D．洞口路堑等开挖与明洞洞顶回填的土(石)方

24. 隧道工程的洞口坡面防护工程，按不同砌体类型分别汇总以(   )计量。

    A．平方米   B．米   C．吨   D．立方米

25. 基础挖方底面，按图纸所示或监理人批准的基础(包括地基处理部分)的(   )计算。

    A．原地面线   B．超出原地面线 0.5m 的竖直面

    C．基底高程线   D．超出基底周边 0.5m 的竖直面

26. 绿化工程的铺设表土工程中，表土铺设应根据图纸按开挖并完成的铺设种植土体积以(   )为单位计量。

    A．米   B．平方米   C．立方米   D．吨

27. 防眩设施工程计量中，下列叙述错误的是（　　）。

　　A. 防眩板设置安装完成并经验收后以块计量

　　B. 防眩网设置安装完成并经验收后以延米计量

　　C. 为安装防眩板、防眩网设置的预埋件，按实际发生量以米计量

　　D. 连接件、立柱、基础混凝土，以及钢构件的连接，不另行计量

28. 吸、隔声板声屏障应按图纸施工完成并经监理人验收的现场量测的长度，以（　　）为单位计量。

　　A. 米　　　　　　　B. 平方米　　　　　C. 立方米　　　　　D. 吨

二、多项选择题

1. 工程计量的组织方式一般有（　　）。

　　A. 业主单独计量　　　　　　　B. 业主与监理联合计量

　　C. 监理与承包商联合计量　　　D. 承包商单独计量

　　E. 监理单独计量

2. 路基工程（《招标文件》第 200 章）内容主要包括（　　）。

　　A. 场地清理、挖方、填方

　　B. 特殊地区路基处理、路基整型、坡面排水

　　C. 护坡、护面墙，挡土墙，锚杆挡土墙，加筋土挡土墙

　　D. 喷射混凝土和喷浆边坡防护、预应力锚索边坡加固

　　E. 抗滑桩、河道防护

3. 填筑路堤的土（石）方数量，应以（　　），经监理人校核批准的横断面地面线为基础，以监理人批准的横断面图为依据，由承包人按不同来源（包括利用土方、利用石方和借方等）分别计算，经监理人校核认可的工程数量作为计量的工程数量。

　　A. 承包人的施工测量　　　　　B. 承包人的补充测量

　　C. 图纸计算出来的数量　　　　D. 设计方的测量

　　E. 设计方的补充测量

4. 结构物台背回填按压实体积，以立方米计量，计价中包括（　　）。

　　A. 挖运　　　　　B. 摊平　　　　　C. 压实　　　　　D. 整型

　　E. 其他有关的作业费用

5. 盐渍土路基处理换填，经监理人验收合格后按不同厚度以平方米计量。其内容包括（　　）。

　　A. 铲除盐渍土　　　　　　　　B. 材料运输

　　C. 分层填筑　　　　　　　　　D. 分层压实

　　E. 清除软层

6. 预应力锚索边坡加固计量中，不另行计量的有（   ）。

    A. 预应力锚索长度

    B. 混凝土锚固板

    C. 钻孔、清孔、锚索安装、注浆、张拉、锚头、锚索护套、场地清理

    D. 抗拔力试验

    E. 混凝土的立模、浇筑、养护等

7. 挡土墙工程中，属于承包人应做的附属工作，不另行计量与支付的有（   ）。

    A. 嵌缝材料、砂浆勾缝、泄水孔及其滤水层

    B. 混凝土工程的脚手架、模板、浇筑和养护、表面修整

    C. 基础开挖、运输与回填

    D. 混凝土挡土墙的钢筋

    E. 砂砾或碎石垫层

8. 路面及中央分隔带排水以米计量的是（   ）。

    A. 纵向雨水沟(管)

    B. 混凝土路肩排水沟

    C. 路肩排水沟砂砾垫层(路基填筑中已计量的除外)

    D. 土工布

    E. 拦水带

9. 下列工程中以平方米计量的是（   ）。

    A. 沥青表面处置   B. 石灰稳定土底基层

    C. 沥青封层   D. 培土路肩及中央分隔带填土

    E. 水泥混凝土加固土路肩

10. 水泥混凝土加固土路肩经验收合格后，下面属于承包商的附属工程，不另行计量的有（   ）。

    A. 加固土路肩的混凝土立模、摊铺、振捣、养护、拆模

    B. 预制块预制、铺砌

    C. 培土路肩回填土

    D. 接缝材料

    E. 其他有关加固土路肩的杂项工作

11. 水泥混凝土的计量应按监理人认可的并已完工工程的净尺寸计算，其中不扣除的部分有（   ）。

    A. 倒角不超过 0.15m×0.15m 时

    B. 体积不超过 $0.03m^3$ 的开孔及开口

    C. 面积不超过 0.15m×0.15m 的填角部分

    D. 钢筋的体积

    E. 模板的体积

12. 下列工程中包含在相应的单价中，不另行计价的是（ ）。

    A. 排水管基础开挖

    B. 排水管出水口预制混凝土垫块

    C. 加固土路肩的混凝土立模、摊铺、振捣、养护、拆模

    D. 透层和黏层

    E. 水泥混凝土面板接缝材料

13. 洞身衬砌工程中，以立方米计量的工程有（ ）。

    A. 洞身衬砌的拱部

    B. 衬砌厚度超出图纸规定轮廓线部分

    C. 仰拱、铺底混凝土

    D. 预制或就地浇筑混凝土边沟及电缆沟

    E. 洞内混凝土路面工程

14. 隧道工程的防水和排水工程中，不以米计量的工程有（ ）。

    A. 洞内排水用的排水管　　　　　　B. 压浆堵水

    C. 压浆钻孔　　　　　　　　　　　D. 防水层

    E. 止水带

15. 下列属于洞内防火涂料和装饰工程的是（ ）。

    A. 喷涂防火涂料　　　　　　　　　B. 镶贴瓷砖

    C. 喷涂混凝土专用漆　　　　　　　D. 洞内机电设施预埋件

    E. 压浆堵水

16. 桥梁工程计价中，下列工程属于不另行计价与支付的项目有（ ）。

    A. 钢筋的防锈、截取、套螺纹、弯曲、场内运输、安装

    B. 为完成基础挖方所做的地面排水及围堰、基坑支撑及抽水、基坑回填与
       压实、错台开挖及斜坡开挖

    C. 钢筋混凝土或预应力混凝土沉桩

    D. 为完成沉桩工程而进行的钢筋混凝土桩浇筑（预制）、养护、移运、沉入、
       桩头处理等一切有关作业

    E. 沉井刃脚所用钢材

17. 桥面铺装工程中，以立方米计量的是（ ）。

    A. 桥面铺装　　　　　　　　　　　B. 桥面混凝土表面处理

    C. 桥面防水层　　　　　　　　　　D. 由于施工原因而超铺的桥面铺装

    E. 桥面边部碎石盲沟

三、判断题

1. 计量是监理人的基本职责和基本权利，也是费用监理的基本环节。　　（ ）

2．支付必须以工程量清单为依据，计量为基础，质量为前提。　　　　（　　）

3．工程量清单中的工程量只能作为投标报价的基础，而不能作为结算的依据。
　　　　（　　）

4．无论通常和当地的习惯如何（除非合同中另有规定），计量必须以净值为准。
　　　　（　　）

5．合理的支付是工程顺利进行的前提和条件。　　　　（　　）

6．联合计量方式有利于消除双方的疑虑，当场解决分歧，减少争议。　　（　　）

7．对于隐蔽工程，须在工程覆盖之前进行计量。　　　　（　　）

8．所有计量单位均采用中华人民共和国法定计量单位。　　　　（　　）

9．除非另有规定，计算面积时，其长、宽应按图纸所示尺寸线或按监理人指示
计量。　　　　（　　）

10．《招标文件》规定了挖方应挖至路床顶面，并对路床的压实进行检验，要求应
翻松、碾压达到规定的压实度。但路床若发生超挖，承包人应自费回填并压实。
　　　　（　　）

11．路基整修（或整型）工作的费用应计入路基土（石）方作业的相关填（挖）方工程单
价内，不单独计量与支付。　　　　（　　）

12．公路路基横断面设计图所显示的挖填方工程量中，填方为压实方，挖方为天然
密实方。当土（石）方调配中有部分土方利用作填方，其工程量为天然密实方，则填方中
的借方数量，即等于填方数量减去上述利用方数量。　　　　（　　）

13．施工现场清理的计量应按监理人书面指定的范围（路基范围以外临时工程用地
清场等除外），进行验收后，现场实地测量的平面投影面积以平方米计量。　　（　　）

14．超过图纸或监理人规定的尺寸开挖，按实际发生量予以计量。　　（　　）

15．滑坡按实际发生的挖除及回填体积，经监理人验收合格以后以立方米计量。
　　　　（　　）

16．零填挖路段的翻松、压实按实际发生量另计量。　　　　（　　）

17．护坡、护面墙工程中的预制空心砖和拱形及方格骨架护坡，按其铺筑的实际体
积以立方米计量。　　　　（　　）

18．加筋土挡土墙工程中，基坑开挖与回填、墙顶抹平层、沉降缝的填塞、泄水管
的设置及钢筋混凝土带的钢筋等，均按实际发生量另计量。　　　　（　　）

19．锚杆按图纸或监理人指示为依据，经验收合格的实际数量，以千克为单位计量。
　　　　（　　）

20．河床铺砌、顺坝、丁坝、调水坝及锥坡铺砌等工程及抛石防护，应分别按图纸
尺寸和监理人的指示，按实际完成并经验收的数量，以立方米计量。　　（　　）

21．改性沥青混合料按图纸要求及监理人的指示按不同的厚度及图纸摊铺面积以平
方米计量。　　　　（　　）

22．渗沟上的土工布不另计量，包含在渗沟单价中。　　　　（　　）

23．水泥稳定土底基层、基层按图纸所示和监理人指示铺筑，经监理人验收合格的

62

平均面积，按不同厚度以立方米计量。 （　　）

24．碎石、砂砾垫层应按图纸和监理人指示铺筑，经监理人验收合格的面积，按不同厚度以立方米计量。 （　　）

25．石灰稳定土底基层应按图纸所示和监理人指示铺筑的平均面积，经监理人验收合格，按不同厚度以平方米计量。 （　　）

26．混凝土路肩排水沟按长度以千米计量。 （　　）

27．桥涵及明涵的搭板，以及埋板下变截面水泥稳定土底基层，按图纸所示和监理人指示铺筑，经监理人验收合格后，按不同厚度以平方米计量。 （　　）

28．透层和黏层工程中，对个别特殊形状的面积，应采用适当的计算方法计量。除监理人另有指示外，超过图纸规定的计算面积均按实际发生量予以计量。 （　　）

29．洞身开挖工程量，根据不同围岩类别、不同开挖方式和施工方法、不同支护类型等，分别按设计断面及允许超挖回填数量，以立方米计算。 （　　）

30．洞口路堑等开挖与明洞洞顶回填的土（石）方，不分土、石的种类，不区分为土方和石方，以立方米计量。 （　　）

31．开挖土（石）方的弃渣，其弃渣距离在图纸规定的弃渣场内为免费运距；弃渣超出规定弃渣场的距离时，其超出部分若未经监理人同意，承包人自选弃渣场时，则弃渣运距不论远近均为免费运距。 （　　）

32．洞身开挖工程中，承包人出于机械故障而造成的超过允许范围的超挖，和由于超挖所引起的增加的工程量，均按实际发生量予以计量。 （　　）

33．隧道施工中遇到特殊地质地段时，承包人应采取的有关施工措施，不另予以计量与支付。 （　　）

34．机电设施预埋件按图纸要求施工完毕，经监理人分别按其所属设施验收合格以立方米为单位计量。 （　　）

35．洞身超前支护所需的材料，按图纸所示或监理人指示并经验收的各种规格的超前锚杆或小钢管、管棚、注浆小导管、锚杆以千克计量。 （　　）

36．洞身衬砌的拱部（含边墙），按实际完成并经验收的工程量，分不同级别的水泥混凝土和砌体，以立方米计量。 （　　）

37．桥梁支座清洗、运输、起吊，以及安装支座所需的扣件、钢板、焊接、螺栓、粘接等，按实际发生量计量。 （　　）

38．桥梁工程的防水处理工程中，沥青或油毛毡防水层按实际发生量以平方米计量。 （　　）

39．桥梁工程的防水处理工程中，砂浆或作为砂浆的小石子混凝土，作为砌体工程的附属工作，不另计量。 （　　）

40．通道范围（进出口之间的距离）以内的土（石）方及边沟、排水沟等均按实际发生的量予以计量。 （　　）

41．桥面伸缩装置按图纸要求安装并经监理人验收的数量，分不同结构形式以米计量。其内容包括伸缩装置的提供和安装等作业。 （　　）

42．里程标和公路界碑等均应按埋设就位和验收的数量以平方米为单位计量。
（　　）

43．地下通道按图纸要求经监理人验收，其长度沿通道中心量测洞口间距离，以米为单位计量，计量中不包含装饰贴面工程及防(排)水处理等内容。　（　　）

44．种植植物的养护及管理是承包人应完成绿化工程的附属工作，不另行计量与支付。　（　　）

45．隔离栅应安装就位并经验收，分别按钢丝编织网隔离栅、刺钢丝隔离栅、钢板网隔离栅、电焊网隔离栅等，从端柱内侧沿隔离栅外部测量，以米计量。　（　　）

46．吸声砖声屏障及砖墙声屏障以平方米为单位计量。　（　　）

47．桥上防护网以米计量，安设网片的支架、预埋件及紧固件等不另行计量。
（　　）

单元三

计算工程量

■学习目标 1. 知道工程量计算的依据及原则。
2. 熟悉常用工程结构实物工程量计算公式。
3. 会根据设计图纸，利用相关计算公式，进行常见工程结构物面积、体积或表面积的计算。
4. 能结合预算定额及施工组织设计文件或施工技术措施方案，正确进行清单外工程量的确定与计算。
5. 能正确指出清单工程量与预算工程量计算的联系与区别。

■任务背景

当前，公路工程工程量计算规则主要有两种：一是预算工程量计算规则；二是工程量清单计量规则。

预算工程量计算规则是确定工程施工数量和预算数量的依据，考虑建造过程中的施工措施、损耗及辅助工程量，其规则一般是推荐性的、非强制性的。公路工程没有专门的预算工程量计算规则，而是分散在现行预算定额的各章节说明之中，是在套用定额时确定等额数量的工作依据。其主要适用于定额计价模式下的工程估算、设计概算和施工图预算的编制；在清单计价模式中可作为分析工程量清单具体工程细目综合单价的参考。

工程量清单计量规则，是按照"净值、成品"的计算规则，根据设计图纸计量最终完成的工程数量的一种方法。该规则一般应统一，有一定的强制性。其主要是在招标投标阶段编制工程量清单、计算清单工程细目工程数量的依据；同时也是在标底或造价编制中分析工程量清单的计价工程细目综合单价，以及在施工阶段对已完工程数量的计量与支付的依据。

任务一 熟悉工程量计算的依据及原则

● **工作任务** 请以任务背景为切入点，正确叙述工程量概念、工程量计量单位、工程量计算依据及计算原则。

工程量是以物理计量单位或自然计量单位所表示的建筑安装工程各个分项工程或结构件的实物数量。工程量计算是根据施工图、预算定额划分的项目及工程量计算规则，列出分部分项工程名称和工程量计算式，然后计算出其结果的过程。工程量清单中工程量的计算是确定工程造价的关键内容，是施工阶段计量与支付工作的基础。其计算内容既包含设计图纸中道路、桥梁等工程实物量，也包括设计图纸和工程量清单所提供的工程量以外的计算，该项重点是施工组织设计中发生的合理工程量。

一、工程量的概念

工程量是以物理计量单位或自然计量单位表示的各分项工程或结构构件的数量。

1. 物理计量单位

物理计量单位是以物体的某种物理属性为计量单位，一般以长度(m)、面积(m^2)、体积(m^3)、质量(t)等或它们的倍数为单位。物理计量单位列表见表 3-1。

表 3-1 物理计量单位列表

编号	项目名称	单位
1	路基土(石)方的计量	
(1)	场地清理	
①	清理现场	m^2
②	拆除旧路面	m^3
③	拆除结构物	m^3
(2)	路基挖方	
①	挖土、挖石	m^3
②	弃方超运	$m^3 \cdot km$
(3)	路基填方	
①	利用土、石填方	m^3
②	借土填方	m^3
③	填方超运	$m^3 \cdot km$
(4)	软弱地基处理	
①	袋装砂井	m
②	塑料排水板	m
③	袋装砂井、塑料排水板的砂砾垫层	m^3

续表

编号	项目名称	单位
④	土工合成材料	m^2
⑤	土工织物的砂砾垫层	m^3
⑥	软弱地基换土	m^3
⑦	路基预压填方	m^3
⑧	路基预压填方超运	$m^3 \cdot km$
⑨	软弱地基换土填方超运	$m^3 \cdot km$
2	路面工程的计量	
(1)	立缘石、平缘石	m^3
(2)	底基层、基层	m^2
(3)	水泥混凝土面层	m^3
(4)	沥青混凝土、热拌(改性)沥青混合料、沥青表面处置与封层	m^2
(5)	透层和黏层	m^2
3	桥梁工程的计量	
(1)	基坑挖方	m^3
(2)	钢筋混凝土和预应力混凝土沉入桩的桩长	m
(3)	钻孔灌注桩的桩长	m
(4)	沉井	
①	钢筋混凝土厚壁(就地制作)沉井的混凝土	m^3
②	钢筋混凝土薄壁(浮式)沉井的混凝土	m^3
③	封底混凝土	m^3
(5)	钢筋	kg
(6)	桥梁砌体	m^3
(7)	桥面工程	
①	伸缩缝	m
②	预制钢筋混凝土栏杆及钢制护栏	m
③	混凝土人行道梁、板	m^3
④	桥面铺装	m^3
4	隧道工程的计量	
(1)	洞口工程	
①	洞口开挖(分土方、石方)	m^3
②	洞门的端墙、翼墙、挡墙、顶帽	m^3
③	遮光棚、遮光板	m^2
(2)	洞身开挖(分土方、石方)	m^3
(3)	洞身衬砌	
①	洞身(含明洞)衬砌的拱部、边墙、仰拱以及底部填充、铺底	m^3
②	喷射混凝土	m^3
③	锚杆长度	m
④	侧沟铺砌	m^3

续表

编号	项目名称	单位
⑤	洞内装饰	m^3
⑥	瓷面砖、喷涂料、吊顶	m^2
(4)	防水与排水	
①	洞身防水塑料板	m^2
②	止水带、风渠排水塑料管、深水注浆钻孔	m
5	排水与涵洞工程的计量	
(1)	排水设施	
①	铺砌的边沟、截水沟、排水沟、灌溉渠	m^3
②	排水管长度	m^3
③	盲沟和洞式渗沟、有管渗沟	m
(2)	涵洞	
①	钢筋混凝土盖板所用钢筋	kg
②	钢筋混凝土盖板和混凝土拱圈的混凝土	m^3
③	石砌拱圈	m^3
④	圆管涵、倒虹吸管	m
⑤	洞口建筑的砌体和混凝土	m^3
6	防护工程的计量	
(1)	挡土墙	
①	砌体、加筋土挡土墙的浆砌片石基础和混凝土基础	m^3
②	加筋土挡土墙的混凝土面板	m^3
(2)	护坡	
①	浆砌片石、块石护坡，干砌片石	m^3
②	浆砌片石骨架护坡	m^2
③	坡面防护的勾缝、灌浆、喷浆	m^3
④	浆砌片石、块石挡土墙	m^3
⑤	抛石、石笼	m^3
7	沿线设施和其他工程的计量	
(1)	供电线路、给水排水管道	m
(2)	围墙	m
(3)	波形梁护栏、隔离栅	m
(4)	道路标线	m^2
(5)	预留管道及预留沟槽	m
(6)	声屏障墙	m^3
(7)	绿化用灌林、草皮	m^2

2. 自然计量单位

自然计量单位是以物体本身的自然属性为计量单位。一般用件、个、只、台、座、套、棵、株等或它们的倍数作为计量单位。自然计量单位列表见表3-2。

表 3-2 自然计量单位列表

序号	项目名称	单位
1	掘除树根、砍伐树木	棵
2	消防洞室防火门	套
3	桥梁支座	个
4	集水井(池)、蓄水池、泵房	座
5	防眩板	块
6	保温出水口、立面标记	处
7	混凝土护柱	根
8	交通标志	个
9	里程碑、公里界碑、百米桩	个
10	种植乔木	棵

3. 工程量计算的意义

工程量计算是施工图预算、编制标底和招标报价的基础工作,工程预算造价主要取决于两个因素:一是工程量,二是单价。为了正确地编制工程预算,这两个因素缺一不可,因此工程量计算的准确与否,将直接影响整个工程的预算造价。

工程量又是施工企业编制施工计划、组织劳动力和材料供应、机具进场的重要依据。同时,工程量也是计划和统计等基本建设管理职能部门的工作内容之一。由此可知,正确计算工程量对建设单位、施工企业和管理部门加强管理,以及合理确定工程造价都具有重要的现实意义。

二、工程量计算的依据

1. 经审定的施工设计图纸及设计说明

施工设计图纸是计算工程量的基础资料,因为施工图纸反映了工程实物的构造和各种部位的尺寸,是计算工程量的基本依据。在取得施工图纸和设计说明等资料后,必须全面、细致地熟悉和核对有关图纸与资料,检查图纸是否齐全、正确。如果发现设计图纸有错漏或相互间有矛盾,应及时向有关部门提出修改意见,予以更正,经过审核、修正后的施工图才能作为计算工程量的依据。

2. 工程预算定额

《公路工程预算定额》(JTG/T B06-02—2007)(以下简称《预算定额》),以及省、市、自治区颁发的地区性工程定额,特别是定额中工程量计算规则等均是工程量计算的依据。计算工程量必须严格按照定额中规定的计量单位、计算规则和方法进行,否则将可能出现计算结果的数据和单位不一致。

3. 经审定的施工组织设计或施工技术措施方案

计算工程量时，除直接计算施工图纸中的实物工程量外，还必须参照施工组织设计或施工技术措施方案进行。例如计算土方挖坑工程量仅依据施工图是不够的，因为施工图中并未标明实际施工场地土的类别及施工中是否放坡开挖或者是否采用基坑支挡防护、围堰等方式。对这类问题就需要借助于施工组织设计或施工技术措施方案予以解决。

4. 经确定的其他有关技术经济文件

如当地规定的征地拆迁费用土地青苗补助，以及招标文件中的计量规定及计量方法等有关技术经济文件也是工程量计算的依据。

三、工程量计算的原则

为了保证工程量计算方法的合理性及计算结果的准确性，计算工程量时必须遵循以下原则：

1. 工程量计算所用原始数据必须和设计图纸相一致

工程量是按每一分项工程，根据设计图纸进行计算的，计算时所采用的原始数据都必须以施工图纸所表示的尺寸或施工图纸能读出的尺寸为准进行计算，不得任意加大或缩小各部位尺寸。特别是对工程量有重大影响的尺寸(如建筑物的外包尺寸、轴线尺寸等)，以及价值较大的分项工程(如钢筋混凝土工程等)的尺寸，其数据的取定均应根据图纸所注尺寸线及尺寸数字，通过计算确定。

2. 计算口径必须与预算定额相一致

计算工程量时，根据施工图纸列出的工程子目的口径(指工程子目所包括的工作内容)，必须与土建基础定额中相应的工程子目的口径相一致。不能将定额子目中已包含了的工作内容拿出来另列子目计算。例如，定额中的某些工程子目包括了刷素水泥浆，计算工程量时就不应将其另列子目重复计算。

3. 计算单位必须与预算定额相一致

计算工程量时，所计算工程子目的工程量单位必须与土建基础定额中相应子目的单位相一致。例如预算定额是以平方米为单位的，所计算的工程量也必须以平方米为单位。在土建预算定额中，工程量的计算单位规定为：

1) 以体积计算的为立方米(m^3)。
2) 以面积计算的为平方米(m^2)。
3) 长度为米(m)。
4) 质量为吨或千克(t 或 kg)。
5) 以件(个或组)计算的为件(个或组)。

基础定额中大多数用扩大定额(按计量单位的倍数)的方法来计量,如"10m""100m²""1000m³"等。因此,在计算时应注意分清,务必使工程子目的计量单位与定额一致,不能随意决定工程量的单位,以免由于计量单位错误而影响工程量的正确性。比如,脚手架工程的计量单位就有扩大平方米(100m²)、延长米(100m)和座等,使用时不得混淆。

4. 工程量计算规则必须与定额一致

工程量计算必须与定额中规定的工程量计算规则(或计算方法)相一致,才符合定额的要求。预算定额中对分项工程的工程量计算规则和计算方法都作了具体规定,计算时必须严格按规定执行。

5. 工程量计算的准确度

工程子目计量的计算结果精度要求是:金额准确到元,面积准确到平方米(路面准确到平方米小数点后一位),体积准确到立方米小数点后两位[土(石)方准确到立方米],质量准确到千克,长度、宽度、高度准确到厘米。

工程量的数字计算要准确,一般应精确到小数点后三位,汇总时其准确度取值要达到:

1) 以"吨"为单位,应保留小数点后三位数字,第四位数字四舍五入。

2) 以"立方米""平方米""米""千克"为单位,应保留小数点后两位数字,第三位数字四舍五入。

3) 以"个""项""台""套""棵""块""处"等为单位,应取整数。

4) 以"总额"为单位,工程量应填"1"。

任务二　学习常用工程结构实物工程量计算公式

●**工作任务**　通过自学、查阅资料、讨论等方式,熟悉并领会常用工程结构物工程量计算公式。并能根据结构物施工图纸,利用常用工程结构物面积、体积计算公式,进行相关工程量计算。

工程结构物一般具有较规则的几何形体,或者可以将其划分为简单的由几何形体组成的实体,一般通过计算几何图形的面积和体积来确定该实体结构的工程数量。

一、常用工程结构面积计算公式

常用工程结构面积计算公式详见表3-3。

表 3-3 常用工程结构面积计算公式

图形		尺寸符号	面积（F）
三角形		h——高 $l = \dfrac{1}{2}$周长 a、b、c——对应角A、B、C的边长	$F = \dfrac{bh}{2} = \dfrac{1}{2}ab\sin C$ $l = \dfrac{a+b+c}{2}$
正方形		a——边长 d——对角线	$F = a^2$ $a = \sqrt{F} = 0.707d$ $d = 1.414a = 1.414\sqrt{F}$
长方形		a——短边 b——长边 d——对角线	$F = ab$ $d = \sqrt{a^2 + b^2}$
平行四边形		a、b——邻边 h——对边间的距离	$F = bh = ab\sin\alpha$ $= \dfrac{\overline{AC}\cdot\overline{BD}}{2}\sin\beta$
梯形		$CE = AB$ $AF = CD$ $a = CD$(上底边) $b = AB$(下底边) h——高	$F = \dfrac{a+b}{2}h$
任意四边形		a、b、c、d——四边长 d_1、d_2——对角线 φ——两对角线夹角	$F = \dfrac{1}{2}d_1 d_2 \sin\varphi$ $= \dfrac{1}{2}d_2(h_1 + h_2)$
正多边形		α、β——角度，其中α为每边所对的圆心角 a——边长 R——外接圆半径 r——内切圆半径 n——边数	$\alpha = 360° \div n$，$\beta = \dfrac{n-2}{n}180°$ $a = 2\sqrt{R^2 - r^2}$ $F = \dfrac{nar}{2} = \dfrac{na}{2}\sqrt{R^2 - \dfrac{r^2}{4}}$
菱形		a——边长 α——角度 d_1、d_2——对角线	$F = a^2\sin\alpha = \dfrac{1}{2}d_1 d_2$
圆形		r——半径 d——直径 p——圆周长	$F = \pi r^2 = \dfrac{1}{4}\pi d^2$ $= 0.25pd$ $p = \pi d$

续表

	图形	尺寸符号	面积(F)
椭圆形		a、b——主轴	$F=\dfrac{\pi}{4}ab$
扇形		r——半径 l——弧长 α——弧的对应中心角	$F=\dfrac{1}{2}rl=\dfrac{\alpha}{360}\pi r^2$ $l=\dfrac{\alpha\pi}{180}r$
弓形		r——半径 l——弧长 α——中心角 b——弦长 h——高	$F=\dfrac{1}{2}r^2\left(\dfrac{\alpha\pi}{180}-\sin\alpha\right)$ $=\dfrac{1}{2}[r(l-b)+bh]$ $l=r\alpha\dfrac{\pi}{180}=0.0175r\alpha$ $h=r-\sqrt{r^2-\dfrac{1}{4}b^2}$
圆环		R——外半径 r——内半径 D——外直径 d——内直径 t——环宽 D_{pj}——平均直径	$F=\pi(R^2-r^2)$ $=\dfrac{\pi}{4}(D^2-d^2)$ $=\pi D_{pj}t$
部分圆环		R——外半径 r——内半径 t——环宽 R_{pj}——圆环平均半径	$F=\dfrac{\alpha\pi}{360}(R^2-r^2)$ $=\dfrac{\alpha\pi}{360}R_{pj}t$
抛物线形		b——底边 h——高 l——曲线长 S——$\triangle ABC$的面积	$F=\dfrac{2}{3}bh=\dfrac{4}{3}S$ $l=\sqrt{b^2+1.3333h^2}$

二、实体工程结构体积和表面积计算公式

实体工程结构体积和表面积计算公式见表 3-4。

表 3-4　实体工程结构体积和表面积计算公式

图形		尺寸符号	体积（V）、底面积（F）、 表面积（S）、侧表面积（S_1）
立方体		a——棱长 d——对角线	$V = a^3$ $S = 6a^2$ $S_1 = 4a^2$
长方体（棱柱）		a、b、h——边长 O——底面对角线交点	$V = abh$ $S = 2(ab + ah + bh)$ $S_1 = 2h(a + b)$ $d = \sqrt{a^2 + b^2 + h^2}$
三棱柱		h——高 a、b、c——边长 F——三棱柱底面面积 O——底面对角线交点	$V = Fh$ $S = (a + b + c)h + 2F$ $S_1 = h(a + b + c)$
棱锥		f——一个组合三角形的面积 F——棱锥底面面积 n——组合三角形个数 O——锥体底面各对角线交点	$V = \dfrac{1}{3}Fh$ $S = nf + F$ $S_1 = nf$
正六角柱		a——底边长 h——高 d——对角线	$V = \dfrac{3\sqrt{3}}{2}a^2h = 2.5981a^2h$ $S = 3\sqrt{3}a^2 + 6ah$ $S_1 = 6ah$ $d = \sqrt{h^2 + 4a^2}$
棱台		h——底面间的距离 a——一个组合梯形面积 n——组合梯形个数 F_1、F_2——上、下平行底面面积	$V = \dfrac{1}{3}h(F_1 + F_2 + \sqrt{F_1 F_2})$ $S = an + F_1 + F_2$ $S_1 = an$
圆柱体		r——底面半径 h——高	$V = \pi r^2 h$ $S = 2\pi r(r + h)$ $S_1 = 2\pi rh$
空心圆柱体（管）		R——外半径 r——内半径 $\overline{R}$——平均半径 t——管壁厚度 h——高	$V = \pi h(R^2 - r^2) = 2\pi \overline{R}th$ $S = 2\pi(R + r)h + 2\pi(R^2 - r^2)$ $S_1 = 2\pi h(R + r) = 4\pi h\overline{R}$

图形	尺寸符号	体积(V)、底面积(F)、表面积(S)、侧表面积(S_1)
斜截面圆柱	h_1——最小高度 h_2——最大高度 r——底面半径	$V = \pi r^2 \dfrac{h_1 + h_2}{2}$ $S = \pi r(h_1 + h_2) + \pi r^2\left(1 + \dfrac{1}{\cos\alpha}\right)$ $S_1 = \pi r(h_1 + h_2)$
圆锥体	r——底面半径 h——高 l——母线长	$V = \dfrac{1}{3}\pi r^2 h$ $S_1 = \pi r\sqrt{r^2 + h^2} = \pi r l$ $l = \sqrt{r^2 + h^2}$ $S = S_1 + \pi r^2$
圆台	R、r——底面半径 h——高 l——母线	$V = \dfrac{\pi h}{3}(R^2 + r^2 + Rr)$ $S_1 = \pi l(R + r)$ $l = \sqrt{(R - r)^2 + h^2}$ $S = S_1 + \pi(R^2 + r^2)$
球	r——半径 d——直径	$V = \dfrac{4}{3}\pi r^3 = \dfrac{\pi d^3}{6} = 0.5236 d^3$ $S = 4\pi r^2 = \pi d^2$
球扇形（球楔）	r——球半径 a——弓形底圆半径 h——拱高 α——锥角（弧度）	$V = \dfrac{2}{3}\pi r^2 h \approx 2.0944 r^2 h$ $S = \pi r(2h + a)$ 侧表面（锥面部分） $S_1 = \pi a r$
球冠（球缺）	r——球半径 a——拱底圆半径 h——拱高	$V = \dfrac{\pi h}{6}(3a^2 + h^2)$ $\quad = \dfrac{\pi h^2}{3}(3r - h)$ $S = \pi(2rh + a^2) = \pi(h^2 + 2a^2)$ 侧面积（锥面部分） $S_1 = 2\pi rh = \pi(a^2 + h^2)$
圆环体	R——圆环体平均半径 D——圆环体平均直径 d——圆环体截面直径 r——圆环体截面半径	$V = 2\pi^2 Rr^2$ $\quad = \dfrac{1}{4}\pi^2 Dd^2$ $S = 4\pi^2 Rr = \pi^2 Dd$ $\quad = 39.478 Rr$

图形	尺寸符号	体积（V）、底面积（F）、表面积（S）、侧表面积（S_1）
球带体	R——球半径 h——腰高 r_1、r_2——上、下底面半径 h_1——球心O至带底圆圆心O_1的距离	$V = \dfrac{\pi h}{6}(3r_1^2 + 3r_2^2 + h^2)$ $S_1 = 2\pi Rh$ $S = 2\pi Rh + \pi(r_1^2 + r_2^2)$
桶形	D——中间断面直径 d——底直径 l——桶高	对于抛物线桶体 $V = \dfrac{\pi l}{15}\left(2D^2 + Dd + \dfrac{3}{4}d^2\right)$ 对于圆形桶体 $V = \dfrac{\pi l}{12}(2D^2 + d^2)$
椭球体	a、b、c——半轴长	$V = \dfrac{4}{3}abc\pi$ $S = 2\sqrt{2}b\sqrt{a^2 + b^2}$
交叉圆柱体	r——圆柱半径 l、l_1——圆柱长	$V = \pi r^2\left(l + l_1 - \dfrac{2r}{3}\right)$
截头方锥体	a'、b'——上底边长 a、b——下底边长 h——高 a_1——截头棱长	$V = \dfrac{h}{6}[ab + (a+a')(b+b') + a'b']$ $a_1 = \dfrac{a'b - ab'}{b - b'}$
弹簧	A——截面面积 x——圈数	$V = Ax\sqrt{9.86965D^2 + p^2}$
楔形体	a、b——下底边长 c——棱长 h——棱与底边距离（高）	$V = \dfrac{(2a+c)bh}{6}$

任务三　确定工程量清单以外的工程量

●**工作任务**　结合《预算定额》及工程项目的施工组织设计,完成临时工程工程量、路基土(石)方工程量、路面工程量、桥涵工程量等清单外工程量的计算。

确定设计图纸和工程量清单以外的工程量,重点是施工组织设计中发生的合理工程量。这部分工程量是编制标底或者投标报价的重要依据,所以必须认真确定或计算。

一、确定临时工程及材料采集工程量

1. 汽车便道、便桥

1) 汽车便道路基宽度,分别按 7.0m、4.5m 计算,便道路面宽度分别按 6.0m、3.5m 计算,其中路基宽度 4.5m 的定额中已包括错车道的设置。

2) 汽车便道在使用期内养护所需的工、料、机数量可参照表3-5来确定增加数量。

表 3-5　汽车便道养护定额表　　　　　单位:公路·月

序号	项目	单位	代号	汽车便道路基宽度/m	
				7.0	4.5
1	人工	工日	1	3.0	2.0
2	天然砂粒	m³	908	18.00	10.80
3	6~8t 光轮压路机	台班	1075	2.20	1.32

3) 临时汽车便桥载重按汽车-15 级、桥面净宽 4m、单孔跨径 21m 计算。

2. 其他临时工程

1) 轨道铺设中轻轨按 11kg/m 或 15kg/m 计算,重轨按 32kg/m 计算。

2) 混凝土搅拌台等小型工作台不作单独计量,其费用已包括在临时设施之中。

3) 混凝土集中拌和站的安装与拆卸按清单单独计量,并采用相应定额。

4) 人工打圆木桩的土质划分及入土深度的计算与打入桩相同,其工程量确定可参照打入桩计算。

5) 便桥、输电、电信线路中的木料及电线应按规定计算回收。

3. 材料采集及加工

1) 材料计量中除特别说明外,土、黏土、砂、石屑、碎(砾)石、煤(矿)渣等均按堆方计算,片石、大卵石均按码方计算,料石、盖板石均按实方计算。

2) 开炸路基石方的片(块)石如需利用时,可按清片(块)石项目计算。

二、路基工程量的确定

路基土(石)方中的土和岩石应按施工难易程度依据《预算定额》将土和岩石各分为 3 类，即松土、普通土、硬土、软石、次坚石及坚石。

1. 土(石)方体积计算

（1）基本公式

按平均断面法求棱柱体的体积公式为

$$V = \frac{A_1 + A_2}{2} L \tag{3-1}$$

式中 A_1 ——某路基横断面面积；

       A_2 ——某路基与 A_1 横断面相邻的横断面面积；

       L ——相邻两横断面 A_1、A_2 之间的距离，用桩号之差计算得到，即 $L = L_2 - L_1$，

           其中 L_1、L_2 分别为断面 A_1 与断面 A_2 的桩号。

（2）土(石)方调配

路基土(石)方按平均断面计算断面方时，除《预算定额》另有说明外，挖方按天然密实体积计算，填方按压实后的体积计算，石方爆破按天然密实体积计算。当压实方和天然密实方间需换算时，可按表 3-6 中的系数换算。

表 3-6   压实方和天然密实方之间的换算系数表

公路等级 \ 土的类别	土方				石方
	松土	普通土	硬土	运输	
二级及二级以上公路	1.23	1.16	1.09	1.19	0.92
三、四级公路	1.11	1.05	1.00	1.08	0.84

注：1. 表中的换算系数为压实方为 1 时的值。

     2. "运输"中的系数适应于人工挖运土方的增运定额，以及机械翻斗车、手扶拖拉机、自卸汽车运输土方的运输定额。

     3. "普通土"栏目中的系数适应于推土机、铲运机施工土方的增运定额。

特别值得注意的是，设计图纸给出的路基土(石)方用量，是按工程实物的几何尺寸计算出来的方量数，除有的土(石)方调配表已考虑了换算系数外，必然存在着天然密实方和压实方之间的数量差，它直接影响土(石)方数量的计算结果及其相应价格的确定。因此，在实际进行土(石)方计算及调配中，应当合理考虑这一换算系数。土(石)方调配的几个公式为

$$\text{挖方(天然密实方)} = \text{利用方(天然密实方)} + \text{弃方(天然密实方)} \tag{3-2}$$

$$\text{填方(压实方)} = \text{利用方(压实方)} + \text{借方(压实方)} \tag{3-3}$$

$$\text{计价方} = \text{挖方(天然密实方)} + \text{填方(压实方)} - \text{利用方(压实方)}$$

$$= \text{挖方(天然密实方)} + \text{借方(压实方)} \tag{3-4}$$

$$\text{设计断面方} = \text{挖方(天然密实方)} + \text{填方(压实方)} \tag{3-5}$$

上述公式中，挖方是指线路或站场设计断面范围内的土(石)方开挖，包括挖、装、运、卸等全部工作内容；其中有一部分或全部可能被用作填方，利用方的工作内容是在挖方卸车后的摊铺、翻晒、洒水、压实、整修等；而借方是指从线路或站场设计范围以外的土源点借入填筑料，工作内容包括了从挖、运到填筑的全部内容，并应计入价购填料的费用。

石方工程(工作)内容中的"解小"有两层意思：其一是指第一次爆破后有体积过大的石块，不便运输，需二次爆破解小；其二是指如果要利用或外借石方用作填方，开挖后石块的最大粒径应满足规范对填料的要求，对不满足粒径要求的石块再进行解小。所有挖方均应计价，但填方按来源决定是否计价。

【例3-1】 某工程项目第二合同段原设计土方如下：挖方10万m^3(天然密实方)，其中松土2万m^3、普通土6万m^3、硬土2万m^3；填方数量12万m^3(压实方)；本断面挖方可利用方为9万m^3(天然密实方)，其中松土1万m^3、普通土6万m^3、硬土2万m^3；远运利用方为普通土2万m^3(天然密实方)，试确定各土方的数量。

分析： 本题主要考核关于土(石)方数量的几个概念性问题及相互之间的关系，天然密实方与压实方之间的换算等。

解： 根据表3-6及土(石)方调配公式计算各土方数量。

① 本断面土(石)利用方(压实方)

$$10000÷1.23m^3+60000÷1.16m^3+20000÷1.09m^3=78200m^3$$

② 远运利用方(压实方)

$$20000÷1.16m^3≈17241m^3$$

③ 借方(压实方)

$$120000m^3-78200m^3-17241m^3=24559m^3$$

④ 弃方(天然密实方)

$$100000m^3-90000m^3=10000m^3$$

【例3-2】 ××高速公路路基某土(石)方工程，计有挖土方3000000m^3，其中松土500000m^3、普通土1500000m^3、硬土1000000m^3。利用开挖土方作填方用，计天然密实方松土300000m^3、普通土1000000m^3、硬土500000m^3。开炸石方计1000000m^3，利用开炸石方作填方用，计天然密实方300000m^3、填方计压实方4000000m^3。请分别计算路基设计断面方数量、计价方数量、利用方数量(压实方)、借方数量(压实方)及弃方数量。

解： ① 路基设计断面方数量

$$3000000m^3+1000000m^3+4000000m^3=8000000m^3$$

② 计价方数量

$$8000000m^3-(300000÷1.23+1000000÷1.16+500000÷1.09+300000÷0.92)m^3$$
$$=6109226m^3$$

③ 利用方数量

$$300000÷1.23m^3+1000000÷1.16m^3+500000÷1.09m^3+300000÷0.92m^3$$
$$=1890774m^3$$

④ 借方数量

$$4000000m^3-1890774m^3=2109226m^3$$

⑤ 弃方数量

$$3000000m^3+1000000m^3-(300000+1000000+500000+300000)m^3=1900000m^3$$

2．清表土、填前压实及回填土方计算

路基工程施工前，因清除表土或粗略地填前压实后回填至原地面的高程，以及填方路堤两侧需超填，压实后切除等的土方数量，在施工组织设计中应合理计算，这部分土方就不直接计量，但其数量应摊入相应的单价中。

3．其他应计入路基土(石)方的工程量

1）填方路堤加宽超填部分如需清除或远运时，则按清除普通土及实际运距计算土方数量。

2）零填及挖方地段的基底压实面积等于路槽底面的宽度(m)和长度(m)的乘积。

3）人工挖运土方、人工开炸石方、机械打眼开炸石方、抛坍爆破石方等定额中已包括开挖边沟的工、料、机消耗数量。因此开挖边沟的数量应合在路基土(石)方数量内计算。

4）各种开炸石方定额中，均已包括清理边坡工作。

5）机械施工土(石)方，挖方部分机械达不到的地方，需由人工完成的工程量，由施工组织设计合理确定，其中人工操作部分按相应定额乘以1.15的系数。

6）抛坍爆破的工程数量，按其设计计算。

7）袋装砂井及塑料排水板处理软基时，其工程量为设计深度，不计预留长度。

8）土工布的布设面积为锚固沟外边缘所包围的面积，包括锚固沟的底面面积和侧面面积。

9）主要土方机械的经济运距。

① 推土机50m以内。

② 拖式铲运机50～300m。

③ 自行式铲运机300～2000m。

④ 自卸汽车1500～2000m或以上。

【例3-3】 某标段高速公路路基土(石)方设计，无挖方，按断面计算的填方数量为201000m³，平均填土高度5.0m，边坡坡度为1∶1.5。本标段路线长度为6km，路基宽度为26m，地面以上范围内填方中40%从其他标段调用，平均运距为3000m；其他为借方，平均运距为2000m(均按普通土考虑)。为保证路基边缘的压实度须加宽铺筑，宽填宽度为50cm，完工后要刷坡但不远运。假设填前压实沉陷厚度为15cm，土的压实干密度为1.4t/m³，自然土的含水率低于最佳含水率2%，水的平均运距为1km。列出编制本项目土(石)方施工图预算所需的全部工程细目名称、单位、定额代号、数量等内容，并填入表格，需要时应列式计算。

分析：本题主要考核根据工程量套用定额，要求对土(石)方工程量的计算及土(石)

方施工的相关工序较熟悉，确保不漏项。本题涉及相关要点有：设计工程量计算及系数计算；施工组织设计数量（宽填数量，耕地填前压实及基底压实所增加的数量，路基沉降所增加的数量）；整修路拱，面积为1000m²；整修边坡，长度为1km；填前夯压实，面积为1000m²；零填、挖方压实，面积为1000m²；挖台阶与挖松，挖路槽；最佳含水率、填料质量；路基工程中工程量以 m² 为定额单位的，一般指水平投影面积，但挖台阶是指台阶面积。

解： ① 路基填前压实沉陷所增加数量

$$6000×(26+5×1.5×2)×0.15m^3=36900m^3$$

② 路基宽填增加数量

$$6000×0.5×2×5m^3=30000m^3$$

③ 实际填方数量

$$201000m^3+30000m^3+36900m^3=267900m^3$$

④ 利用方数量

$$201000×40\%m^3=80400m^3$$

⑤ 借方数量

$$267900m^3-80400m^3=187500m^3$$

⑥ 填前压实数量

$$6000×(26+5×1.5×2)m^2=246000m^2$$

⑦ 土方压实需加水数量

$$267900×1.4×2\%m^3=7501m^3$$

⑧ 整修路拱数量

$$6000×26m^2=156000m^2$$

⑨ 定额套用及数量（表3-7）

表3-7 定额套用及数量

序号	工程细目		定额代号	单位	数量	定额调整或系数
1	3m³装载机装土（利用方）		1-1-10-3	1000m³	80.4	1.16
2	15t自卸汽车运土（利用方）	第一个1km	1-1-11-21	1000m³	80.4	1.19
3		增运2km	1-1-11-22	1000m³	80.4	1.19×4
4	2m³挖掘机装土（借方）		1-1-9-8	1000m³	187.5	1.16
5	15t自卸汽车运土（借方）	第一个1km	1-1-11-21	1000m³	187.5	1.19
6		增运1km	1-1-11-22	1000m³	187.5	1.19×2
7	土方碾压		1-1-18-4	1000m³	267.9	
8	土方洒水（8000L 洒水车）		1-1-22-9	1000m³	7.501	
9	耕地填前碾压		1-1-5-4	1000m²	246	
10	刷坡		1-1-21-2	100m³	300	
11	整修路拱		1-1-20-1	1000m²	156	
12	整修边坡		1-1-20-3	1km	6	

三、确定路面工程量

在《公路工程概算定额》（JTG/T B06 01—2007）与《预算定额》中，对路面工程量的计算作了相应规定，具体使用时，除沥青混合料路面以 1000m³ 实体为计算单位外，其余路面均以 1000m² 为计算单位。同时，沥青混合料路面压实体积按设计面积乘以压实厚度计算，在确定路面工程量时还应注意以下方面：

1. 路面压实厚度计算

不同路面结构与压实厚度规定如下：
1）稳定土基层压实厚度在 15cm 以内。
2）级配碎石（砾石）路面压实厚度在 15cm 以内。
3）填隙碎石基层的压实厚度在 12cm 以内。
4）垫层和其他基层压实厚度在 20cm 以内。
5）面层的压实厚度在 15cm 以内。

2. 路面及填路肩厚度计算

路面厚度按压实厚度计算，填路肩厚度按净路肩的夯实厚度计算。鉴于填路肩土方在设计时已计入路基填方中，所以人工填路肩定额中没有计算借土费用。

3. 设计与定额配合比不同时有关换算公式

当设计稳定类基层配合比与定额标明的配合比不同时，其路面所用有关材料可分别按式（3-6）计算

$$C_1 = [C_a + B_a(H_2 - H_0)] \times L_1/L_a \tag{3-6}$$

式中　C_1——按设计配合比换算后的材料数量；
　　　C_a——定额中基本压实厚度的材料数量；
　　　B_a——定额中压实厚度每增减 1cm 的材料数量；
　　　H_2——设计的压实厚度；
　　　H_0——定额的基本压实厚度；
　　　L_1——设计中的材料百分率；
　　　L_a——定额标明的材料百分率。

4. 其他路面工程量的确定

1）在冬五区、冬六区采用层铺法施工沥青路面时，其油量应按定额用油量乘以下列系数：
① 沥青表面处治乘以 1.05。
② 沥青贯入式基层或连接层乘以 1.02。
③ 沥青面层乘以 1.028。

④　沥青上拌下贯式中的下贯部分乘以 1.043。

⑤　沥青透层乘以 1.11。

⑥　沥青黏层乘以 1.20。

2）在路面工程定额中，凡列有洒水汽车的子目，均按 5km 范围内洒水汽车在水源处自吸水编制，不计水费。如工地附近无天然水源利用，必须采用自来水时，可根据定额与子目中洒水汽车的台班数量，按每台班 35m³ 计算定额用水量，乘以供水部门规定的水价增计水费。若其平均运距超过 5km 时，可按路基工程的洒水汽车洒水定额中的"增运定额"，增计洒水汽车台班，此台班不得再计水费。

3）施工单车道的路面时，由于路面宽度的限制，压路机不能按施工规范进行错轮碾压，导致效率降低。此时应乘以下列系数：两轮光轮压路机乘以 1.14；三轮光轮压路机乘以 1.33；轮胎式和振动式压路机乘以 1.29。

4）路面基层、面层采用集中拌和时，其拌和站的装、拆按实际需要量单独计算，并套用相应的定额。

【例 3-4】　某石灰土砂砾基层(厚 28cm，石灰：土：砂砾=5：15：80)工程，共64000m²，采用 6000L 洒水汽车洒水，需在距工地 7km 处吸取自来水。已知该子目洒水汽车定额为 1.40 台班/1000m²，自来水单价为 1.8 元/m³，又由路基工程的洒水汽车洒水定额查得洒水增运定额为每增运 0.5km 取 0.88 台班/1000m³，试计算增列水费和该子目实用洒水汽车定额及总作业台班。

分析：本题主要考核路面定额中对列有洒水汽车子目的规定。

解：根据预算定额第二章路面工程章说明中第 4 条，计算如下：

① 增列水费

$$水费=1.40×(640000÷1000)×35×1.8 元=5644.8 元$$

② 实用总计洒水汽车定额

洒水汽车增运运距：7km-5km=2km

增列洒水汽车定额：0.88×(2÷0.5)×35÷1000×1.40 台班/1000m²

＝0.17 台班/1000m²

实用洒水汽车定额：1.40 台班/1000m²+0.17 台班/1000m²=1.57 台班/1000m²

③ 洒水汽车总计作业量

$$1.57×(64000÷1000) 台班=100.48 台班$$

【例 3-5】　某三级公路沥青路面项目，路线长 35km，路基宽 8.5m，行车道宽 7m。路面结构：上面层为 4cm 中粒式沥青混凝土，下面层为 5cm 粗粒式沥青混凝土，基层为 25cm 水泥稳定砂砾(路拌)，垫层为 20cm 砂砾(基层、垫层宽度为 7.5m)。根据上述资料列出路面工程施工图预算所涉及的工程细目名称、定额代号、单位、工程数量等内容，并填入表格中。需要时应列式计算或文字说明。

分析：本题主要考核根据工程量套用定额，要求对路面工程施工的相关工序较熟悉，确保不漏项。

解：① 路面工程量的计算。

基层、底基层、透层数量：$35000 \times 7.5 m^2 = 262500 m^2$

黏层数量：$35000 \times 7 m^2 = 245000 m^2$

面层沥青混合料数量

粗粒式：$35000 \times 7 \times 0.05 m^3 = 12250 m^3$

中粒式：$35000 \times 7 \times 0.04 m^3 = 9800 m^3$

合计：$12250 m^3 + 9800 m^3 = 22050 m^3$

质量：$12250 \times 2.365 t + 9800 \times 2.358 t = 52080 t$

② 混合料拌和设备设置数量的计算。根据题目中给定的条件，路面基层采用路拌法施工，不需要设置集中拌和设备，因此仅需要设置面层混合料拌和设备。

假定设置的拌和设备的产量为160t/h，每天施工8h，设备利用率为0.8，拌和设备装、拆需1个月，则有 $52080 \div (160 \times 8 \times 0.8 \times 30) t + 1t = 2.7t$，设置1处拌和站，路面面层可以在3个月内完成施工。根据路面合理标段划分的要求，本项目设置1台拌和设备是合适的。

③ 混合料综合平均运距。本项目设置拌和站1处，假定设置在路线的中点，其混合料综合平均运距为 $35 \div 2 \div 2 km = 8.75 km$，按9km考虑。

④ 定额套用及数量见表3-8。

表3-8 定额套用及数量

工程细目		定额代号	单位	数量	定额调整或系数
砂砾垫层厚20cm	压实厚度15cm	2-1-1-12	1000m²	262.5	
	每增减1cm	2-1-1-17	1000m²	262.5	5
水泥稳定砂砾(5%)厚25cm	压实厚度15cm	2-1-2-5	1000m²	262.5	人工及压实机械调整
	每增减1cm	2-1-2-6	1000m²	262.5	10
沥青透层		2-2-16-3	1000m²	262.5	
沥青黏层		2-2-16-5	1000m²	245	
沥青混凝土混合料拌和(160t/h)	粗粒式	2-2-11-4	1000m³	12.25	
	中粒式	2-2-11-10	1000m³	9.8	
15t以内自卸汽车运混合料9km	第一个1km	2-2-13-21	1000m³	22.05	
	每增运0.5km	2-2-13-22	1000m³	22.05	16
机械摊铺沥青混凝土混合料	粗粒式	2-2-14-42	1000m³	12.25	
	中粒式	2-2-14-43	1000m³	9.8	
沥青混合料拌和设备装拆(160t/h以内)		2-2-15-4	1座	1	

注：水泥稳定砂砾基层(路拌)，采用拖拉机带铧犁拌和、稳定土拌和机拌和均为正确，本项目按拖拉机带铧犁拌和考虑。

四、桥涵工程量确定方法

1. 桥涵基础工程量

（1）开挖基础工程量

1）基础开挖工程量，按招标文件中技术规范相应规定的计算办法计算基础容积。

2）基础采用挡板支护时，其挡板工程量按坑内需支挡的实际侧面积计算。

3）挖基及基础、墩（台）砌筑所需要的水泵台班，按《预算定额》中"基础水泵台班消耗表"的规定计算，并计入挖基项目中。

（2）筑岛围堰及沉井工程量

1）土、草、麻袋、竹笼围堰，其长度按围堰中的长度计算，高度按施工水深加0.5m计算。

2）木笼围堰实体为木笼所包围的体积。

3）套箱围堰为套箱结构的金属质量，以及套箱整体下沉时的悬吊平台的质量及套箱内支撑的质量之和。

4）沉井制作工程量：重力式沉井为设计图纸井壁横隔墙混凝土数量；钢丝网水泥灌壁沉井为刃脚及骨架、钢材的质量，但不包括钢丝网的质量，钢壳沉井为钢材的总质量。

5）沉井下沉工程量为沉井刃脚外缘所包围的面积乘以刃脚下沉入土深度。在沉井下沉过程中，按土、石所在不同土层深度分别采用不同深度的定额，定额中已综合了翻砂数量，不得另加工程量。

6）沉井浮运、接高、定位落床定额的工程量为刃脚外缘所包围的面积；分节施工的沉井接高的工程量，应按各节沉井接高的工程量之和计算。计价时应注意，沉井下沉按土、石所在的不同深度分别采用不同的下沉深度的定额，如沉井下沉在5m以内的土、石应采用下沉深度0～5m的定额；当沉井继续下沉到10m以内时，对于超过5m的土、石应执行下沉深度5～10m的定额。定额中的下沉深度是指沉井顶面到除土作业面的高度，如图3-1所示。

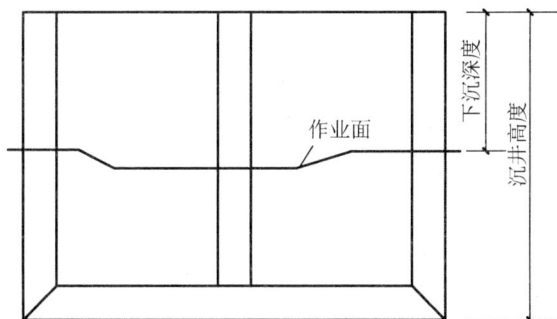

图 3-1 沉井下沉深度、沉井高度之间的关系

7）锚碇系统定额工程量指的是锚碇的数量，按施工组织设计的需要量计算。

（3）桩基工程量

1）钻孔灌注桩工程量的计算如下：

① 关于桩长、孔深。桩长是指设计图纸标示的长度，即设计图纸标示的桩底设计高程至承台底或系梁底设计高程之间的长度。对于与桩连为一体的柱式墩（台），如无承

台或系梁时，则以桩位处地面线为分界线，地面线以下部分为灌注桩桩长，若图纸有标志的，按图纸标志计算。

定额中的孔深是指护筒顶高程至桩底设计高程的深度。

套用定额时，应注意桩长与孔深的区别，一般情况下孔深大于或等于桩长。

② 工程量计算。钢护筒的工程量按设计提出的需要进行钢护筒的成品质量计算，包括加劲肋及连接用法兰盘等全部钢材的质量。钢筋混凝土护筒按设计提出的需要埋设的护筒数量，分别按混凝土实体（预制）、质量（钢筋）、长度（护筒埋设）以立方米（m^3）、千克（kg）、延长米（m）为单位计算。陆地上埋设护筒的开挖及回填黏土、水中埋设护筒定位的导向架，以及护筒接头等均不应再单独计算。

工作平台的工程量按施工组织设计确定的需要搭设的施工工作平台的面积计算。

成孔工程量按灌注桩设计入土深度计算。在计算成孔工程量时，应注意灌注桩成孔工程量与孔深、设计桩长三者之间的关系。在不同的情况下，三者之间存在不同的关系，如图 3-2 所示。

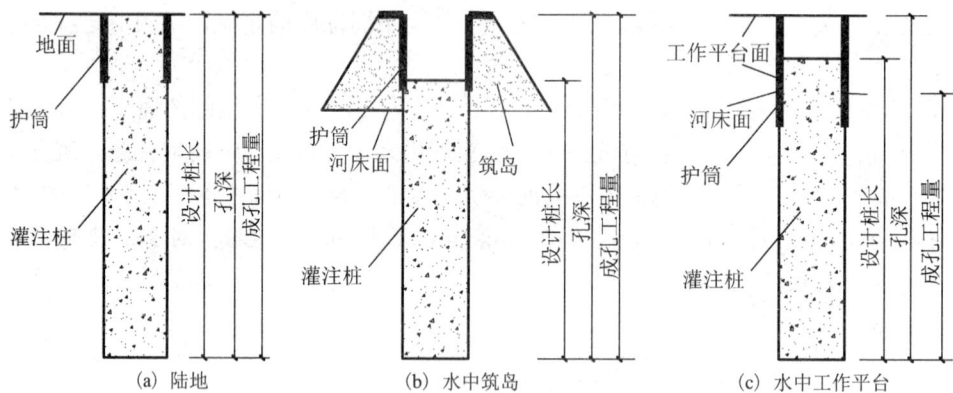

图 3-2 成孔工程量、孔深、设计桩长之间的关系

灌注桩混凝土的工程量按设计桩径横断面面积乘以设计桩长计算，不得将扩孔因素计入工程量内。

灌注桩无破损检测管的工程量按设计需要安装的检测管质量进行计算，检测管封头、套管等钢材的质量不得计入工程量内。

计价时，钻孔灌注桩应依据设计图纸标示和施工组织设计确定的工程量，按照护筒、工作平台、成孔、安放钢筋笼、灌注混凝土的顺序，套用相关定额计算其费用。在河滩、水中采用筑岛方法施工时，应采用陆地上成孔定额计算。钻孔泥浆、清孔、破桩头等均不应单独计算。

2）沉入桩工程量的计算如下：

① 土质划分为Ⅰ、Ⅱ两组土壤，其中Ⅰ组为轻亚黏土、亚黏土、砂类土、腐殖土、湿的及松散的黄土；Ⅱ组为黏土、干的结块黄土、砂砾、卵石等。

② 当打桩穿过两层土层时，如果打入Ⅱ组土层各厚度之和等于或大于土层总厚度

的 50%，或者打入Ⅱ组土连续厚度大于 1.5m 时，按Ⅱ组土计算；不是上述厚度的则按Ⅰ组土计算。

③ 打每组钢板桩时，用的夹板材料及钢板桩的接头、截头、整型等的材料已在定额中摊销计入，不得另行计算工程量。

④ 打预制钢筋混凝土方桩和管桩的工程量，应根据设计尺寸及长度以体积计算(管桩的空心部分应予以扣除)，设计中规定凿去的桩头部分的数量，应计入设计工程量内。

⑤ 拔桩工程量按实际需要量计算。

⑥ 钢筋混凝土方桩的预制工程量，应为打桩定额中括号内的备制数量。

⑦ 各类接桩按设计接头以个为单位计算。

⑧ 打桩用的工作平台的工程数量按施工组织设计所需的面积计算。船上打桩工作平台的工程量，根据施工组织设计，按一座桥梁实际需要打桩机的台数和每台打桩机需要的船上工作平台面积的总和计算。

⑨ 打导桩、打送桩及打桩架、破桩头等均不得另行计算工程量。

3) 挖孔灌注桩工程量的计算。挖孔工程量按护壁(护筒)外缘所包围的面积乘以设计孔深计算。灌注桩混凝土工程量的计算同钻孔灌注桩。

2. 拱盔及支架工程量

1) 桥梁拱盔、木支架及简单支架，均按有效宽度 8.5m 计算，钢支架有效宽度则按 12m 计算，如实际宽度与定额宽度不同时，可按比例换算。

2) 涵洞拱盔支架、拱涵支架的计量规定：涵洞长度乘以净跨径水平投影面积；桥梁拱盔定额单位的立面积，是指起拱线以上的弓形面积，其工程量按式(3-7)及表 3-9 计算。

$$F = K(\text{净跨})^2 \tag{3-7}$$

表 3-9 系数 K

跨比	1/2	1/2.5	1/3	1/3.5	1/4	1/4.5	1/5	1/5.5
K	0.393	0.298	0.241	0.203	0.172	0.154	0.138	0.125
跨比	1/6	1/6.5	1/7	1/7.5	1/8	1/9	1/10	
K	0.113	0.104	0.096	0.090	0.084	0.076	0.067	

3) 梁支架的立面积为桥梁净跨径乘以高度，拱桥高度为起拱线以下至地面的高度，梁式桥高度为墩(台)帽至地面的高度(这里的地面是指支架底部的地面)。

4) 钢拱架的工程量为钢拱架及支座金属构件的质量之和，其设备摊销费按 4 个月计算，若实际使用期与定额不符时可以调整。

3. 砌筑工程量

1) 砌筑工程定额中已计入脚手架工程量；桥涵拱围砌筑定额中未包括拱盔和支架，需要时另行计算。

2) 砌筑工程量为砌体的实际体积，包括构成砌体的砂浆体积。

4. 混凝土及钢筋混凝土工程量

（1）混凝土工程量规定

1）定额中计算混凝土工程量时注意使用条件。

2）定额中混凝土已包括操作范围内的混凝土运输；若混凝土平均运距超过 50m 时，应根据施工组织设计的混凝土平均运距增加混凝土运输费。

3）凡预埋混凝土中的钢板、型钢、钢管等均作为附属材料已列入混凝土定额中。

4）定额中混凝土所必需的外掺剂费用，已计入有关项目的其他材料费中。

5）在大体积混凝土中必须埋设冷却管来降低混凝土水化热时，可根据实际需要另行计算。

6）定额中泵送混凝土项目，均已包括水平和垂直泵送所消耗的人工、机械，但泵送水平距离超过定额范围时，按定额表有关规定增加水平泵送的人工和机械消耗量；垂直泵送不得调整。

（2）钢筋工程量规定

1）定额中光圆、带肋钢筋的比例规定，若施工图中钢筋比例与定额有出入时，可以调整钢筋品种的比例关系。

2）钢筋直径在 10mm 以上的接头，定额中均用电弧搭接或电阻对焊；如果实际施工中采用其他焊接方法，接头数量应另行计算。

（3）模板工程量规定

1）模板不单独计量，钢模板、组合钢模板、木模板等混凝土所需的模板均按周转摊销量计入现浇混凝土或预制混凝土定额中。

2）模板工程定额中包括各种模板的维修、保养所需的工、料及费用。

3）定额中钢模板质量包括立模所需的钢支撑及有关配件；组合钢模板质量仅为其自重，不包括立模所需的支撑、栏杆等配件；木模板按工地制作确定工程量。

（4）现浇混凝土及钢筋混凝土工程量的确定

1）现浇混凝土及钢筋混凝土上部结构所需的拱盔、支架或地底模的工程量按实际需要计算。

2）扒杆、提升模架、脚手架、悬浇挂篮等金属设备，也按实际需要量计算。

3）索塔、横梁、顶梁、腹系杆的高度，以及安装垫板、束道、锚固箱的高度均为桥面顶到索塔顶的高度。

5. 预制和安装混凝土及钢筋混凝土构件工程量

1）预制场拌和站用地、平整、碾压、简易路面等工程量，大型预制、张拉工作台，底座、蒸汽养护池等工程量，以及拌和站规模及数量等都依据施工组织设计计算。

2）预制构件的工程量为不包括空心部分的实际体积，但是预应力混凝土构件的工程量为构件预制体积与构件端头封锚混凝土体积之和，而预制空心板的堵头混凝土工程量已包括在定额内，此时计算工程量不应计入这部分混凝土的工程量。

3) 安装构件的工程量为其外围体积。构件安装时的现浇混凝土，其工程量为现浇混凝土和砂浆的数量之和。

4) 预应力钢绞线、预应力精轧螺纹粗钢筋及预应力钢丝，其工程量为锚固长度与工作长度的质量之和。

5) 墩头锚的预应力钢丝，其工程量为锚固长度的质量；混凝土墩头锚具工程量为锚具质量，不包括锚具内填料及张拉时拉杆和连接杆的质量。

6) 缆索吊装的索跨是指两塔间的水平距离。

6. 钢结构工程量规定

安装钢斜拉桥的钢箱及桥面板，其工程量为钢箱梁、内横隔板、桥面板、横梁质量之和。

7. 桥梁其他工程量的确定

1) T形梁、工形梁等截面形式的箱形梁，其工程量可按式(3-8)确定

$$底座面积=(梁长+2.00m)×(梁宽+1.00m) \qquad (3\text{-}8)$$

2) 曲线箱梁。梁底为曲面的箱梁，其底座面积计算按式(3-9)进行

$$底座面积=构件下弧长×底座实际宽度 \qquad (3\text{-}9)$$

3) 蒸汽养护室面积。其有效面积工程量按每一养护室安装两片梁，梁间距为0.8m，并按长度每端加1.5m，宽度两边加1.0m计算。

4) 施工电梯。施工电梯所需的台班按施工组织设计计算。

8. 涵洞工程工程量的确定

预算定额中，涵洞工程工程量的计算同前述桥梁工程。概算定额中，涵洞工程工程量按表3-10计算。

表3-10　各类涵洞工程量组成内容

定额名称		工程量包括的项目
洞身	石盖板涵	基础、墩(台)身、盖板、洞身涵底铺砌
	石拱涵	基础、墩(台)身、拱圈、护拱、洞身涵底铺砌、栏杆及扶手(台背排水及防水层作为附属工程摊入定额)
	钢筋混凝土盖板涵	基础、墩(台)身、墩(台)帽、盖板、洞身涵底铺砌、支撑梁、混凝土桥面铺装、栏杆柱及扶手
	钢筋混凝土圆管涵	圆管涵身、端节、基底
	钢筋混凝土箱涵	涵身基础、箱涵身、混凝土桥面铺装、栏杆柱及扶手
涵洞洞口		基础、翼墙、侧墙、帽石、锥坡铺砌、洞口两侧路基边坡加固铺砌、洞口河底铺砌、隔水墙、特殊洞口的蓄水井、急流槽、防滑墙、消力池、跌水井、挑坎等砌体实体
倒虹吸管洞口		竖井、留泥井、水槽

图纸中标明的基底垫层和基础(座)、圆管的接缝材料、沉降缝的填缝与防水材料、

洞口建筑(包括八字墙、一字墙、帽石、锥坡、洞口及洞身铺砌、跌水井)，以及基础挖方和运输、地基处理与回填(包括台背)等均作为承包人应做的附属工作，不单独计算。

洞口(包括倒虹吸管)建筑以外涵洞上下游沟渠的改沟、铺砌、加固，以及急流槽消力坎的建造等均列入路基工程相应子目内计算。

建在特殊地基上的涵洞，按图纸要求特殊处理的基础工程量计算。

【例 3-6】 某桥梁工程采用装配式上部构造，桥梁全长 520m，跨径为 40m，每孔设置 7 片梁，每片梁的预制周期为 10d，根据施工组织设计的安排，要求混凝土预制构件施工在 8 个月内完成。请问该桥梁工程应设置多少个预制底座构件。如果因施工场地的限制，只能设置 2 个预制底座构件，那么在施工组织设计中需安排多长时间的预制时间。

分析： 本题主要考核桥梁工程预制底座的计算及其对工期的影响。

解： ① 计算预制底座构件数量，方法如下：

计算全桥需要预制的构件数量

$$520÷40×7 \text{ 片} = 91 \text{ 片}$$

计算在计划工期内一个底座可以预制的构件数量

$$30÷10×8 \text{ 片} = 24 \text{ 片}$$

计算需要的预制底座构件的数量

预制底座构件数量 = 全部预制构件数量 ÷ 每个底座的生产能力

$$= 91÷24 \text{ 个} = 3.79 \text{ 个}$$

即该桥梁工程在计划工期内完成任务，应设置 4 个预制底座构件。

② 计算施工日期，方法如下：

计算 2 个底座每月预制的构件数量

$$30÷10×2 \text{ 片} = 6 \text{ 片}$$

计算完成全部预制构件需要的时间

$$91÷6 \text{ 月} = 15.17 \text{ 月}$$

即该桥梁工程如果设置 2 个预制底座构件，那么应安排 15.17 个月的施工工期。

【例 3-7】 某预应力混凝土连续梁桥，桥跨组合为 50m+3×80m+50m，桥梁全长为 345.50m，桥梁宽度为 25.50m。基础为钻孔灌注桩，采用回旋钻机施工，桥墩为每排三根共 6 根 2.50m 桩，桥台为 8 根 2.0m 桩。承台尺寸为 8.00m×20.00m×3.00m。除桥台为干处施工外，其余均为水中施工(水深 5m 以内)。混凝土均要求采用集中拌和、泵送施工，水上混凝土施工考虑搭便桥的方法。桥台钢护筒按单根长度 3.5m 计算，桥墩钢护筒按单根长度 10m 计算，钢套箱按其表面积 150kg/m² 计算。经统计的施工图所列主要工程数量见表 3-11。请列出该桥梁基础工程施工图预算所涉及的相关定额名称、单位、定额表号、数量、定额调整等内容，并填入表格中。需要时应列式计算或文字说明。

表 3-11 经统计的施工图所列主要工程数量

项目		钻孔深度/m				钢筋/t
		砂土	砂砾	软石	次坚石	
灌注桩	桩径 2.5m	87	862	176	27	329
	桩径 2.0m	67	333	160	—	
承台		封底混凝土/m³		承台混凝土/m³		钢筋/t
		720		1440		68

注：本表中钻孔岩层统计根据地质柱状图结合桩基设计高程统计，设计图数量表中未提供。

分析： 本题主要考核桩基础的施工工艺过程及桩基础定额应用的方法，以及桩基础施工所需的护筒、工作平台、套箱等辅助工程量的计算等。

解： ① 钻孔灌注桩护筒数量的确定，方法如下：

陆上桩(桥台)，桩径 2.0m 按单根长度 3.5m 计算，共 8×2 根=16 根。

质量：16×3.5×0.4991t=27.98t

水中桩(桥墩)，桩径 2.5m 按单根长度 10m 计算，共 6×4 根=24 根。

质量：24×10×0.6126t=147.024t

② 水中施工钻孔工作平台面积的确定，方法如下：

根据承台平面尺寸，拟定工作平台尺寸为 12m×24m。

面积：$12×24×4m^2=1152m^2$

③ 钻孔桩通过的土层及桩身混凝土。一般施工图的工程数量表中不列钻孔的深度。土质情况根据地质柱状图统计，设计图一般不列。钻孔的总深度一般与桩长不相等。桩身混凝土一般在设计图的数量表中给出，因本题未给出桩身混凝土数量，可按桩长和桩径计算得到。

$$(67+333+160)×2^2×\pi÷4m^3+(87+862+176+27)×2.5^2×\pi÷4m^3$$
$$=7414.16m^3$$

④ 承台采用钢套箱，质量计算方法如下：

考虑采用无底钢套箱，高度按高于施工水位 0.5m 计算。

质量：（8+20）×2×5.5×0.15t=184.8t

⑤ 定额套用及数量见表 3-12。

表 3-12 定额套用及数量

序号	工程细目	定额代号	单位	数量	定额调整或系数
1	桩径 2.0m 内孔深 40m 内砂、黏土	4-4-5-65	10m	6.7	
2	桩径 2.0m 内孔深 40m 内砂砾	4-4-5-67	10m	33.3	
3	桩径 2.0m 内孔深 40m 内软石	4-4-5-70	10m	16	
4	桩径 2.5m 内孔深 60m 内砂、黏土	4-4-5-313	10m	8.7	
5	桩径 2.5m 内孔深 60m 内砂砾	4-4-5-315	10m	86.2	
6	桩径 2.5m 内孔深 60m 内软石	4-4-5-318	10m	17.6	

续表

序号	工程细目	定额代号	单位	数量	定额调整或系数
7	桩径 2.5m 内孔深 60m 内次坚石	4-4-5-319	10m	2.7	
8	灌注桩混凝土	4-4-7-18	10m³	741.416	
9	混凝土拌和	4-11-11-11	10m³	741.416	1.197
10	混凝土搅拌站	4-11-11-7	1 座	1	
11	桩径 2.0m 内护筒	4-4-8-7	t	27.95	
12	桩径 2.5m 内护筒	4-4-8-8	t	147.024	
13	水中施工工作平台	4-4-9-1	100m²	11.52	
14	灌注桩钢筋	4-4-7-22	t	329	
15	承台封底混凝土	4-6-1-11	10m³	72	
16	承台混凝土	4-6-1-10	10m³	144	
17	承台钢筋	4-6-1-13	t	68	
18	混凝土拌和	4-11-11-11	10m³	216	1.04
19	钢套箱	4-2-6-2	10t	18.48	

【例 3-8】 某一大桥，桥梁全长 1282m，两岸接线各 1km，路基工程已全部完工（可作为预制场使用，路基宽度 26m）。桥跨组合为 13×30m+7×40m+20×30m，上部构造为先简支后连续预应力混凝土（后张法）T 形梁结构，其中 30m 预应力混凝土 T 形梁每孔桥 14 片梁，梁高 1.8m，梁顶宽 1.6m，梁底宽 48cm；40m 预应力混凝土 T 形梁每孔桥 14 片梁，梁高 2.4m，梁顶宽 1.6m，梁底宽 50cm。上部构造预制安装总工期按 8 个月计算，每片梁预制周期按 8d 计算。上部构造的主要工程量详见表 3-13。请列出该桥梁上部构造施工图预算所涉及的相关定额名称、单位、定额表号、数量、定额调整等内容，并填入表格中。需要时应列式计算或文字说明。

表 3-13 上部构造的主要工程量

工程细目		单位	数量	备注
40m 预应力混凝土 T 形梁	混凝土	m³	2951	锚具数量：OVM15-7 型 784 套
	钢绞线	t	108.288	
	光圆钢筋	t	221.021	
	带肋钢筋	t	359.126	
30m 预应力混凝土 T 形梁	混凝土	m³	9243	锚具数量：OVM15-7 型 3234 套
	钢绞线	t	296.136	
	光圆钢筋	t	724.954	
	带肋钢筋	t	1224.839	

分析： 本题主要考核桥梁工程施工中辅助工程的计算。

解： ① 预制底座计算。

预制的 30m 预应力混凝土 T 形梁数量：（13+20）×14 片=462 片

预制的 40m 预应力混凝土 T 形梁数量：7×14 片=98 片

T 形梁的预制、安装总工期为 8 个月，考虑到预制与安装存在一定的时差，本题按 1 个月考虑，因此预制与安装的工期按 7 个月计算，每片梁预制需要 8d，故需要底座的数量：

30m 预应力混凝土 T 形梁底座：462×8÷210 个=17.6 个，取 18 个。

40m 预应力混凝土 T 形梁底座：98×8÷210 个=3.7 个，取 4 个。

底座面积：$18×(30+2)×(1.6+1) m^2+4×(40+2)×(1.6+1) m^2=1934.4m^2$

由于接线路基工程已完工，故不需要考虑预制场地平整。

② 吊装设备计算。由于按 22 个底座计算能满足工期要求，因此预制场可以设置在大桥一岸接线，考虑运梁及安装，底座顺桥方向布置，每排布置 4 个，净间距 2.5m，排列宽度为 4×2.6m+3×2.5m=17.9m。轨道式起重机采用 20m 跨度，12m 高，布置 2 套（即预制 1 套，存梁 1 套）。预算定额的参考质量每套 43.9t，合计质量为 87.8t。

架桥机按 40m 预应力混凝土 T 形梁考虑，采用双导梁架桥机，参考预算定额全套质量 165t。因本项目桥梁宽度为 26m，需分两幅施工，故应设置两套架桥机。

龙门架设备使用日期按安装、拆除 1 个月，使用期 8 个月共 9 个月计算；龙门架的设备摊销时间按 9 个月计算，定额中设备摊销费调整为 8100 元。架桥机设备使用日期按安装、拆除 2 个月，使用期 7 个月共 9 个月计算；架桥机的设备摊销时间按 9 个月计算，定额中设备摊销费调整为 8100 元。

③ 临时轨道计算。存梁区的长度考虑 80m，因此预制场总长度为：32×5m+42m+7×2.5m+80m=299.5m，取 300m。详见预制场平面布置示意图（图 3-3）。

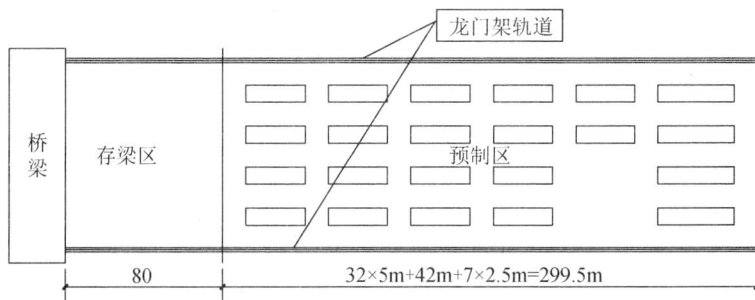

图 3-3　预制场平面布置示意图

考虑到运输的方便，预制场与桥头直接相连，同时考虑架桥机拼装长度，按两孔跨径共计 80m，则路基上轨道长度为（300+80×2）×2m=920m。

桥上轨道长度为梁、板全长减一跨考虑，即（1282-40）×2×2m=4968m。

④ 预制构件运距计算。

30m 预应力混凝土 T 形梁运输的平均运距：

[(20×30÷2)×20+(20×30+7×40+13×20÷2)×13]÷33m=605m

40m 预应力混凝土 T 形梁运输的平均运距：20×30m+7×40÷2m=740m

30m 预应力混凝土 T 形梁单片梁的质量：9243÷462×2.50t=50t

40m 预应力混凝土 T 形梁单片梁的重量：2951÷98×2.50t=75t

⑤ 预应力钢绞线每吨束数。

40m 以内：（3234+784）÷2÷（108.288+296.136）束/t=4.97 束/t

4.97 束/t-3.82 束/t=1.15 束/t

⑥ 定额套用及数量见表 3-14。

表 3-14　定额套用及数量

序号	工程细目		定额代号	单位	数量	定额调整或系数
1	T 形梁预制		4-7-14-1	10m³	1219.4	
2	混凝土拌和		4-11-11-3	10m³	1219.4	1.01
3	光圆钢筋		4-7-14-3	1t	945.975	光圆：1.025，带肋：0
4	带肋钢筋		4-7-14-3	1t	1583.965	光圆：0，带肋：1.025
5	T 形梁安装		4-7-14-7	10m³	1219.4	
6	预应力钢绞线		4-7-20-29	1t	404.424	
7			4-7-20-30	1t	404.424	1.15
8	大梁预制底座		4-11-9-1	10m²	193.44	
9	30m 预应力混凝土 T 形梁运输	第一个 50m	4-8-2-5	10m³	924.3	
10		每增运 50m	4-8-2-14	10m³	924.3	11
11	40m 预应力混凝土 T 形梁运输	第一个 50m	4-8-2-6	10m³	295.1	
12		每增运 50m	4-8-2-15	10m³	295.1	14
13	30m 预应力混凝土 T 形梁运输出坑堆放		4-8-2-5	10m³	924.3	
14	40m 预应力混凝土 T 形梁运输出坑堆放		4-8-2-6	10m³	295.1	
15	双导梁		4-7-31-2	10t	33	设备摊销费调整为 8100 元
16	预制龙门架		4-7-31-4	10t	8.78	设备摊销费调整为 8100 元
17	临时轨道	路基上	7-1-4-3	100m	9.2	
18		桥面上	7-1-4-4	100m	49.68	

五、隧道及防护工程量的确定

1. 隧道工程量有关规定

1）按现行隧道技术规范，将围岩分为六级，即Ⅰ级～Ⅵ级。

2）洞内工程项目，如果需套用其他相关项目定额时，所采用的人工工日、机械台班数量及小型机具使用费应乘以 1.26 的系数。

3）隧道开挖工程量按成洞断面加衬砌断面的设计断面计算，不得加入超挖工程量。

4）隧道锚杆工程量为锚杆、垫板及螺母等材料之和。

5）隧道喷射混凝土工程量，按设计厚度乘以喷护面积计算。

6）隧道浇筑混凝土工程量，按设计厚度乘以浇筑面积计算。

7）隧道回填工程量为设计允许超挖数量，一般控制在设计开挖量的 4%以内。

8）洞口墙工程量为主墙、翼墙、截水沟等砌体体积之和。

2. **防护工程量规定**

1）挖基土(石)方及基础垫层工程量，按实际需要计算。

2）铺花格或草皮的工程量，按所铺边坡上的总面积计算。

六、其他沿线设施工程量的确定

1. **沿线安全设施工程量计量规定**

1）钢筋混凝土防撞护栏中铸铁柱和钢管栏杆，其工程量按柱和杆的总质量计算，预埋螺栓、螺母及垫圈等已综合在定额中，不得另行计量。

2）波形钢板护栏中钢管柱、型钢柱，按柱的成品质量计算。

3）波形钢板的工程量按波形钢板、端头板及撑架的总质量计算，柱帽、固定螺栓、钢丝绳、螺母及垫圈等附件已综合在定额内，不得另行计量。

4）隔离栅中钢管柱工程量按钢管和网框型钢的总质量计算，其定额中也综合了螺栓、螺母、垫圈及柱帽钢板数量。

5）钢板网面积，按各网框外边缘所包围的净面积之和计算。

6）刺钢丝网按刺钢丝的总质量计算。

7）钢丝纺织网面积按网高、网长计算。

8）中间带隔离墩的钢管栏杆与防眩板，分别按钢管和钢板的总质量计算。

9）金属标志牌按版面、横梁、法兰盘及固定槽钢、螺栓、螺母、垫板等附件的总质量计算。

10）路面标线按画线的净面积计算。

2. **公共汽车站设施工程量计量规定**

1）公共汽车停靠站防雨篷中钢结构防雨篷的长度，按顺路方向防雨篷两端立柱中心间的长度计算。

2）钢筋混凝土防雨篷的水泥混凝土体积，按水泥混凝土垫层、基础、立柱及顶篷的体积之和计算。

单 元 训 练

1. 套用定额，进行钻孔灌注桩工程量计算时，桩长和孔深有什么区别？不同情况下，成孔工程量与孔深、设计桩长三者之间的关系如何？

2. 某段新建二级公路路基土(石)方工程，挖方 1000m^3(其中松土 200m^3、普通土

$600m^3$、硬土 $200m^3$），填方 $1200m^3$，本断面挖方可利用 $900m^3$（其中松土 $100m^3$、普通土 $600m^3$、硬土 $200m^3$），可调入本段的挖方远运利用方 $200m^3$（按普通土计算）。

问：（1）本段路基填方是否需要借土？如需要请计算所需借土（压实方）数量。

（2）计算本段路基弃方数量（天然方）。

3．××二级公路建设项目路基土（石）方的工程数量（断面方）见表 3-15。

表 3-15　××二级公路建设项目路基土（石）方的工程数量（断面方）

挖方/m³		填方/m³		借方填方/m³	
普通土	次坚石	土方	石方	普通土	次坚石
470700	1045000	582400	1045200	200000	11500

问：（1）本项目计价方数量、断面方数量、利用方数量（天然密实）、借方数量（天然密实）和弃方数量各是多少？

（2）假设土的压实干密度为 $1.35t/m^3$，自然状态土的含水率约低于其最佳含水率 1.5%，请问为达到压实要求，应增加的用水量是多少？

（3）假设填方路段路线长 20km，路基宽度 12.00m，大部分为农田。平均填土高度为 2.00m，边坡坡度为 1∶1.5，请问耕地填前压实（压实沉陷厚度 15cm）的工程数量应是多少？

4．××三级公路施工图设计提供的路基土（石）方见表 3-16。

表 3-16　××三级公路建设项目路基土（石）方的工程数量（断面方）

挖方/m³		本桩利用/m³		远运利用/m³		填方/m³	
普通土	软石	土方	石方	土方	石方	土方	石方
60000	20000	11550	2100	40950	10500	80000	30000

注：表中利用方数量均为天然密实方。

假设借土方为普通土，请根据上表数据计算本项目土（石）方的计价方数量、断面方数量、利用方数量、借方数量和弃方数量各是多少？

5．××三级公路路线长 35km，路基宽度为 8.5m，其路基土（石）方设计资料见表 3-17。

表 3-17　××三级公路路路基土（石）方设计资料

本桩利用土方/m³	远运利用土方/m³	借土方/m³	填土方/m³	本桩利用石方/m³	远运利用石方/m³	填石方/m³
24000	56000	680000	760000	8000	68000	90476

根据上述资料，计算路基设计断面方、计价方数量。

6．某高速公路表面层设计采用 SMA 路面，设计材料稳定剂为合成矿物纤维素，设计掺入量为 0.35%，确定定额中稳定剂的数量。

计算材料的平均运距

■学习目标　　1. 会确定材料经济供应范围。
　　　　　　　　2. 能根据具体条件，采用加权平均法正确计算材料的平均运距。

■任务背景

　　在公路工程施工过程中需要消耗大量的人工、材料、机械等资源。其中，材料费在工程造价中占有相当大的比重。据相关统计，在公路工程造价中，材料费一般占建筑安装工程费的50%～70%。在计算材料费用时，首先要确定材料单价，材料单价组成中除了材料原价(购买价或出厂价)之外，还包含着运费、场外运输损耗、采购保管等诸多费用。其中，运费在材料单价中占有一定的比重，要想计算运费，首先要确定运距。

　　公路是线性工程构造物，当某种材料有多个供应地点时，当公路沿线工程构造物分布情况不同时，如何科学合理地确定其运距，这些都是本单元将要认真考虑解决的问题。

任务一　确定材料经济供应范围

● **工作任务**　请以任务背景为切入点，当一种材料有两个以上供应点时，根据具体不同情况，确定出其经济供应范围的分界点。

计算材料预算单价时，运费中必须考虑材料运距问题，中华人民共和国交通运输部颁发的《公路基本建设工程概算、预算编制办法》规定：一种材料如有两个以上供应点时，应根据不同的运距、运量、运价采用加权平均的方法计算运费。其中，材料的平均运距计算是确定运费的关键。

一、起点和终点及材料的运距

1. 运距起点和终点的确定

材料运距是指材料供应地点至工地仓库或堆料场的实际里程。运距的起点是指材料供应点，运距的终点是指工地仓库或堆料场。

当工地现场不能提供仓库或堆料场的位置时，其运距终点按下列方法确定：

1) 石方工程为各集中石方路段的中心桩号。

2) 大中桥工程为桥址中心桩号。

3) 路面工程为各类路面的中心桩号。

4) 小桥涵其他构造物，如果分布均匀，可取路段中心桩号；分布不均匀时，应划分路段加权平均确定终点位置。

5) 沿线房屋为其相应路线桩号加横向距离。

2. 一个供应点时材料运费计算规定

运费是指材料从供应点运到工地仓库的费用。铁路、水运、汽车、拖拉机以及牛、马车运输的材料，按铁路、航运和当地交通部门规定的运价计算运费。施工单位自办的运输，30km 以上的长途汽车运输按当地交通部门规定的统一运价计算运费；30km 及以下的短途运输，当工程所在地交通不便、社会运输力量缺乏时，汽车运输按当地交通部门规定的统一运价计算运费；如边远地区和某些山岭地区，允许单程运距 10～30km 的汽车运输按当地交通部门规定的统一运价加 50%计算运费；10km 及以内的汽车运输及人力场外运输，按预算定额计算运费，其中人力装卸和运输另按人工费加计辅助生产间接费。

二、确定料场经济供应范围

当公路沿线有若干个同种材料的料场时，应在相邻料场之间确定一个经济供应范围的分界点。图 4-1 表示某路段两相邻料场 A 和 B 的分布图，其有关参数见表 4-1。

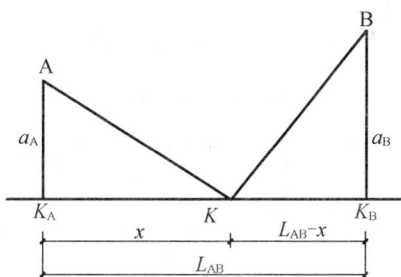

图 4-1　料场 A 和 B 分布

表 4-1　料场 A 和 B 参数表

项目	料场 A	料场 B
材料单价/(元/m³)	c_A	c_B
上路距离/km	a_A	a_B
单位运费/(km·m³)	f_A	f_B
材料需要量/m³	kx	$k(L_{AB}-x)$

经济分界点 K 的位置应该对应的是所有材料运至 L_{AB} 路段所花费的材料总费用最小。这是一个数学上求极值的问题。首先应建立材料总费用 P 与 x 的函数关系式，根据极值理论，当 $\dfrac{dP}{dx}=0$ 时，总费用 P 最小，解出 x，x 所对应的位置就是经济供应范围的分界点 K。

材料总费用主要由材料购买费和运费两部分组成。当材料沿线均匀分布时，材料用量与路线长度成正比，可用 kx 和 $k(L_{AB}-x)$ 分别代表 $K_A\sim K$ 和 $K_B\sim K$ 的材料用量，k 为比例系数。

$$P_A = kx\left[c_A+\left(a_A+\frac{x}{2}\right)f_A\right]$$

$$P_B = k(L_{AB}-x)\left[c_B+\left(a_B+\frac{L_{AB}-x}{2}\right)f_B\right]$$

则　　　　$$P = P_A + P_B = kx\left[c_A+\left(a_A+\frac{x}{2}\right)f_A\right]+k(L_{AB}-x)\left[c_B+\left(a_B+\frac{L_{AB}-x}{2}\right)f_B\right]$$

$$\frac{dP}{dx}=k\left[(c_A-c_B)+(a_Af_A-a_Bf_B)-L_{AB}f_B+(f_A+f_B)x\right]=0 \tag{4-1}$$

解得　　　　$$x=\frac{1}{f_A+f_B}\left[L_{AB}f_B+(c_B-c_A)+(a_Bf_B-a_Af_A)\right] \tag{4-2}$$

式(4-2)可变形转化为

$$c_A+(a_A+x)f_A = c_B+\left[a_B+(L_{AB}-x)\right]f_B \tag{4-3}$$

分析式(4-3)可得出分界点 K 的确定原则：单位材料从 A、B 料场运到分界点 K 的费用相等。当 A、B 相邻料场材料单价相等，单位运费也相等时，即 $c_A=c_B$、$f_A=f_B$，则式(4-3)可简化为

$$a_A + x = a_B + (L_{AB} - x) \tag{4-4}$$

解得
$$x = \frac{1}{2}\left[L_{AB} + (a_B - a_A)\right] \tag{4-5}$$

综上所述，相邻料场经济供应范围分界点 K 的确定具体见表 4-2。

表 4-2　相邻料场经济供应范围分界点 K 的确定

项目	情形一	情形二
适用条件	$c_A \neq c_B, f_A \neq f_B$	$c_A = c_B, f_A = f_B$
确定原则	单位材料从 A、B 料场运到分界点 K 的费用相等 $c_A + (a_A + x)f_A = c_B + [a_B + (L_{AB} - x)]f_B$	A、B 两料场至分界点 K 的运距相等 $a_A + x = a_B + (L_{AB} - x)$
计算公式	$x = \dfrac{1}{f_A + f_B}\left[L_{AB}f_B + (c_B - c_A) + (a_B f_B - a_A f_A)\right]$	$x = \dfrac{1}{2}\left[L_{AB} + (a_B - a_A)\right]$

三、计算平均运距

当公路工程沿线各个料场的位置和料场供应的工程结构类型都确定以后，可按以下步骤计算材料的平均运距：

1）确定整个料场中每两个相邻料场之间的材料经济供应范围的分界点里程桩号。
2）计算各分界点之间的工程构造物的材料用量及其运距。
3）计算每个料场供应范围的材料平均运距。
4）根据各段材料用量和各料场平均运距加权计算全部供料的平均运距。

综上所述，当有多个料场或供应地点时，该材料的综合平均运距应按式（4-6）计算

$$综合平均运距 = \sum_{i=1}^{n} 运料的平均运距 \times 运量的权重 \tag{4-6}$$

式中　i——供应地点或范围分布的数量。

如果沿路线长度范围内材料需求量分布均匀，则该材料的运量可以近似看作与路线长度成正比，运量的权重可等价于路线长度的权重。从而可得出图 4-1 料场 A 与料场 B 的运量权重分别为：$\dfrac{x}{L_{AB}}$、$\dfrac{L_{AB} - x}{L_{AB}}$。

根据式（4-6），可得出图 4-1 的综合平均运距为 $\dfrac{x\left(a_A + \dfrac{x}{2}\right) + (L_{AB} - x)\left(a_B + \dfrac{L_{AB} - x}{2}\right)}{L_{AB}}$。

【例 4-1】　某二级公路路基施工项目，施工地处平原微丘区，$K_1 K_2$ 段为填方，填方用土均匀，土源均来自于取土场。本项目共设有两个取土场，即取土场 1 和取土场 2（详见图 4-2）。已知 K_1=K3+206，K_2=K6+800，两取土场的取土单价、单位运费及上路距离分别为 a_1=5.50km，a_2=4.20km；f_1=0.32 元/(km·m³)，f_2=0.30 元/(km·m³)；c_1=4.50 元/m³，c_2=4.80 元/m³。求两取土场经济供应范围分界点 K 的里程桩号。求 $K_1 K_2$ 路段土的平均运距。

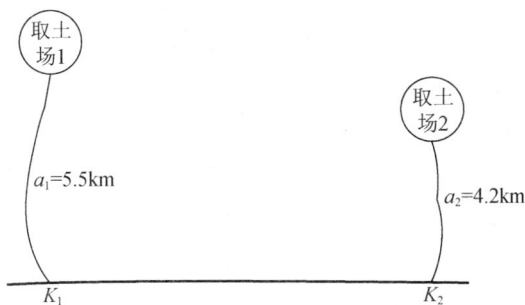

图 4-2 取土场 1 和取土场 2 分布图

分析：要完成该任务，首先应确定出两料场的经济供应范围，然后再计算其平均运距。

解：① 首先求 L_{AB}，即本题中的 L_{12}，由题可算得 $L_{12}=6.800\text{km}-3.206\text{km}=3.594\text{km}$。本题中经济供应范围的分界点 K 的确定属于表 4-2 中的情形，故根据式(4-2)解得

$$x=\frac{1}{0.32+0.30}\big[3.594\times0.30+(4.80-4.50)+(4.20\times0.30-5.50\times0.32)\big]\text{km}$$
$$=1.416\text{km}$$

或者，直接由式(4-3)解得

$$4.50+(5.50+x)\times0.32=4.80+\big[4.20+(3.594-x)\big]\times0.30$$
$$x=1.416\text{km}$$

则
$$L_{12}-x=3.594\text{km}-1.416\text{km}=2.178\text{km}$$

分界点 K 的里程桩号为
$$(K3+206)+1.416\text{km}=(K6+800)-2.178\text{km}=K4+622$$

② 明确了分界点 K 的位置后，可知取土场 1 的供土范围为 K_1K，其最近运距为 a_1，最远运距为 a_1+x，通常采用其最近与最远运距的平均值 $a_1+\dfrac{x}{2}$ 作为取土场 1 的平均运距。

同理，可知取土场 2 的供土范围为 KK_2，其最近运距为 a_2，最远运距为 $a_2+(L_{12}-x)$，采用 $a_2+\dfrac{L_{12}-x}{2}$ 作为取土场 2 的平均运距。

由于填方用土沿线分布均匀，用土量即运土量与路线长度成正比，运土量的权重可等价于路线长度的权重。可得：取土场 1 的运土量权重为 $\dfrac{x}{L_{12}}$，取土场 2 的运土量权重为 $\dfrac{L_{12}-x}{L_{12}}$。

根据式(4-6)可得

综合平均运距＝取土场1的平均运距×取土场1运土量的权重
　　　　　　＋取土场2的平均运距×取土场2运土量的权重

$$= \frac{x\left(a_1 + \frac{x}{2}\right) + (L_{12} - x)\left(a_2 + \frac{L_{12} - x}{2}\right)}{L_{12}}$$

$$= \frac{1.416 \times \left(5.5 + \frac{1.416}{2}\right) + 2.178 \times \left(4.2 + \frac{2.178}{2}\right)}{3.954} \text{km}$$

$$= 5.65 \text{km}$$

【例 4-2】 某地区有一山岭重丘区高速公路，路基土方挖方土质为普通土，平均运距 30m 的有 1000000m³，平均运距 50m 的有 2000000m³，平均运距 200m 的有 1500000m³，平均运距 300m 的有 1000000m³。试计算挖土方的平均运距。

分析： 考查加权法确定平均运距公式 (4-6) 的运用。

解答略。

【例 4-3】 某高速公路沥青路面项目，路线长 36km，行车道宽 22m，沥青混凝土厚度 18cm。在距离路线两段 1/3 处各有 1 处较平整场地适宜设置沥青拌和场，上路距离均为 200m，根据经验估计每设置 1 处拌和场的费用为 90 万元。施工组织设计提出了设 1 处和设 2 处拌和场的两种施工组织方案进行比较。请分别确定这两种方案的综合平均运距。

分析： 对于设 1 处拌和场的方案，直接按式 (4-6) 计算综合平均运距；对于设 2 处拌和场的方案，首先应确定经济分界点，然后再按式 (4-6) 计算综合平均运距。

解： ① 设置 1 处拌和场时，拌和场设置在路线 1/3 处，距路线起、终点分别为 12km 和 24km，平均运距分别为 6.2km 和 12.2km，其混合料综合平均运距为

$$L = \frac{12}{36} \times (0.2 + 6)\text{km} + \frac{24}{36} \times (0.2 + 12)\text{km} = 10.2\text{km}$$

② 设置 2 处拌和场时，拌和场设置在距离路线两端 1/3 处，两个拌和场供料范围均为 18km，如图 4-3 所示，每个拌和场距其供料路段的起、终点分别为 12km 和 6km，平均运距分别为 6.2km 和 3.2km，其混合料综合平均运距为

$$L = \left[\frac{12}{36} \times (0.2 + 6) + \frac{6}{36} \times (0.2 + 3)\right] \times 2\text{km} = 5.2\text{km}$$

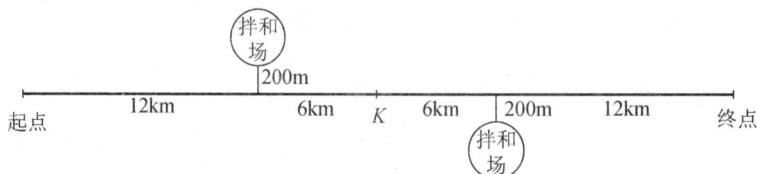

图 4-3　沥青拌和场分布及供应范围示意

任务二　计算各类工程结构材料平均运距

● **工作任务**　根据各类工程结构材料平均运距的计算步骤及方法，完成材料平均运距的计算。

一、各类工程结构材料平均运距的计算步骤

当公路工程沿线各个料场的位置和料场供应的工程结构类型都确定以后，可按以下步骤计算材料的平均运距：

1) 确定整个料场中每两个相邻料场之间的材料经济供应范围的分界点里程桩号。
2) 计算各分界点之间的工程构造物材料用量及其运距。
3) 计算每个料场供应范围的材料平均运距。
4) 根据各段材料用量和各料场平均运距加权计算全部供料的平均运距。

二、各类工程结构材料平均运距的计算方法

1. 计算路面工程材料平均运距

当公路沿线路面结构类型和料场位置确定后，首先确定相邻两个料场经济供应范围的分界点，然后按各路段的材料用量及运距用加权平均的方法求各个料场和全线路面材料的平均运距。

假设路面工程材料料场分布情况如图 4-4 所示，以各运料路段的中心桩号为运料终点，计算各料场的平均运距和全线路面材料的平均运距。

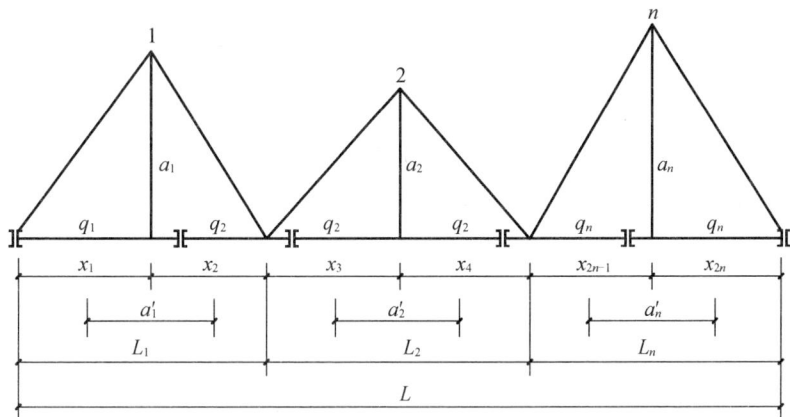

图 4-4 路面工程材料料场分布情况

下面介绍计算材料料场 1 的材料平均运距。料场 1 的供应路段 $L_{12}=x_1+x_2$；q_1、q_2 分别为 x_1、x_2 路段内材料供应量；$Q_1=q_1+q_2$，为 L_1 路段内材料供应量。当 L_1 路段内路面类型一致时，路面厚度 h_1 及宽度 b_1 相同，则材料供应量 q 与路段长度 x 成正比，即

$$q_1=h_1b_1x_1$$
$$q_2=h_1b_1x_2$$

故料场 1 的材料平均运距 S_1 为

$$S_1 = \frac{q_1\left(a_1 + \dfrac{x_1}{2}\right) + q_2\left(a_1 + \dfrac{x_2}{2}\right)}{q_1 + q_2} = \frac{a_1(x_1 + x_2) + \dfrac{1}{2}(x_1^2 + x_2^2)}{x_1 + x_2} \tag{4-7}$$

将式(4-7)近似地改写成

$$S_1 = \frac{a_1(x_1 + x_2) + \dfrac{1}{2}(x_1^2 + 2x_1x_2 + x_2^2)}{x_1 + x_2} = a_1 + \frac{1}{2}(x_1 + x_2) \tag{4-8}$$

则
$$S_1 = a_1 + a_1'$$

由于式(4-8)中分子增加了 x_1x_2 一项，故算出的平均运距稍大。

同理可求得其他料场的平均运距为

$$S_2 = a_2 + a_2', S_3 = a_3 + a_3', \cdots, S_n = a_n + a_n'$$

式中，a_n' 为上路交点至两边供应范围内路面中间点的距离，即

$$a_1' = \frac{1}{2}(x_1 + x_2) = \frac{L_1}{2}, a_2' = \frac{1}{2}(x_3 + x_4) = \frac{L_1}{2}, \cdots, a_n' = \frac{1}{2}(x_{2n-1} + x_{2n}) = \frac{L_n}{2}$$

全线路面材料的平均运距为

$$S = \frac{Q_1 S_1 + Q_2 S_2 + \cdots + Q_n S_n}{Q_1 + Q_2 + \cdots + Q_n}$$

$$= \frac{h_1 b_1 L_1 S_1 + h_2 b_2 L_2 S_2 + \cdots + h_n b_n L_n S_n}{h_1 b_1 L_1 + h_2 b_2 L_2 + \cdots + h_n b_n L_n} = \frac{\displaystyle\sum_{i=1}^{n} h_i b_i L_i S_i}{\displaystyle\sum_{i=1}^{n} h_i b_i L_i} \tag{4-9}$$

当路面宽度不变时，上式可化简为

$$S = \frac{\displaystyle\sum_{i=1}^{n} h_i L_i S_i}{\displaystyle\sum_{i=1}^{n} h_i L_i} \tag{4-10}$$

2. 公路沿线小桥涵和其他构造物分布均匀时计算材料平均运距

路线构造物均匀分布如图 4-5 所示，假设 n_1、n_2、n_3、$\cdots$ 分别是 x_1、x_2、x_3、$\cdots$ 路段内构造物的数量；N_1、N_2、N_3、$\cdots$ 分别为 L_1、L_2、L_3、$\cdots$ 路段内构造物的数量。因为每个构造物的材料用量相差不大，且各构造物在沿线均匀分布，所以各路段内材料供应量 Q_i 与该路段的构造物数量 N_i 成正比，也与该路段长度 L_i 成正比，即

$$Q_i = kN_i \quad \text{且 } N_i = kL_i \quad \text{且 } n_i = kx_i$$

式中 k——近似为常数。

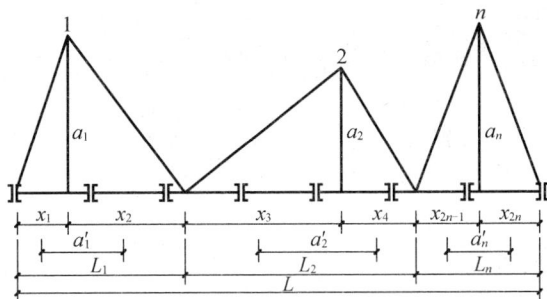

图 4-5 路线构造物均匀分布图

料场 1 的平均运距 S_1 为

$$S_1 = \frac{n_1\left(a_1 + \dfrac{x_1}{2}\right) + n_2\left(a_1 + \dfrac{x_2}{2}\right)}{n_1 + n_2} = \frac{a_1(x_1 + x_2) + \dfrac{1}{2}(x_1^2 + x_2^2)}{x_1 + x_2} \tag{4-11}$$

式(4-11)与路面工程材料平均运距公式相同。

同理可算出其他料场的平均运距为

$$S_2 = a_2 + a_2', S_3 = a_3 + a_3', \cdots, S_n = a_n + a_n'$$

全线小桥涵及其他构造物的材料平均运距 S 为

$$S = \frac{N_1 S_1 + N_2 S_2 + \cdots + N_n S_n}{N_1 + N_2 + \cdots + N_n} = \frac{\displaystyle\sum_{i=1}^{n} N_i S_i}{\displaystyle\sum_{i=1}^{n} N_i} \tag{4-12}$$

3. 当公路沿线小桥涵和其他构造物分布不均匀时材料平均运距的计算

沿线构造物非均匀分布如图 4-6 所示，先求每个料场供应路段的平均运距 S_n。

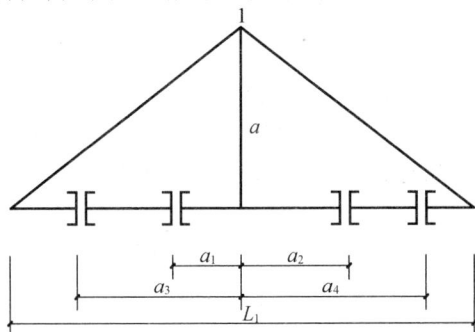

图 4-6 沿线构造物非均匀分布图

料场 1 的平均运距 S_1 为

$$S_1 = \frac{(a + a_1) + (a + a_2) + (a + a_3) + \cdots + (a + a_n)}{N_1} = a + \frac{\displaystyle\sum_{i=1}^{N_1} a_i}{N_i} \tag{4-13}$$

式中　N_1——料场 1 供应的构造物数量。

全线小桥涵及其他构造物材料平均运距 S 为

$$S = \frac{N_1 S_1 + N_2 S_2 + \cdots + N_n S_n}{N_1 + N_2 + \cdots + N_n} = \frac{\sum\limits_{i=1}^{n} N_i S_i}{\sum\limits_{i=1}^{n} N_i} \tag{4-14}$$

式中　n——全线料场的数量。

如果由于小桥涵及其他构造物的孔径大小、孔径数量和结构类型的差异等原因，使材料用量相差较大时，可用适当的系数通过式(4-14)调整计算，系数可预先概略确定。例如某料场供应构造物数量为 N_1，但各构造物所用材料相差太大，则以一种构造物为准，概略计算其他构造物用量与该构造物的比例关系(如 2 倍、0.8 倍)，倍数即是系数。这样，原构造物的数量便可调整为 N_1'，材料平均运距即可按 N_1' 的数量进行计算。

4. 外购材料的平均运距计算

外购材料由交货地点运到几个工地仓库时，其运输线路示意如图 4-7 所示。若 Q_1、Q_2、$\cdots$、Q_n 为各工地仓库的材料入库量，S_1、S_2、$\cdots$、S_n 为各仓库至交货地点的运距，则平均运距计算公式如下

$$S = \frac{\sum\limits_{i=1}^{n} Q_i S_i}{\sum\limits_{i=1}^{n} Q_i}$$

由图 4-7 可知

$$S_1 = y + X_1$$
$$S_2 = y + X_2$$
$$S_3 = y + X_3$$

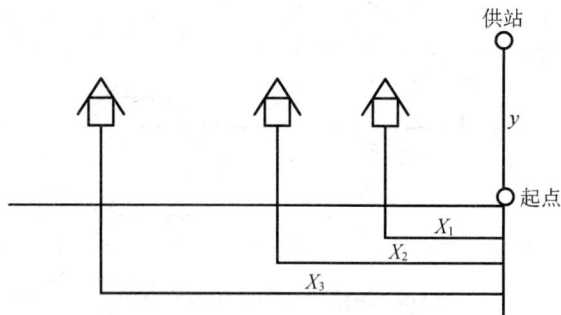

图 4-7　材料供应运输线路示意图

值得注意的是，以上计算的前提为某材料的各料场单价相等，否则应考虑料场价格不相等的因素。

单 元 训 练

1. 根据调查，某公路施工现场供应水泥厂的运距及各供应水泥厂占需要量的比重资料为：甲厂 32%，运距为 83km；乙厂 46%，运距为 68km；丙厂 22%，运距为 52km，则该施工现场的水泥综合平均运距是多少？

2. 某高速公路沥青混凝土路面长 30km，在距起点 10km 处，有一平坦场地可建设拌和站，距上路点 2km，试计算沥青混凝土的平均运距。若距终点 8km 处，也有一平坦场地可建设拌和站，距上路点 1.6km，建设两个拌和站，则沥青混凝土的平均运距是多少？

3. 某高速公路路面基层项目，路线长 40km，基层采用水泥稳定碎石，要求采用集中厂拌施工。在路线范围外有两处较平整场地(A 和 B)适合设置水泥稳定土拌和站，A 上路距离为 1.4km，上路桩号为 K12+000；B 上路距离为 0.4km，上路桩号为 K30+000，具体如图 4-8 所示。施工组织设计提出了设 1 处和设 2 处拌和场的两种施工组织方案进行比较。请分别确定这两种方案的综合平均运距。

图 4-8　稳定土拌和场分布及供应范围示意图

4. 已知两料场 I 和 II 均向某工地供应材料，供应单价分别为 C_1=28.5 元/m³, C_2=30.2 元/m³。料场 I 到达现场的距离为 a_1=10km，运费为 f_1=3.2 元/(m³·km)；料场 II 到达现场的距离为 a_2=8km，运费为 f_2=3.15 元/(m³·km)。K_1=K3+000，K_2=K16+000，求材料经济供应范围分界点 K 的里程桩号和材料的平均运距。

计量与支付

▌学习目标
1. 知道计量与支付的概念、原则、作用及程序。
2. 认知施工合同中各类费用的支付规定、支付内容、支付程序与支付办法。
3. 能读懂计量与支付台账全套表格。
4. 能根据施工合同和项目实际完成情况，正确计算出按月支付的工程进度款、工程竣工结算款等支付费用。
5. 能够完成某期中间计量与支付月报表的编制。

▌任务背景

某公路合同段，签约合同价为 2000 万元，工期为 8 个月。合同约定按实际完成工程量以合同清单单价进行结算。项目专用合同条款约定开工预付款为签约合同价的 10%；计量累计达签约合同价的 30%之后，开始按工程进度以固定比例(即每完成签约合同价的 1%，扣回预付款的 2%)分期从各月的进度付款证书中扣回，直至计量累计达到签约合同价的 80%时扣完。合同约定月支付的最低限额为 150 万元。合同约定预留保证金为月支付额的 5%，同计量与支付同步扣留。计量与支付按月进行。工程进度款由乙方逐月(每月末)申报，审核通过后 14 个工作日内支付。承包人各月实际完成的工程计量款为：1 月份 100 万元，2 月份 150 万元，3 月份 250 万元，4 月份 300 万元，5 月份 400 万元，6 月份 300 万元，7 月份 300 万元，8 月份 200 万元。

任务一　了解计量与支付

● **工作任务**　请以任务背景为切入点，叙述计量与支付的概念、原则、作用及程序。

工程计量与支付是项目施工管理的关键环节，它的计算精度将直接关系着概、预算实际的执行情况，是投资控制的一种表现方法，是发包人和承包人经济利益的焦点核心问题，对于加快承包人的资金周转、维护发包人的最终利益都具有十分重要的意义。公路工程计量的主要依据包括：设计图纸及施工组织设计资料、《公路工程概算定额》(JTG/T B06 01—2007)等。本单元将结合公路工程计量中经常遇到的问题，阐述公路工程计量与支付的概念、原则、作用、程序及计量与支付报表的编制。

一、计量与支付的概念

1. 计量的概念

计量是按照《招标文件》所规定的方法，对承包人所完成的符合要求的已完工程的实际数量所进行的测量、计算、核查和确认的过程。计量是监理工程师的基本职责和基本权利，也是费用监理的基本环节。没有准确和合理的计量，就会破坏工程承包合同中的经济关系，影响承包合同的正常履行。计量的任务是确定实际的工程数量。计量必须以净值为准。计量必须准确、真实、合法和及时。

2. 支付的概念

支付是按合同规定对承包人的应付款项进行确认并办理付款手续的过程。支付是发包人与承包人之间的一种货币收支活动，既是施工合同中经济关系全面实现的一个主要环节，也是监理工程师控制工程的根本方法和制约合同双方(发包人与承包人)的有力杠杆。合理的支付是工程顺利进行的前提和条件。

在施工活动中，同时存在着资金运动和物质运动，只有当两种运动都取得时，施工活动才能顺利进行。随着工程的进展，资金通过支付而逐步由发包人向承包人转移，即承包人先将所需的材料采购到工地，再组织劳动力和施工机械对这些分散的材料按设计图纸和技术规范进行加工，最后形成发包人所需的特定的结构物。支付就是保证两种运动达到平衡的基本环节。如果支付发生问题，就会直接导致施工发生困难，直至施工合同无法履行。因此，只有通过合理而及时的支付，才能公平地实现发包人与承包人之间的交易，确保双方的经济利益。

支付签认权是监理工程师的三大权利(质量否决权、计量确认权和支付签认权)之一，是监理工程师控制工程的最后一个环节，是对承包人施工行为的最终评价，是监理工作的关键和核心。支付必须以合同为依据，以计量为基础，以质量为前提。只有符合合同规定的费用才能签认。对合同中规定不明确的地方，要依据合同精神，实事求是地去确认，如索赔金额、变更的估价等。支付金额的多少，必须以准确的计量为基础。对质量不合格的工程量一律不能支付，并且还要承包人自费返工使其达到合同要求。

支付也同计量一样，必须做到准确、真实、合法和及时。

二、计量与支付的原则

计量与支付不仅涉及发包人与承包人的经济利益，而且是监理工程师的重要权利和监理方法。在计量与支付中遵守有关基本原则，是搞好监理工作的有效保障。

1. 合同原则

无论是计量还是支付，在合同文件中都有明确规定。监理工程师在进行计量和支付时，必须全面理解合同条件、技术规范、设计图纸和工程量清单等合同文件的各组成部分。如技术规范的每一章每一节都有计量与支付的规定，详细说明了各工程细目的内容及要求，对哪些内容不单独计量和支付，其价值如何分摊，都具体作了规定。工程量清单中的单价是承包人按招标文件的要求和合同条件的规定填报的，是支付的单价依据。因此，监理工程师必须严格遵守合同中的有关规定来进行计量与支付，使每一项工程的计量与支付都符合合同要求。

2. 公正性原则

监理工程师在计量与支付两个环节中拥有广泛的权利，承包人与发包人的货币收支是否合理，取决于监理工程师签认的工程量和工程费用是否准确与真实。监理工程师只有保持公正的立场和恪守公正的原则，才能在计量与支付工作中正确地使用权利，准确地计量，实事求是地处理好发包人与承包人之间的有关纠纷，合理地确定工程费用。如果心怀不正，监理工程师就无法正确地作出判断。特别是当施工过程中发生了工程变更、工程索赔和各种特殊风险时，更是要求监理工程师公正而独立地作出判断和估价。因此，监理工程师在计量与支付中，必须认真负责，以实事求是的精神和客观公正的态度做好每一项工作，确保发包人与承包人之间的交易公平。唯有公正，才能分清发包人和承包人各自的权利与责任，才能准确地协调好双方的利益关系，才能保证计量与支付准确、真实和合法。

3. 时效性原则

计量与支付都具有严格的时间要求，时效性极强。计量不及时，会影响承包人的施工进度；支付不及时，会直接产生合同纠纷。FIDIC 合同条件分别在第 56 条和第 60 条中对计量与支付规定了严格的时间限制。因此，监理工程师一定要按时进行计量和支付。

4. 程序性原则

为了保证计量与支付准确、真实和合法，合同条款和各项目的监理组织设计都规定了严格的程序。这些程序规定了各项工程细目和各项工程费用进行计量与支付的条件、办法,以及计算、复核、审批的环节,从合同上、组织上和技术上对计量与支付加以严格管理,以确保准确和公正。例如计量必须以质量合格为前提,支付必须以计量为基础等,因此计量与支付必须遵守程序,通过按程序办事来提高数据的准确性、真实性和合法性,以保证计量与支付准确、合理。

三、计量与支付的作用

计量与支付一方面是施工合同中的关键内容,是经济利益关系的集中体现,在施工活动中有着极为重要的作用;另一方面也是监理工作的关键和核心,为确保监理工程师的核心地位提供方法。

1. 调节合同中的经济利益关系并促使合同的全面履行

计量与支付是施工合同中的重要内容,是合同中各类经济关系的全面反映,同时还揭示了施工活动的经济本质。通过计量与支付这两个经济杠杆,调节合同双方利益。制约承包人严格遵守合同,准确地按设计图纸和技术规范进行施工;促使发包人履行其义务,及时向承包人支付,确保施工活动中资金运动与物质运动平衡地进行,使施工合同得到全面履行。

2. 确保监理工程师的核心地位

FIDIC 合同条件的核心是在发包人与承包人之间引入独立的第三方——监理工程师,由他对工程的质量、进度和费用进行全面控制。通过计量与支付来确保监理工程师的核心地位,对工程施工全面而有效地控制,对发包人和承包人的合同行为进行有效调控。计量与支付为监理工程师开展监理工作提供最基本的方法。

监理工程师掌握了计量确认权,就抓住了"主要矛盾",掌握了控制施工活动和调控承包人施工行为最有效的基本方法,抓住了"指挥棒"。如果承包人的施工工艺不符合规范要求,监理工程师可要求其自费改正;如果所用材料不合格,监理工程师可以对材料拒收;如果工程质量不合要求,监理工程师将不予计量与支付,并要求承包人返工使其达到要求;如果承包人不执行有关指令,则将受到罚款或驱逐。质量否决权、计量确认权和支付签认权的掌握使监理工程师可以有效地从经济上制约承包人,使其严格按合同要求办事,确保工程的质量目标。同样,如果承包人进度过慢,监理工程师将让其支付拖期违约损失赔偿金和延误罚款;如果进度严重落后,监理工程师还可以提议驱逐承包人,这就有效地保证了监理工程师对工期的控制。

总之,计量与支付工作是控制工程造价的核心环节,是进行质量控制的主要方法,是进度控制的基础,是保证发包人和承包人合法权益的重要途径。

四、计量与支付的基本程序

1. 计量程序

常用的工程计量程序如图 5-1 所示。

承包人提出计量申请或监理工程师发出计量通知

承包人提交有关计量的资料，监理工程师进行审查

监理工程师根据审查结果确定是否进行计量

否

是

监理工程师与承包人共同计量，并负责记录计量结果

否

有

监理工程师进一步检查计量记录 ← 承包人对计量结果有无异议

对

无

填写中间计量表

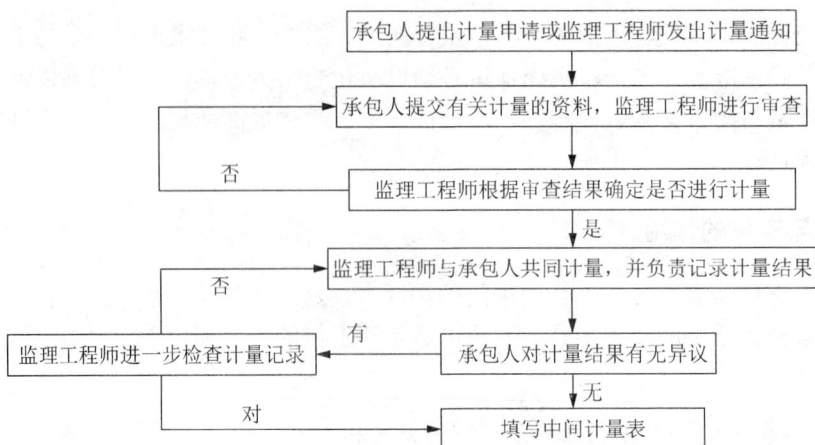

图 5-1 常用的工程计量程序框图

工程计量由承包人向监理工程师提出，并附有必要的中间交工验收资料或质量合格证明。监理工程师对工程的任何部分进行计量时，应按照通用合同条款第 56 条规定，预先通知承包人或承包人的代表。承包人或承包人的代表应立即委派合格人员前往协助监理工程师进行计量工作，同时还应提供必要的人员、设备和交通工具。计量工作可以由监理工程师和承包人双方委派合格人员在现场进行，也可以采用记录和图纸在室内按计量规则进行计算。无论哪种方法，其结果都必须经监理工程师和承包人双方同意，签字认可。

如果承包人在收到监理工程师的计量通知后，不参加或未委派人员参加计量工作，根据通用合同条款第 56 条规定，由监理工程师派出人员单方面进行的工程计量，经监理工程师批准的应认为是正确的工程计量，可以用作支付的依据，承包人不可以对此种计量提出异议。

如果对永久工程采用记录和图纸的方式计量，监理工程师则应准备该项工程项目的图纸和记录。当承包人被通知要求参加此项计量时，应在通知发出 14d 内同监理工程师一同查阅和确认记录与图纸，并在双方取得同意时在上面签字。如果承包人不参加或不委派人员参加上述记录和图纸的审查与确认，则应认为这些记录和图纸是正确无误的；除非承包人在上述计量后 14d 内向监理工程师提出申辩，说明承包人认为上述记录和图纸有不正确之处，要求监理工程师予以决断。监理工程师在收到承包人的申辩后应进一步检查记录和图纸，作出维持原议或者进行修改的决定，并将复议后的结果通知承包人。

2. 计量、支付的分工

在一个驻地监理机构中，一般配有项目工程师，具体包括道路工程师、材料工程师、结构工程师、测量工程师、合同工程师、计量工程师等。其中，计量工程师专门负责计量与支付，为了控制本合同段的工程费用，不仅要搞好计量与支付工作，承担起本合同段的计量与支付职责；而且还要明确不同细目的计量与支付控制的目标，在工程费用预算和本段工程费用分析的基础上，找出计量与支付的重点，并责任到人，将本段支付额

较好地控制在合同价款的范围内。计量工程师应与驻地的所有监理人员互相协作，共同做好工作。

3. 计量、支付的管理

除了职责分工明确、目标具体落实外，监理工程师还应加强对计量、支付的管理工作。计量、支付工作十分重要，需要大量资料和表格，工作很烦琐，因此监理工程师必须建立起行之有效的管理办法，建立计量与支付档案，不断改进管理工作。

对于整个项目来说，计量、支付职责必须落实到人，由专人分管，并加强对整个项目的计量与支付管理。总监理工程师、总监理工程师代表、高级驻地监理工程师等都应以计量、支付控制为指导思想，对计量、支付进行严格的管理；应建立计量与支付的管理制度和各级人员的岗位责任制，并对计量与支付工作进行定期检查和考核，对违反支付管理制度的人员给予处理；对工程费用的动态进行全面分析，及时发现问题；对各类工程费用进行专项分析，并在分析的基础上制定专门的管理办法，以保证支付工作的顺利进行。一个大型项目的计量与支付工作十分复杂和烦琐，没有严格的管理程序，势必造成混乱。计量与支付工作的混乱将导致监理工程师无法进行有效的监理，对此总监理工程师及其代表必须引起足够重视。

计量与支付是一项综合性极强的工作，必须在质量管理的基础上进行综合管理，涉及内容多，处理复杂，并且承包人在申请时要申报大量的报表和资料。另外，支付工作的计算和资料管理工作都很繁重。项目中应推行表格和报表的标准化管理，尽力争取用计算来处理报表，以提高计量与支付工作的准确性和工作效率。

4. 支付的基本步骤

工程款支付的基本程序如图5-2所示。工程费用支付一般要经过如下3个步骤：

（1）承包商提出付款申请

工程费用支付的一般程序是首先由承包商提出付款申请，填报一系列监理工程师指定格式的月报表，说明承包商认为这个月他应得的有关款项，包括以下内容：

1）已实施的永久工程的价值。

2）工程量表中任何其他项目，包括承包商的设备、临时工程、计日工及类似项目。

3）主要材料及承包商在工地交付的准备为永久工程配套而尚未安装的设备发票价值的一定百分率。

4）价格调整。

5）按合同规定承包商有权得到的任何其他金额。

承包商的付款申请将作为付款证书的附件，但它不是付款的依据，监理工程师有权对承包商的付款申请作出任何方面的修改。

（2）监理工程师审核，编制期中付款证书

监理工程师对承包商提交的付款申请进行全面审核，修改或删除不合理的部分，计算付款净金额。计算付款净金额时，应扣除该月应扣除的预留保证金、动员预付款、材料设备预付款、违约罚金等。若净金额小于合同规定的临时支付的最小限额时，则监理工程师不需开具任何付款证书。

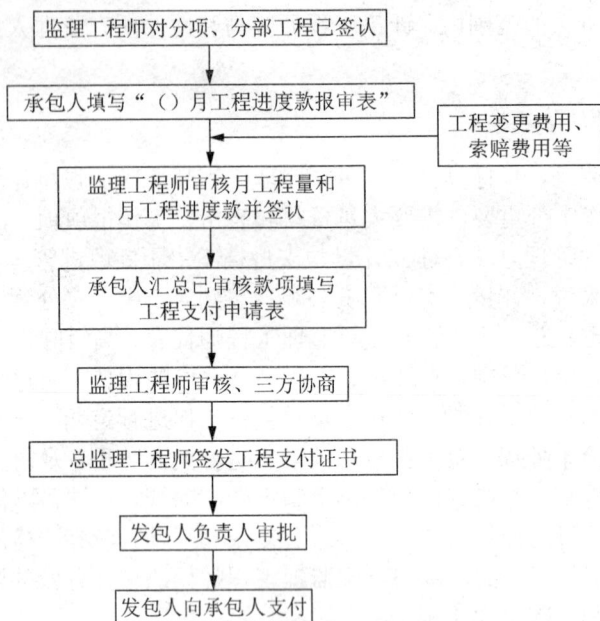

图 5-2　工程款支付的基本程序

审查工作应满足公平性、及时性、准确性的要求。就公平性而言，监理工程师一方面应通过审查剔除承包人付款申请中不符合合同规定的付款要求，并扣除承包人的违约金或其他损害赔偿，保护发包人的合法权益不受损害；另一方面对承包人付款申请中符合合同规定的付款要求应及时予以确认并办理付款签证，以保护承包人的合法权益。就准确性而言，在审查过程中，监理工程师应注意承包人的付款申请中原始凭据是否齐全，是否有合同依据。如承包人申请的工程款中其完成的工程量是否有相应的计量证书；计日工付款申请是否有监理工程师的计日工指示及确认资料；材料预付款申请是否符合合同规定，是否有监理工程师对到场材料的数量确认及相应的发票；变更工程的付款申请中是否有监理工程师的变更令及相应的完成工程量计量证书，其单价是否与工程量清单的单价相符等。另外，在审查过程中，监理工程师还应复核计算过程的准确性。为保证支付结果的准确性，项目中应坚持分级审批的监理制度，以防止监理工程师滥用权力。监理工程师在完成审查工作后应及时签发付款证书。

监理工程师对承包人的月报表进行全面审核和计算，在逐项审核和计算的基础上签认应支付的工程费用，一般以支付证书的方式确认工程费用的数额。

（3）发包人支付

发包人收到监理工程师签发的付款证书后，按合同规定的时间支付给承包商。实践证明，把支付签认权和质量否决权交给监理工程师，对控制项目投资十分有利。通过对施工过程的各个工序设置由监理工程师签认的检验程序，同时设置由监理工程师对中期(月/周/季)财务支付报表的一系列签认程序，提高了监理工程师的权威性，可使监理工程师有效地控制项目实施过程中的投资支出，同时也可以显著促进施工企业内部提高管理水平。

任务二 学习支付的内容

● **工作任务** 根据施工合同和项目实际完成情况，进行按月支付的工程进度款、工程竣工结算款等支付费用的计算。请为任务背景中的发包人提供一份完整的逐月拨款计划。

一、支付的种类

支付可以分为很多种，不同类型的支付有不同的规定及不同的程序与支付办法。

1. 按时间分类

按时间分类，支付可分为预先支付(即预付)、期中支付和交工结算、最终结清4种。

1) 预付。预付包括开工预付款和材料预付款，是发包人提供给承包人的无息款项，按一定条件支付并扣回。

2) 期中支付。期中支付就是我们所熟悉的进度款，按月支付，即按本月完成的工程价值及其他有关款项进行综合支付，由监理工程师开出期中支付证书来实施。

3) 交工结算。交工结算是指交工验收、证书签发42d内，由监理工程师签发交工证书后办理的支付工作。

4) 最终结清。最终结清是指在缺陷责任期终止证书签发后，办理的最后一次支付工作。

2. 按支付的内容分类

支付按内容可分为工程量清单内的支付和工程量清单外的支付，即基本支付和附加支付。工程量清单内的支付就是按合同条件和技术规范，监理工程师通过计量，确认已完工程量，然后按已确认的工程数量与报价单中的单价，估算和支付工程量清单中各项工程费用，简称清单支付。工程量清单外的支付就是监理工程师按合同条件的规定，根据工程实际情况和现场证实资料，确认清单外的各项工程费用，如索赔费用、工程变更费用、价格调整等，简称附加支付。

清单支付在支付款额中占比重最大，也是主要支付，并且在合同中规定比较明确。而附加支付占的比重较小，但却是支付中最难办的事，这是因为合同中对此没法作出准确估计和详细规定，只是在合同条件中作了原则性规定。它们的发生要取决于各方面的情况：一方面是工程施工过程中本身遇到的客观意外和工程管理中遇到的问题；另一方面则涉及社会因素如法规变更、物价涨落等。因此，附加支付是否合理和准确，取决于监理工程师对合同条件是否正确理解，以及是否及时地掌握了现场实际情况。

3. 按工程内容分类

支付按工程内容分类有土方工程、路基工程、路面工程、桥涵工程、隧道工程、安全设施及预埋管线、绿化及环境保护设施等方面的支付。

4. 按合同执行情况分类

根据合同执行是否顺利，监理工程师要进行正常支付和合同终止的支付。正常支付，就是发包人与承包人双方共同遵守合同，使合同规定的内容顺利完成。合同终止的支付是指合同无法继续执行，可能是承包人违约，受到发包人驱逐，还可能是由于特殊风险使合同中止。这几种情况的合同中止均应由监理工程师进行支付计算。

二、支付的一般规定

1. 支付时间

监理工程师在收到承包人进度付款申请单，以及相应的支持性证明文件后的 14d 内完成核查，提出发包人到期应支付给承包人的金额，以及相应的支持性材料；经发包人审查同意后，由监理工程师向承包人出具经发包人签认的进度付款证书。监理工程师有权扣发承包人未能按照合同要求履行任何工作或义务的相应金额。发包人不按期支付的，按专用合同条款的约定支付逾期付款违约金。监理工程师出具进度付款证书，不应视为监理工程师已同意、批准或接受了承包人完成的该部分工作。进度付款涉及政府投资资金的，按照国库集中支付等国家相关规定和专用合同条款的约定办理。

2. 工程进度付款的修正

在对以往历次签发的进度付款证书进行汇总和复核中发现错漏或重复的，监理工程师有权予以修正，承包人也有权提出修正申请。经双方复核同意的修正，应在本次进度付款中支付或扣除。

3. 支付范围

所有到期并符合合同要求的工作内容均应计价支付。

4. 支付方法

根据各种工程费用的特点和支付要求分项、分类计算，汇总后扣减承包人对发包人的支付。

清单中的内容，应按各工程细目的支付项目分项计算；各类附加支付则应分类计算，汇总各分项和各类金额。

5. 支付货币

工程费用中人民币与外汇的比例应按"补充资料表一"所规定的百分率确定。需要说明的是，补充资料表对工程费用支付有较大的参考价值，它不仅规定了外汇需求量，而且还有支付计划表、价格调整指数表等，这些资料直接关系到费用支付。因此，监理工程师进行费用支付时，应参照补充资料表中的有关内容。

6. 支付依据

支付依据必须准确可靠。进行工程费用支付时，需要大量的凭证和依据，这些依据直接确定了支付费用的数额。监理工程师在支付时，必须取得和分析这些数据，并对其可靠性进行评价和判断。所支付的工程费用必须能够被这些凭证确切地说明，这些依据或凭证一方面必须在数量上准确，另一方面必须在程序上完备。数量上准确是不言而喻的，包括计量证书中的工程量必须按计量的要求和程序确认，价格调整采用的价格指数必须准确等。程序上完备包括监理工作的管理程序和财务制度及合同方面所规定的程序，即通过这些程序确保凭证的合法性。

三、清单中的支付项目

1. 开办项目的支付

开办项目的支付内容在技术规范中有明确说明，在办理支付时，应先落实开办项目的完成情况，然后按技术规范中的规定办理支付。

2. 合同永久工程的支付

其工程量应按技术规范中的计量方法进行计量，并有监理工程师签认的计量证书。其单价按工程量清单中的相应单价来确定支付金额。

四、预付款的支付

1. 预付款

预付款用于承包人为合同工程施工购置材料、工程设备、施工设备，修建临时设施，以及组织施工队伍进场等。预付款的额度和预付办法在专用合同条款中约定。预付款必须专用于合同工程。

预付款包括开工预付款和材料、设备预付款。具体额度和预付办法如下：

1）开工预付款。开工预付款的金额在项目专用合同条款数据表中约定。在承包人签订了合同协议书且承包人承诺的主要设备进场后，监理工程师应在当期进度付款证书中向承包人支付开工预付款。

承包人不得将该预付款用于与本工程无关的支出，监理工程师有权监督承包人对该项费用的使用，如经查实承包人滥用开工预付款，发包人有权立即向银行索赔履约保证金，并解除合同。

2）材料、设备预付款。材料、设备预付款按项目专用合同条款数据表中所列主要材料、设备单据费用(进口的材料、设备为到岸价，国内采购的为出厂价或销售价，地方材料为堆场价)的百分比支付。其预付条件为：

① 材料、设备符合规范要求并经监理工程师认可。

② 承包人已出具材料、设备费用凭证或支付单据。

③ 材料、设备已在现场交货，且存储良好，监理工程师认为材料、设备的存储方法符合要求。

则监理工程师应将此项金额作为材料、设备预付款计入下一次的进度付款证书中。在预计交工前3个月，将不再支付材料、设备预付款。

2. 预付款保函

承包人无须向发包人提交预付款保函。发包人向承包人支付的预付款，应按照专用合同条款预付款项的规定使用，承包人提交的履约保证金对预付款的正常使用承担保证责任。

3. 预付款的扣回与还清

开工预付款在进度付款证书的累计金额未能达到签约合同价的30%之前不予扣回；在达到签约合同价的30%之后，开始按工程进度以固定比例（即每完成合同价格的1%，扣回开工预付款的2%）分期从各月的进度付款证书中扣回，全部金额在进度付款证书的累计金额达到签约合同价的80%时扣完。

当材料、设备已用于或安装在永久工程之中时，材料、设备预付款应从进度付款证书中扣回，扣回期不超过3个月。已经支付材料、设备预付款的材料、设备的所有权应属于发包人。

五、工程进度付款的支付

1. 付款周期

付款周期同计量周期。

2. 进度付款申请单

承包人应在每个付款周期末，按监理工程师批准的格式和专用合同条款约定的份数，向监理工程师提交进度付款申请单，并附相应的支持性证明文件。除专用合同条款另有约定外，进度付款申请单应包括下列内容：

1）截至本次付款周期末已实施工程的价款。

2）根据专用合同条款第15条应增加和扣减的变更金额。

3）根据专用合同条款第23条应增加和扣减的索赔金额。

4）根据专用合同条款第17.2款约定应支付的预付款和扣减的返还预付款。

5）根据专用合同条款第17.4.1项约定应扣减的质量保证金。

6）根据合同应增加的和扣减的其他金额。

3. 进度付款证书和支付时间

1）监理工程师在收到承包人进度付款申请单及相应的支持性证明文件后的14d内完成核查，提出发包人到期应支付给承包人的金额及相应的支持性材料，经发包人审查同意后，由监理工程师向承包人出具经发包人签认的进度付款证书。监理工程师有权扣

发承包人未能按照合同要求履行任何工作或义务的相应金额。如果该付款周期应结算的价款经扣留和扣回后的款额少于项目专用合同条款数据表中列明的进度付款证书的最低金额，则该付款周期监理工程师可不核证支付，上述款额将按付款周期结转，直至累计应支付的款额达到项目专用合同条款数据表中列明的进度付款证书的最低金额为止。

2）发包人应在监理工程师收到进度付款申请单且承包人提交了合格的增值税专用发票后的28d内，将进度应付款支付给承包人。

发包人不按期支付的，按项目专用合同条款数据表中约定的利率向承包人支付逾期付款违约金。违约金计算基数为发包人的全部未付款额，时间从应付而未付该款额之日算起（不计复利）。

3）监理工程师出具进度付款证书，不应视为监理工程师已同意、批准或接受了承包人完成的该部分工作。

4）进度付款涉及政府投资资金的，按照国库集中支付等国家相关规定和专用合同条款的约定办理。

5）为确保施工过程中农民工工资实时、足额发放到位，承包人应按照项目专用合同条款约定的时间和金额缴存农民工工资保证金。

4. 工程进度付款的修正

在对以往历次已签发的进度付款证书进行汇总和复核中发现错漏或重复的，监理工程师有权予以修正，承包人也有权提出修正申请。经双方复核同意的修正，应在本次进度付款中支付或扣除。

六、质量保证金的支付

监理工程师应从第一个付款周期开始，在发包人的进度付款中，按项目专用合同条款数据表规定的百分率扣留质量保证金，直至扣留的质量保证金总额达到项目专用合同条款数据表规定的限额为止。质量保证金的计算额度不包括预付款的支付及扣回的金额。

在专用合同条款约定的缺陷责任期满时，承包人向发包人申请到期应返还承包人剩余的质量保证金额，发包人应在14d内会同承包人按照合同约定的内容核实承包人是否完成缺陷责任。如无异议，发包人应当在核实后将剩余保证金返还承包人。

在专用合同条款约定的缺陷责任期满时，承包人没有完成缺陷责任的，发包人有权扣留与未履行责任剩余工作所需金额相应的质量保证金余额，并有权根据缺陷责任期延长的约定要求延长缺陷责任期，直至完成剩余工作为止。由于承包人原因造成某项缺陷或损坏使某项工程或工程设备不能按原定目标使用而需要再次检查、检验和修复的，发包人有权要求承包人相应延长缺陷责任期，但缺陷责任期最长不超过2年。

七、交工结算

1. 交工付款申请单

承包人向监理工程师提交交工付款申请单（包括相关证明材料）的份数在项目专用

合同条款数据表中约定，期限为交工验收证书签发后 42d 内。监理工程师对交工付款申请单有异议的，有权要求承包人进行修正和提供补充资料。经监理工程师和承包人协商后，由承包人向监理工程师提交修正后的交工付款申请单。

2. 交工付款证书及支付时间

监理工程师在收到承包人提交的交工付款申请单后的 14d 内完成核查，提出发包人到期应支付给承包人的价款送发包人审核并抄送承包人。发包人应在收到后 14d 内核查完毕，由监理工程师向承包人出具经发包人签认的交工付款证书。监理工程师未在约定时间内核查，又未提出具体意见的，视为承包人提交的交工付款申请单已得到监理工程师核查同意；发包人未在约定时间内审核又未提出具体意见的，监理工程师提出发包人到期应支付给承包人的价款视为已得到发包人同意。

发包人应在监理工程师出具交工付款证书且承包人提交了合格的增值税专用发票后的 14d 内，将应支付款支付给承包人。发包人不按期支付的，按专用合同条款的约定，将逾期付款违约金支付给承包人。

承包人对发包人签认的交工付款证书有异议的，发包人可出具交工付款申请单中承包人已同意部分的临时付款证书。存在争议的部分，按照标准施工招标文件通用合同条款中约定的争议解决方式办理。

交工付款涉及政府投资资金的，按照国库集中支付等国家相关规定和专用合同条款的约定办理。

八、最终结清

1. 最终结清申请单

承包人向监理工程师提交最终结清申请单（包括相关证明材料）的份数在项目专用合同条款数据表中约定，期限为缺陷责任期终止证书签发后 28d 内。最终结清申请单中的总金额应认为是代表了根据合同规定应支付给承包人的全部款项的最后结算。

发包人对最终结清申请单的内容有异议的，有权要求承包人进行修正和提供补充资料，由承包人向监理工程师提交修正后的最终结清申请单。

2. 最终结清证书和支付时间

监理工程师收到承包人提交的最终结清申请单后的 14d 内，提出发包人应支付给承包人的价款送发包人审核并抄送承包人。发包人应在收到后 14d 内审核完毕，由监理工程师向承包人出具经发包人签认的最终结清证书。监理工程师未在约定时间内核查，又未提出具体意见的，视为承包人提交的最终结清申请单已得到监理工程师核查同意；发包人未在约定时间内审核又未提出具体意见的，监理工程师提出应支付给承包人的价款视为已得到发包人同意。

发包人应在监理工程师出具最终结清证书且承包人提交了合格的增值税专用发票后的 14d 内，将支付款支付给承包人。发包人不按期支付的，按专用合同条款的约定，将逾期付款违约金支付给承包人。

承包人对发包人签认的最终结清证书有异议的，按照标准施工招标文件通用合同条款中约定的争议解决方式办理。

最终结清付款涉及政府投资资金的，按照国库集中支付等国家相关规定和专用合同条款的约定办理。

九、其他费用

1. 索赔费用

其赔偿费用的支付额应按监理工程师签发的索赔审批书来确认或按监理工程师暂时确定的赔偿额来支付。

2. 计日工费用

计日工的数量应有监理工程师的指示及确认，计日工的单价按工程量清单中计日工的单价来办理。

3. 变更工程费用

变更工程费用应有监理工程师签发的书面变更令。变更工程的单价按变更工程单价确定的原则来处理。完成的变更工程数量应有监理工程师签认的变更工程计量证书。

4. 价格调整费用

在公路工程合同中，大部分合同为可调价合同，规定调整合同价款的方式和方法，最终确定合同结算价款。价格调整费用的确定方法除专用合同条款另有约定外，因物价波动引起的价格调整按照《招标文件》中通用合同条款的约定处理。价格调整的主要方法有工程造价指数调整法、实际价格调整法、调价文件计算法和调值公式法。其中，调值公式法的调值公式一般包括固定部分、材料部分和人工部分，调值公式一般为

$$P = P_0\left(a_0 + a_1\frac{A}{A_0} + a_2\frac{B}{B_0} + a_3\frac{C}{C_0} + \cdots\right) \tag{5-1}$$

式中　P——调值后合同价款或工程实际结算款；

　　　P_0——合同价款中工程预算进度款；

　　　a_0——固定要素，代表合同支付中不能调整部分占合同总价的比重；

　　　a_1、a_2、a_3、$\cdots$——各有关费用(如人工费、钢材费用、水泥费用等)在合同总价中所占的比重，$a_0 + a_1 + a_3 + \cdots = 1$；

　　　A_0、B_0、C_0、$\cdots$——与a_1、a_2、a_3、$\cdots$对应的各项费用的基期价格指数；

　　　A、B、C、$\cdots$——与a_1、a_2、a_3、$\cdots$对应的各项费用的现行价格指数。

5. 逾期竣工违约金

由于承包人原因造成工期延误，承包人应支付逾期竣工违约金。逾期竣工违约金的

计算方法在项目专用合同条款数据表中约定，时间自预定的竣工日期起到工程接收证书中写明的实际竣工日期止(扣除已批准的延长工期)，按天计算。逾期竣工违约金累计金额最高不超过签约合同价的 10%。发包人可以从应付或到期应付给承包人的任何款项中或采用其他方法扣除此违约金。

承包人支付逾期竣工违约金，不免除承包人完成工程及修补缺陷的义务。

如果在合同工作完工之前，已对合同工程内按时完工的单位工程签发了工程接收证书，则合同工程的逾期竣工违约金，应按已签发工程接收证书的单位工程价值占合同工程价值的比例予以减少，但本规定不应影响逾期竣工违约金的规定限额。

6. 提前竣工奖金

发包人不得随意要求承包人提前交工，承包人也不得随意提出提前交工的建议。如遇特殊情况，确需将工期提前的，发包人和承包人必须采取有效措施，确保工程质量。

如果承包人提前交工，发包人支付奖金的计算方法在项目专用合同条款数据表中约定，时间自交工验收证书写明的实际交工日期起至预定的交工日期止，按天计算。但奖金最高限额不超过项目专用合同条款数据表中写明的限额。

7. 逾期付款违约金

发包人应在监理工程师收到进度付款申请单后的 28d 内，将进度应付款支付给承包人。发包人不按期支付的，按项目专用合同条款数据表中约定的利率向承包人支付逾期付款违约金。违约金计算基数为发包人的全部未付款额，时间从应付而未付该款额之日算起(不计复利)。

十、合同解除后的估价、付款和结清

合同解除后，监理工程师按标准施工招标文件通用条款中商定或确定的承包人实际完成工作的价值，以及承包人已提供的材料、施工设备、工程设备和临时工程等的价值。合同解除后，发包人应暂停对承包人的一切付款，查清各项付款和已扣款金额，包括承包人应支付的违约金。承包人为该工程施工订购并已付款的材料、工程设备和其他物品的金额，发包人付款后，该材料、工程设备和其他物品归发包人所有。

合同解除后，发包人应按标准招标文件通用条款中约定的发包人的索赔条款向承包人索赔由于解除合同给发包人造成的损失。

合同双方确认上述往来款项后，出具最终结清付款证书，结清全部合同款项。发包人和承包人未能就解除合同后的结清达成一致而形成争议的，按标准施工招标文件通用条款中争议的解决约定办理。

【例 5-1】 某施工单位(乙方)与某发包人(甲方)签订了施工合同，合同工期 6 个月。合同中关于工程价款及其交付的条款规定如下：合同总价 900 万元；动员预付款为合同总价的 10%，于开工日期后 5d 内拨付给乙方，当计量工程款达到合同价的 30% 后于下月起扣，按平均扣回的方式，截止到合同到期前一个月扣完；工程进度款由乙方逐月(每月末)申报,审核通过后 14 个工作日内支付;预留保证金为合同价的 5%,从第一个月起,从乙方的工程款中按 10%的比例扣除。乙方各月实际完成产值及各月工程变更的价款见表 5-1,则该工程的动员预付款是多少?监理工程师各月应计量的工程款是多少?各月应签发的付款凭证金额是多少?

表 5-1　乙方各月实际完成产值及各月工程变更的价款

月份	1	2	3	4	5	6
计划完成产值/万元	120	150	200	190	140	100
实际完成产值/万元	90	160	210	210	150	80
变更与索赔费用/万元	0	15	24	5	0	-5

分析:本题主要考核按月结算工程款的计算方法、预付款支付与扣回方法、预留保证金的扣留方法等。

解: ① 动员预付款:900×10%万元=90 万元。

② 各月计量款包括实际完成产值和变更与索赔费用。各月计量款见表 5-2。

表 5-2　各月计量款

月份	1	2	3	4	5	6
实际产值/万元	90	160	210	210	150	80
变更索赔/万元	0	15	24	5	0	-5
合计/万元	90	175	234	215	150	75

③ 动员预付款的起扣点:900×30%万元=270 万元。第 1 个月累计完成 90 万元,第 2 个月累计完成 265 万元,第 3 个月累计完成 499 万元,则动员预付款应在第 4 个月和第 5 个月扣回,平均扣回即每月应扣回:90÷2 万元=45 万元。

④ 预留保证金:900×5%万元=45 万元。

⑤ 各月应签发的付款凭证金额。

第 1 个月:90×(1-10%)万元=81 万元

第 2 个月:(160+15)×(1-10%)万元=157.5 万元

第 3 个月:(210+24)万元-(45-90×10%-175×10%)万元=215.5 万元

第 4 个月:215 万元-45 万元=170 万元

第 5 个月:150 万元-45 万元=105 万元

第 6 个月:80 万元-5 万元=75 万元

【例 5-2】 某高速公路某合同段,签约合同价为 6000 万元,工期为 9 个月。招标文件按《招标文件》编制。合同约定按实际完成工程量乘以合同清单单价进行结算。项目专用合同条款约定开工预付款为签约合同价的 10%,计量累计达签约合同价的 30%时开始扣回,至计量累计达到签约合同价的 80%时扣完。合同约定月支付的最低限额为 300 万元。合同约定预留保证金为月支付额的 5%,同计量与支付同步扣留。计量与支付按月进行。开工后各月实际完成并经监理工程师确认合格的工程量(假定各月计量与实际完成工程量完全一致)见表 5-3,则工程价款结算的方式有哪些?计算本工程的预付款起扣月份和数额，以及完成扣回的月份。计算按月支付的工程进度款。计算本工程的竣工结算工程款。

表5-3　开工后各月实际完成并经监理工程师确认合格的工程量

月份	1	2	3	4	5	6	7	8	9
完成额/万元	200	650	850	850	850	320	850	850	850

分析：本题主要考核工程价款结算的方式、按月结算工程款的计算方法、预付款支付与扣回方法、预留保证金的扣留方法、最低支付限额的概念。

解：① 工程价款结算的方式。工程价款结算的方式主要分为按月结算、竣工后一次结算、分段结算、目标结算和双方议定的其他结算方式。

② 预付款起扣月份和数额，以及完成扣回的月份。预付款扣回按固定比例（即每完成合同价格的1%，扣回开工预付款的2%）分期从各月的进度付款证书中扣回。起扣点：6000×30%万元＝1800万元，前三个月累计完成200万元+650万元+850万元＝1700万元，显然从第4个月开始扣回。

当月扣回数额：预付款为合同价的10%，超过起扣点后每次计量的扣回比例为10%／(80%-30%)＝20%，则有(200+650+850+850-1800)×20%万元＝150万元。

扣回完成点：6000×80%万元＝4800万元；第7个月累计完成4570万元，小于4800万元；第8个月累计完成5420万元，大于4800万元，则应在第8个月完成预付款的扣回。

③ 按月支付的工程款如下。

第1个月：未能达到合同约定的付款最低限额，不能签发计量支付证书。

第2个月：(200+650)×(1-5%)万元＝807.5万元。

第3个月：850×(1-5%)万元＝807.5万元。

第4个月：850×(1-5%)万元-150万元＝657.5万元。

第5个月：850×(1-20%-5%)万元＝637.5万元。

第6个月：320×(1-20%-5%)万元＝240万元，小于300万元，不能签发支付证书。

第7个月：(320+850)×(1-20%-5%)万元＝877.5万元。

第8个月：本月应扣预留保证金850×5%万元＝42.5万元，本月应扣预付款(4800-4570)×20%万元＝46万元，本月支付850万元-42.5万元-46万元＝761.5万元。

第9个月：850×(1-5%)万元＝807.5万元。

④ 竣工结算如下。

累计完成额：

200万元+650万元+850万元+850万元+850万元+320万元+850万元+850万元+850万元＝6270万元

累计支付：

600万元+807.5万元+807.5万元+657.5万元+637.5万元+877.5万元+761.5万元+807.5万元＝5956.5万元

预留保证金：

$$6270 \times 5\% 万元 = 313.5 \ 万元$$

累计完成额-预留保证金:

$$6270 \ 万元 - 313.5 \ 万元 = 5956.5 \ 万元(与累计支付相匹配)$$

上述计算式中,600 万元为预付款,预留保证金 313.5 万元在缺陷责任期满后支付。

【例 5-3】 某施工单位(乙方)与建设单位(甲方)签订了公路工程施工承包合同,合同价款 1500 万元,其中包括中桥一座,基础采用扩大基础,上部构造为预应力混凝土 T 形梁。开工前,施工单位提交了详细的施工组织设计并得到批准,合同规定,变更工程超过合同总价的 15%时,监理工程师应与建设单位和承包人协商确定管理费调整额。在进行桥梁工程基础开挖时,发现地基和设计不匹配,不能满足承载力的要求,承包商应该如何处理?在工程施工过程中,乙方根据监理工程师的指示就部分工程进行了变更施工,试问变更部分合同价款根据什么原则确定?签发交工证书时,监理工程师发现变更工程的价款累计金额为 302 万元,假设投标报价的管理费费率为直接费的 10%,建设单位、监理工程师和承包人协商后确定管理费调整两个百分点,在其他工程内容不变的情况下,请问工程价款应如何调整?

分析: 本题主要考核承包商遇到工程地质条件发生变化时的工作程序,以及工程变更价款的确定原则,当变更数量较大时管理费的调整方法。

解: ① 承包商应根据合同规定,及时通知甲方要求对工程地质重新勘察并对设计进行变更,按变更后的设计图纸进行施工,并及时申报变更费用。

② 变更部分的合同价款根据下列原则确定:如果取消某项工作,则该项工作的总额价不予支付。已标价工程量清单中有适用于变更工作的子目的,采用该子目的单价。已标价工程量清单中无适用于变更工作的子目的,但有类似子目的,可在合理范围内参照类似子目的单价,由监理工程师按合同约定商定或确定变更工作的单价。已标价工程量清单中无适用或类似子目的单价,可在综合考虑承包人在投标时所提供的单价分析表的基础上,由监理工程师按合同约定商定或确定变更工作的单价。

如果本工程的变更指令是因承包人过错、承包人违反合同或承包人责任造成的,则这种违约引起的任何额外费用应由承包人承担。

③ 当变更工程超过合同总价的 15%时,超过部分的管理费应下调两个百分点。

管理费调整的起点: $1500 \times (1+15\%)$ 万元 $=1725$ 万元

管理费调整部分的金额: 1500 万元 $+302$ 万元 -1725 万元 $=77$ 万元

管理费调整部分的直接费: $77/(1+10\%)$ 万元 $=70$ 万元

调整后的工程价款: 1725 万元 $+70 \times (1+8\%)$ 万元 $=1800.6$ 万元

任务三　学习工程计量与支付台账

● **工作任务**　熟悉计量台账和计量与支付报表,并解释其各自表格之间的相互关系。

工程计量台账是按合同条款的有关规定，对承包人已完成的质量合格的工程数量进行测量与统计，对施工图纸载明的设计数量实施准确的统计管理。工程计量台账是投资控制的最基本数据来源，也是计量与支付的根本依据。因此，准确而具体表明工程实体是其最主要的因素，同时为了便于操作和管理，台账结构还应简单合理，便于计算机进行系统管理。

1. 计量台账类型

承包人、驻地办公室、总监理工程师办公室和发包人建立中期支付计量台账，主要有以下计量台账：

1）承包人计量台账主要有：工程量清单中期计量台账、清单支付台账、变更工程计量与支付台账等。

2）监理工程师计量台账主要有：工程量清单中期计量台账、变更工程计量与支付台账、各合同段计量与支付台账等。

3）发包人计量台账主要有：各合同段计量与支付台账、工程量清单中期计量台账、变更设计受理台账、变更工程计量与支付台账等。

2. 计量台账填写

1）为了保证中期计量与支付不重不漏，需要建立详细的工程量清单中期计量台账，工程量清单中期计量台账按合同标段的工程量清单中的"章""子目"进行统计，表中第 1～第 4 栏中的数据应与签订的合同工程量清单一致，第 5 栏为施工图纸数量，第 6～第 7 栏为变更设计内容，第 8 栏为发包人审核后的合计数量，第 9～第 16 栏为每期计量批复数量，第 17 栏为剩余数量。表中每一子目按分项工程详细填写，如 202-1-a 清理与挖掘，台账中要按计量段进行分解、细化填写，《招标文件》第 400 章内容按工程量清单子目对每一座桥的分部分项进行归类填写，见表 5-4。

表 5-4　某桥梁工程桩基光圆钢筋工程数量计量台账

子目	项目名称	单位	合同数量	施工图数量	变更数量	变更令编号	审核数量	第 1 期计量	剩余数量
403-1-a	光圆钢筋	kg	35879						
	K79+975 分离式立交桥	kg	25465						
	桩基础								
	0-1	kg	2654	2654				2654	0
	0-2	kg	2654	2654					2654
	0-3	kg	2654	2654					2654

2）清单支付台账为合同金额到上期末、本期和截至本期的每章、子目的数量与金额支付台账。

3）变更工程计量与支付台账应详细填写变更令编号，变更工程内容，变更前后的数量、单价和金额，以及变更工程的计量与支付时间和剩余工程量。

工程中常用的计量台账见表 5-5～表 5-9，计量与支付报表见表 5-10～表 5-20。

表5-5 工程量清单中期计量台账

支付子目	项目名称	计量单位	合同数量	施工图纸数量	变更数量	变更令编号	审核数量	第1期计量	第2期计量	第3期计量	第4期计量	第5期计量	第6期计量	……	累计计量数量	剩余数量
1	2	3	4	5	6	7	8	9	10	11	12	13	14	15	16=9+10+…+15	17=8-16
202-1-a	清理现场	m²														
202-2-a	挖除旧路面	m²														
202-2-b	老路铣刨	m²														
203-1-a	挖土方(含挖老路路床)	m³														
204-1-a	7%灰土填筑	m³														
204-1-b	5%石灰土	m³														
303-1-a	石灰稳定土底基层(12%)20cm	m²														
303-1-b	石灰稳定土底基层(12%)15cm	m²														
304-2-a	水泥稳定碎石(4.5%)36cm	m²														
307-2	黏层油	m²														
307-3	封层	m²														
308-2-a	沥青混凝土下面层	m²														
308-2-b	沥青混凝土上面层	m²														
311-1-a	沥青混凝土下面层桥面铺装	m²														
311-1-b	沥青混凝土上面层桥面铺装	m²														
312-2	路面中分带回填土	m³														
312-4	路面(中分带砌路缘石)	m														
312-5	超高路段C15混凝土	m³														
312-6	路面(中分带C10混凝土砌路缘石)	m														
313-1-a	中分带防渗土工布	m²														

表 5-6　清单支付台账

（　年　月　第　期）

合同段：

日期：

施工单位：

监理单位：

项目编号	项目名称	单位	合同			完成百分率	到上期末累计计量		本期计量		到本期末累计计量		备注
			数量	单价	金额		数量	金额	数量	金额	数量	金额	

制表：　　　　　　　　　复核：　　　　　　　　　项目经理：

表 5-7　变更工程计量与支付台账

项目名称：

承包单位：　　　　　　　监理单位：　　　　　　　合同段：

序号	变更令编号	变更工程内容	项目编号	项目名称	计量单位	单价			原设计		变更后增减		计量		计量时间	剩余	
						原合同单价	变更后单价		数量	金额	数量	金额	数量	金额		数量	金额

表 5-8　计量与支付台账

合同号：某标段

| 项目编号 | 项目名称 | 合同总价及变更金额 | | 累计完成 | 01 | 02 | 03 | 04 | 05 | 合计 |
		合同总金额	变更总金额	变更后金额	百分率/%						
第 100 章	总则										
第 200 章	路基										
第 300 章	路面										
第 400 章	桥梁涵洞										
第 600 章	安全设施及预埋管线										
	暂定金额										
	小计										
	预留保证金										
	返还预留保证金										
	动员预付款										
	扣回动员预付款										
	材料预付款										
	扣回材料预付款										
	优先价（本次计量款−3%）										
	工程管理（奖＋、罚−）										
	合计										

表 5-9 设计变更台账

合同段	编号	变更内容	上报日期	受理日期	受理意见	份数

表 5-10 付款申请表

合同号：

编　号：

施工单位：

监理单位：

致（监理工程师）：

兹申请支付　　年　　月完成下列工程项目进度款　　元，作为本期的全部付款。

附件：各项计量证明。

承包人：　　　　　　　年　　月　　日

项目编号	项目名称	计量证明表编号	申请金额/元	驻地监理工程师批准金额/元	总监理工程师审核金额/元	发包人批复金额/元
第100章	总则					
第200章	路基					
第300章	路面					
第400章	桥梁、涵洞					
第500章	隧道					
第600章	安全设施及预埋管线					
第700章	绿化及环境保护设施					
	小计					
	计日工					
	设计变更					
	其他变更					
	价格调整					
	优质优酬					
	索赔金额					
	违约赔偿金					
	迟付款利息					
	合计					
	动员预付款					
	扣回动员预付款					
	材料设备预付款					
	扣回材料设备预付款					
	预留保证金					
	确认支付					

计量监理工程师：　　　　　　　　　　　　　　　　日期：

驻地监理工程师代表：　　　　　　　　　　　　　　日期：

由承包人呈报一式三份，批准后发包人代表、驻地监理工程师、承包人各一份。

表 5-11 工程进度表

项目名称：
截止日期：

发包人：

开工令日期：	承包单位：
合同日期：	监理单位：
合同完成日期：	
修改合同完成日期：	合同总价：
时间延长：	暂定金额：
	清单金额：
	工程变更：
	估计最终金额：

项目号	项目内容	合同金额/元	核实金额/元	本期完成/%	累计完成/%	工程进度																
						2010 年			2011 年												2012 年		
						10	11	12	1	2	3	4	5	6	7	8	9	10	11	12	1	2	3	4	5	6	7
100	总则																										
200	路基																										
300	路面																										
400	桥梁、涵洞																										
500	隧道																										
600	安全设施及预埋管线																										
700	绿化及环境保护设施																										
	合计																										

制表： 承包人： 驻地监理工程师： 总监理工程师：

133

表 5-12　中期支付证书

项目名称：　　　　　　　　　施工单位：　　　　　　　　合同号：
截止日期：　　　　　　　　　监理单位：　　　　　　　　编　号：

项目号	项目内容	合同价及变更金额元				到本期末完成元				到上期末完成元	本期完成元				备注
		合同金额	核实金额	变更总金额	变更后总金额	申请金额	驻地监理工程师批准金额	总监理工程师审核金额	发包人批复金额	完成元	申请金额	驻地监理工程师批准金额	总监理工程师审核金额	发包人批复金额	
100	总则														
200	路基														
300	路面														
400	桥梁、涵洞														
500	隧道														
600	安全设施及预埋管线														
700	绿化及环境保护设施														
	小计														
	计日工														
	设计变更														
	其他变更														
	价格调整														
	优质优酬														
	索赔金额														
	合计														
	违约赔偿金														
	迟付款利息														
	动员预付款														
	扣回动员预付款														
	材料设备预付款														
	扣回材料设备预付款														
	预留保证金														
	确认支付														

制表：　　　　　　承包人：　　　　　　驻地监理工程师：　　　　　　总监理工程师：　　　　　　项目办公室主任：

表 5-13 清单支付报表

项目名称：
截止日期：
施工单位：
监理单位：
合同号：
编 号：

清单号	项目名称	单位	原合同			核实			到本期末完成		到上期末完成		本期完成		备注
			合同单价	数量	金额/元	核实单价	核实数量	核实金额/元	数量	金额/元	数量	金额/元	数量	金额/元	
本页小计															
第（ ）章合计															
第100章~第700章合计															

制表： 承包人： 驻地监理工程师： 总监理工程师： 发包人审查：

表 5-14 工程变更一览表

项目名称：
截止日期：
施工单位：
监理单位：
合同号：
编 号：

工程项目名称	支付项目编号	单位	合同数量	单价/元	截至本期末累计完成		截至上期末累计完成（一）		本期完成（一）		批准文号或项目编号	计量日期	备注
					数量	金额/元	数量	金额/元	数量	金额/元			
合计													

制表： 承包人： 驻地监理工程师： 总监理工程师办公室审查： 发包人审查：

表 5-15 永久性工程材料到达现场计量表

项目名称：　　　　　　　　　　　　　　合同号：
截止日期：　　　　　　　　　　　　　　编　号：
施工单位：
监理单位：

材料代号	进场材料名称	单位	本期				单据号	材料来源	材料检验单编号	进场日期	到本期末进场数量	到上期末进场数量
			进场数量	综合单价/元	合计价/元	垫付金额/元						
	本页小计											
	合计											

承包人：　　　　　驻地监理工程师：　　　　　总监理工程师办公室审查：　　　　　发包人审查：

制表：

表 5-16 扣回材料预付款一览表

项目名称：　　　　　　　　　　　　　　合同号：
截止日期：　　　　　　　　　　　　　　编　号：
施工单位：
监理单位：

材料代号	进场材料名称	单位	累计预付金额	本期预付金额	上期末回扣金额	本期末回扣金额	本期回扣金额	剩余金额	备注

承包人：　　　　　驻地监理工程师：　　　　　总监理工程师办公室审查：　　　　　发包人审查：

制表：

表 5-17　回扣动员预付款一览表

项目名称：　　　　　　施工单位：　　　　　　合同号：

截止日期：　　　　　　监理单位：　　　　　　编　号：

A：合同总计/元	
B：合同总价的 30%/元	
C：到本月末表 5-11 "合计" 栏累计完成金额/元	
D：C>B 时的时间：（第几期）	
E：合同期限/月	
F：已付动员预付款/元	
G：表 5-11 "合计" 栏本期完成金额/元	
H：月扣除动员预付款/元	
本月扣回动员预付款/元	
上月末扣回动员预付款/元	
到本月末扣回动员预付款/元	
到本月末扣回动员预付款/元	

制表：　　　　承包人：　　　　驻地监理工程师：　　　　总监理工程师办公室审查：　　　　发包人审查：

表 5-18　支付汇总表

施工单位：　　　　　　合同号：

监理单位：　　　　　　编　号：　　　　凭证号：

清单项目编号	工程项目或支付细目名称	单位	数量	单价	金额

表 5-19　中间计量表

施工单位：
监理单位：

合同号：
编　号：

章节名称		计量类型	
支付项目编号		项目名称	
起止桩号		部位	
图号		工程检验认可证书或工序质量认证单号	

计算草图及几何尺寸：

计算式：

计量单位		工程数量	

制表：　　　　　承包人：　　　　　专项监理工程师：　　　　　日期

表 5-20 中间交工证书

合同号：

编 号：

施工单位：

监理单位：

下列工程已完，申请交验，以便进行下一步。

工程内容：

承包人（签名）：

日期：

监理工程师收件日期：

签名：

结论：

监理工程师（签名）：

日期：

工程部（签名）：

日期：

承包人收件日期：

签名：

任务四　编制计量与支付月报表

● **工作任务**　进行某期中间计量与支付月报表的编制。下面以某高速公路项目计量申报为例说明计量与支付报表的申报。

一、承包人申请

1）承包人计量起止时间为从上月的 26 日至本月的 25 日，并于每月 30 日前提出工程计量与支付申请。

2）承包人申报的计量与支付资料为计量与支付报表及其附件，附件包括中间计量表和材料预付款有关证明文件，其中在中间计量表中应列出详细的计算式和简图。

二、驻地办公室及监理工程师代表处审查签认

1）驻地办公室对承包人上报的计量与支付资料要认真计算、核实，按合同文件所规定的方法、范围、内容、单位进行计量，对不符合合同文件要求的工程不得计量，对于不合格工程数量应坚决扣除。若监理工程师对承包人提交的工程数量有疑问，可进行现场复核并对其进行修改，但同时必须修改其计算资料，使其资料前后保持一致。对经审查核实后符合要求的工程给予签证后报总监理工程师办公室，由总监理工程师办公室按合同要求进行审查签认。

2）驻地办公室审签(审签时间为 3d)完毕后上报总监理工程师办公室审核，总监理工程师办公室按照规定严格把关，审核无误后将审签(审签时间为 7d)完的计量资料报送发包人计划合同部。

三、发包人审查、拨款

1）经总监理工程师办公室审查签认的计量与支付资料，按规定时间及时报送到发包人计划合同部，再由计划合同部分别传到各职能部门审核。

2）发包人各职能部门依据工程合同文件、技术标准、规范及主管部门批准的各项专用技术标准等对承包人申报的计量资料进行严格审查，若计量资料未发现存在工程质量、工程数量或其他方面的问题时，即可正常计量。

3）计量资料经审核无误，按正常程序最终签认工程价款结算表，逐级审批后，由财务处办理付款手续。发包人审查、付款的期限为 28d。

四、计量与支付报表的填写

1. 计量与支付报表的组成

计量与支付报表一般由支表 01 付款申请表、支表 02 工程进度表、支表 03 中期支

付证书、支表 04 清单支付报表、支表 05 工程变更一览表、支表 06 永久性工程材料到达现场计量表、支表 07 扣回材料预付款一览表、支表 08 回扣动员预付款一览表、支表 09 中间计量与支付汇总表、支表 10 中间计量表、中间交工证书组成。

2. 中间工程计量与支付用表填写说明

(1) 开工预付款支付的内容

1) 根据合同条款的规定，承包人进场后，填报开工预付款申请表及付款申请。附件：履约银行保函；开工预付款银行保函。

2) 经合同管理监理工程师审查，符合开工预付款申请条件，总监理工程师签认开工预付款支付证书。

(2) 中间计量表的填写

计量与支付月报中的支表 10 中间计量表为基础数据计算表，汇总到支表 09 中间计量与支付汇总表。下面重点讲解中间计量表的填写：

1) 中间交工证书上必须注明交工桩号、部位、项目名称，其中路基填方还需注明交工所属压实区域及压实层次。

2) 支表 10 中间计量表(计算式和简图)及有关证明材料，主要包括分项工程开工申请单、工程质量检验评定表、工程检验认可书等，如是结构物混凝土工程则需附强度试验资料和桩基检测资料，路基填方工程则需附压实底检测资料。

3) 中间计量表还需注明工程检验认可书编号。

4) 对于额外工程、变更工程、计日工作等，应附工程变更通知、工程变更令、设计变更工程图纸、额外或紧急工程通知、计日工作通知等。

3. 中间支付证书

承包人每月的月计量与支付申请文件经总监理工程师办公室审核后，签发中间支付证书。

4. 中间计量

承包人签订合同之后一个月之内必须按照发包人提供的格式完成施工图纸数量复核计算及工程量清单拆分工作，经驻地监理工程师、监理工程师代表处复核签认后报发包人计划合同部。此工程数量作为中间计量控制的依据，不作为最终支付的依据。

5. 计量与支付台账

总监理工程师办公室计划合同部管理每月按合同标段工程量清单"章""子目"的计量、支付汇总，及时做好计量与支付台账，发包人将定期检查承包人、监理单位的计量与支付台账，必要时承包人、监理单位应提交每月的计量与支付台账。

五、财务支付报表编制实例

1. 项目概况

S239NJ-LM1 标段为某路面改造工程。该项目起点桩号为 K116+000，终点桩号为

K133+000，全长 17km。设计标准为一级公路，一般路基宽 26m、城镇段路基宽 32m、时速 100km/h，建成后一般路段为双向 4 车道，城镇路段为双向 6 车道。合同中清单工程量及单价具体见表 5-21～表 5-24。

表 5-21 工程量清单汇总表

项目名称：S239NJ-LM1 标段   货币单位：人民币元

序号	章次	科目名称	金额
1	100	总则	5350000
2	200	路基	900835
3	300	路面	91622632
4	400	桥梁、涵洞	
5	500	隧道	
6	600	安全设施及预埋管线	
7	700	绿化及环境保护设施	
8		第 100 章～第 700 章清单小计	97873467
9		不可预见费(8×8%)	7829877
10		安全生产费(8+9)×1%	1057033
11		投标价(8+9+10)=11	106760377

表 5-22 总则

项目名称：S239NJ-LM1 标段   货币单位：人民币元

细目编号	项目内容	单位	数量	单价	合价
103-1	临时道路	m	5000	100.00	500000
103-2	临时工程用地	总额	1	1500000.00	1500000
104-1	承包人驻地建设	总额	1	300000.00	300000
105-1	信息管理费	总额	1	50000.00	50000
106-1	施工围挡	m	15000	200.00	3000000

第 100 章小计(结转至第　页工程量清单汇总表)人民币 <u>5350000</u> 元

表 5-23 路基

项目名称：S239NJ-LM1 标段   货币单位：人民币元

细目编号	项目名称	单位	数量	单价	合价
202-2	挖除旧路面				
-a	挖除老路(含面层、基层及底基层)	m³	16099.00	45.00	724455
-b	开挖沥青混凝土面层	m²	17638.00	10.00	176380

第 200 章小计(结转至第　页工程量清单汇总表)人民币 <u>900835</u> 元

表 5-24　路面

项目名称：S239NJ-LM1 标段　　　　　　　　　　　　　　　　　　　货币单位：人民币元

项目编号	项目内容	单位	数量	单价	合价
304-4	水泥稳定碎石				
-a	厚 34cm(含粉煤灰)	m²	205869.08	67.32	13859106
-b	老路加铺(含粉煤灰)	m³	53610.00	198.00	10614780
308-2	黏层	m²	190063.35	2.50	475158
309-1	细粒式沥青混凝土				
-a	SUP-13(改性沥青,厚 4cm)	m²	383518.75	54.40	20863420
309-2	中粒式沥青混凝土				
-a	SUP-20(改性沥青,厚 8cm)	m²	383264.63	92.80	35566957
310-2	沥青下封层	m²	203241.08	5.50	1117826
310-3	沥青路面灌缝	m	1183.00	15.00	17745
311-4	中粒式沥青碎石				
-a	AM-16	m³	5575.00	920.00	5129000
313-1	培土路肩(素土)	m³	6926.75	25.00	173169
313-2	中分带回填土(素土)	m³	16894.52	25.00	422363
313-5	预制混凝土块路缘石				
-a	C25 混凝土	m³	2027.31	680.00	1378571
-b	C15 混凝土	m³	320.96	420.00	134803
-c	C10 细石混凝土	m³	810.94	450.00	364923
314-8	集水槽	个	243.00	200.00	48600
315-1	中央分隔带				
-a	φ11mm 透水管	m	16944.50	30.00	508335
-b	M5 水泥砂浆(均厚 2cm)	m²	37616.79	12.00	451401
-c	涂沥青	m²	37616.79	3.00	112850
-e	级配碎石	m³	49.70	100.00	4970
-f	透水土工布	m²	248.52	10.00	2485
-g	防渗土工布	m²	37616.79	10.00	376168

第 300 章小计(结转至第　页工程量清单汇总表)人民币 91622632 元

2. 财务支付月报表

本项目第二期财务支付月报表详见表 5-25～表 5-34。

表 5-25　中期支付证书

某路面改造工程

项目名称：某路面改造工程　　　　承包单位：××路桥公司　　　　合同号：LM1
截止日期：2010 年 10 月 25 日　　监理单位：××监理有限公司　　编号：CW-002/E-1-001

中期支付证书　　　　　　　　　　　　　　　　　　　　　　　　　　　　E-1

清单编号	项目内容	合同价及变更金额			到本期末完成	到上期末完成	本期完成
		原有总金额	变更总金额	变更后总金额	金额/元	金额/元	金额/元
100	总则	5350000		5350000			
200	路基	900835		900835			
300	路面	91622632		91622632	13014085	7209607	5804478
400	桥梁、涵洞						
500	隧道						
600	安全设施及预埋管线						
700	绿化及环境保护设施						
	暂定金额						
	小计	97873467		97873467	13014085	7209607	5804478
	价格调整						
	索赔金额						
	违约赔偿金						
	迟付款利息						
	合计	97873467		97873467	13014085	7209607	5804478
	动员预付款						
	扣回动员预付款						
	材料设备预付款						
	扣回材料设备预付款						
	扣回预留保证金(10%)				1301409	720961	580448
	扣回优质优价基金(第100章～第700章合计的2%)				260282	144192	116090
	支付返回优质优价基金(含返还)						
	支付优质优价2%基数						
	支付优质优价纯奖金						
	支付				11452394	6344454	5107940

计量监理工程师意见：　　　　　　　　　　　　驻地监理工程师意见：

　　　　　　　　　　　　　年　月　日　　　　　　　　　　　　　年　月　日

总监理工程师代表意见：　　　　　　　　　　　总监理工程师意见：

　　　　　　　　　　　　　年　月　日　　　　　　　　　　　　　年　月　日

表 5-26　中期支付申请

某路面改造工程

项目名称：某路面改造工程　　　承包单位：××路桥公司　　　　合同号：LM1
截止日期：2010 年 10 月 25 日　　监理单位：××监理有限公司　　编号：CW-002/E-2-001

中期支付申请　　　　　　　　　　　　　　　　　　　　　　　　E-2

致（驻地监理工程师）×××先生：

　　兹申请支付 ___2010 年 10 月___ 月份完成下列工程项目进度款 ___5107940___ 元。

承包人：　　　　　　　　年　月　日

清单编号	项目内容	计量凭证编号	申请支付款额/元	监理工程师审核数/元	备注
100	总则				
200	路基				
300	路面		5804478	5804478	
400	桥梁、涵洞				
500	隧道				
600	安全设施及预埋管线				
700	绿化及环境保护设施				
	暂定金额				
	信息管理费				
	小计		5804478	5804478	
	价格调整				
	索赔金额				
	违约赔偿金				
	迟付款利息				
	合计		5804478	5804478	
	动员预付款				
	扣回动员预付款				
	材料设备预付款				
	扣回材料设备预付款				
	扣回预留保证金（10%）		580448	580448	
	扣回优质优价基金（第 100 章~第 700 章合计的 2%）		116090	116090	
	返回优质优价基金				
	奖励优质优价基金				
	支付		5107940	5107940	

驻地监理工程师：　　　　　　　　　　　　　年　月　日

表 5-27　清单支付月报表（一）

某路面改造工程

项目名称：某路面改造工程
截止日期：2010 年 10 月 25 日

承包单位：××路桥公司
监理单位：××监理有限公司

合同号：LM1
编　号：CW-002/E-3-001
E-3
第 1 页共 4 页

清单支付月报表

项目编号	项目内容	单位	合同单价	原合同		变更		现合同		到上期末完成		到本期末完成		本期完成		监理工程师复核（本期）	
				数量	金额/元	数量	金额/元	数量	金额/元	数量	金额/元	数量	金额/元	数量	金额/元	数量	金额/元
103-1	临时道路	m	100.00	5000	500000			5000	500000								
103-2	临时工程用地	总额	1500000.00	1	1500000			1	1500000								
104-1	承包人驻地建设	总额	300000.00	1	300000			1	300000								
105-1	信息管理费	总额	50000.00	1	50000			1	50000								
106-1	施工围挡	m	200.00	15000	3000000			15000	3000000								
本页小计					5350000						0.00		0.00		0.00		0.00
合计					97873467						7209607.13		13014085.33		5804478.21		5804478.21

累计：5804478.21 元

承包人：

驻地监理工程师：　　　年　月　日

监理工程师复核：　　　年　月　日

表 5-28 清单支付月报表（二）

某路面改造工程

项目名称：某路面改造工程　　　　　　　　　　承包单位：××路桥公司　　　　　合同号：LM1
截止日期：2010 年 10 月 25 日　　　　　　　　监理单位：××监理有限公司　　　编　号：CW-002/E-3-001

E-3

清单支付月报表

第 2 页共 4 页

项目编号	项目内容	单位	合同单价	原合同 数量	原合同 金额/元	变更 数量	变更 金额/元	现合同 数量	现合同 金额/元	到上期末完成 数量	到上期末完成 金额/元	到本期末完成 数量	到本期末完成 金额/元	本期完成 数量	本期完成 金额/元	监理工程师复核（本期） 数量	监理工程师复核（本期） 金额/元
202-2	挖除旧路面																
-a	挖除老路（含面层、基层及底基层）	m³	45.00	16099.00	724455			16099	724455			377.26	16976.70	377.26	16977	377.26	16976.70
-b	开挖沥青混凝土面层	m²	10.00	17638.00	176380			17638	176380								
	本页小计				900835						0.00		16976.70		16976.70		16976.70
	合计				97873467						7209607.13		13014085.33		5804478.21		5804478.21

承包人：　　　　　　　年　月　日　　　　　　驻地监理工程师：　　　　　　　累计：5804478 元　　　　年　月　日

147

表 5-29　清单支付月报表（三）

项目名称：某路面改造工程　　　　　　　承包单位：××路桥公司　　　　　合同号：LM1
截止日期：2010年10月25日　　　　　　　监理单位：××监理有限公司　　　编　号：CW-002/E-3-001

清单支付月报表

项目编号	项目内容	单位	合同单价	原合同		变更		现合同		到上期末完成		到本期末完成		本期完成		监理工程师复核（本期）	
				数量	金额元	数量	金额元	数量	金额元	数量	金额元	数量	金额元	数量	金额元	数量	金额元
304-4	水泥稳定碎石																
-a	厚34cm（含粉煤灰）	m²	67.32	205869.08	13859106					107094.58	7209607.13	191782.42	12910792.51	84687.84	5701185.39	84687.84	5701185.39
-b	老路加铺（含粉煤灰）	m³	198.00	53610.00	10614780							435.94	86316.12	435.94	86316.12	435.94	86316.12
308-2	黏层	m²	2.50	190063.35	475158												
309-1	细粒式沥青混凝土																
-a	SUP-13（改性沥青，厚4cm）	m²	54.40	383518.75	20863420												
309-2	沥青下封层																
-a	SUP-20（改性沥青，厚8cm）	m²	92.80	383264.63	35566958												
310-2	沥青下封层	m²	5.50	203241.08	1117826												
310-3	沥青路面灌缝	m	15.00	1183.00	17745												
311-1	中粒式沥青碎石																
-a	AM-16	m³	920.00	5575.00	5129000												
313-1	培土路肩（素土）	m³	25.00	6926.75	173169												
313-2	中分带回填土（素土）	m³	25.00	16894.52	422363												
313-5	预制混凝土块路缘石																
-a	C25混凝土	m³	680.00	2027.31	1378571												
-b	C15混凝土	m³	420.00	320.96	134803												
-c	C10细石混凝土	m³	450.00	810.94	364923												
	本页小计				90117822						7209607.13		12997108.63		5787501.51		5787501.51
	合计				97873467						7209607.13		13014085.33		5804478.21		5804478.21

表5-30 清单支付月报表（四）

某路面改造工程

清单支付月报表

项目名称：某路面改造工程
截止日期：2010年10月25日

承包单位：××路桥公司
监理单位：××监理有限公司

合同号：LM1
编号：CW-002/E-3-001
E-3
第4页共4页

项目编号	项目内容	单位	合同单价	原合同		变更		现合同		到上期末完成		到本期末完成		本期完成		监理工程师复核（本期）	
				数量	金额元	数量	金额元	数量	金额元	数量	金额元	数量	金额元	数量	金额元	数量	金额元
314-8	集水槽	个	200.00	243.00	48600												
315-1	中央分隔带																
-a	φ11mm透水管	m	30.00	16944.50	508335												
-b	M5水泥砂浆（均厚2cm）	m²	12.00	37616.79	451401												
-c	涂沥青	m²	3.00	37616.79	112850												
-e	级配碎石	m²	100.00	49.70	4970												
-f	透水土工布	m²	10.00	248.52	2485												
-g	防渗土工布	m²	10.00	37616.79	376168												
	本页小计				1504810						0.00		0.00		0.00		0.00
	合计				97873467						7209607.13		13014085.33		5804478.21		5804478.21

承包人：　　　　　　年　月　日

驻地监理工程师：　　　　　累计：5804478.21元　　年　月　日

149

表 5-31　合同内中间计量与支付汇总表

某路面改造工程

项目名称：某路面改造工程　　　承包单位：××路桥公司　　　　合同号：LM1
截止日期：2010 年 10 月 25 日　　监理单位：××监理有限公司　　编号：CW-002/E-11-1-001

合同内中间计量与支付汇总表　　　　E-11-1

项目编号	项目名称	凭证号	单位	数量	单价	金额/元
202-2-a	挖除老路(含面层、基层及底基层)	CW-002/E-12-1-001	m³	377.26	45.00	16976.70
304-4-a	厚34cm(含粉煤灰)	CW-002/E-12-1-002	m²	84687.84	67.32	5701185.39
304-4-b	老路加铺(含粉煤灰)	CW-002/E-12-1-003	m³	435.94	198.00	86316.12
	本页小计					5804478.21
	合计					5804478

承包人：　　　年　月　日　　　　　　　　驻地监理工程师：　　　年　月　日

表 5-32　合同内中间计量申报明细表（一）

某路面改造工程

项目名称：某路面改造工程　　　　承包单位：××路桥公司　　　　合同号：LM1
截止日期：2010 年 10 月 25 日　　　监理单位：××监理有限公司　　　编号：CW-002/E-12-1-001

合同内中间计量申报明细表　　　　　　　　　　　　　　E-12-1

项目编号	项目名称	凭证号	单位	申报数量	核定数量	起止桩号及部位
202-2-a	挖除老路(含面层、基层及底基层)	LM1-A-15-02-001	m³	6.48	6.48	K116+860～K116+940(右幅)
		LM1-A-15-02-002		43.45	43.45	K117+000～K117+440(右幅)
		LM1-A-15-02-003		15.99	15.99	K118+520～K118+800(右幅)
		LM1-A-15-02-004		9.39	9.39	K119+240～K119+320(右幅)
		LM1-A-15-02-005		12.64	12.64	K119+700～K119+820(右幅)
		LM1-A-15-02-006		16.05	16.05	K120+040～K120+180(右幅)
		LM1-A-15-02-007		44.06	44.06	K120+420～K120+900(右幅)
		LM1-A-15-02-008		7.22	7.22	K121+300～K121+380(右幅)
		LM1-A-15-02-009		1.53	1.53	K123+000～K123+040(右幅)
		LM1-A-15-02-010		1.90	1.90	K125+340～K125+360(左幅)
		LM1-A-15-02-011		74.30	74.30	K126+600～K127+200(右幅)
		LM1-A-15-02-012		38.29	38.29	K128+800～K129+080(右幅)
		LM1-A-15-02-013		23.64	23.64	K129+860～K130+080(右幅)
		LM1-A-15-02-014		21.48	21.48	K131+560～K131+840(右幅)
		LM1-A-15-02-015		39.24	39.24	K132+060～K132+360(右幅)
		LM1-A-15-02-016		21.60	21.60	K132+800～K133+000(右幅)
	本页小计			377.26	377.26	
	合计			377.26	377.26	

承包人：　　　年　月　日　　　　　　驻地监理工程师：　　　年　月　日

表 5-33　合同内中间计量申报明细表（二）

某路面改造工程

项目名称：某路面改造工程　　　承包单位：××路桥公司　　　合同号：LM1
截止日期：2010 年 10 月 25 日　　监理单位：××监理有限公司　　编号：CW-002/E-12-1-002

合同内中间计量申报明细表　　　　　　E-12-1

项目编号	项目名称	凭证号	单位	申报数量	核定数量	起止桩号及部位
304-4-a	厚34cm(含粉煤灰)	LM1-A-15-02-017	m²	11505.15	11505.15	K116+000～K116+946.147 右幅 No.1、No.2
		LM1-A-15-02-018		16257.59	16257.59	K116+983.027～K118+320 右幅 No.1、No.2
		LM1-A-15-02-019		5397.80	5397.80	K118+360～K118+803.898 右幅 No.1、No.2
		LM1-A-15-02-020		14206.80	14206.80	K118+831.678～K120+000 右幅 No.1、No.2
		LM1-A-15-02-021		27653.08	27653.08	K120+000～K122+274.102 右幅 No.1、No.2
		LM1-A-15-02-022		8208.22	8208.22	K122+304.982～K122+980 右幅 No.1、No.2
		LM1-A-15-02-023		1459.20	1459.20	K124+740～K124+860 右幅 No.1、No.2
本页小计				84687.84	84687.84	
合计				84687.84	84687.84	

承包人：　　　年　月　日　　　　　　驻地监理工程师：　　　年　月　日

表 5-34 合同内中间计量申报明细表(三)

某路面改造工程

项目名称:某路面改造工程　　承包单位:××路桥公司　　合同号:LM1

截止日期:2010 年 10 月 25 日　　监理单位:××监理有限公司　　编号:CW-002/E-12-1-003

合同内中间计量申报明细表　　　　　　　　　E-12-1

项目编号	项目名称	凭证号	单位	申报数量	核定数量	起止桩号及部位
304-4-b	老路加铺(含粉煤灰)	LM1-A-15-02-024	m³	7.76	7.76	K116+000~K116+120(右幅)
		LM1-A-15-02-025		11.58	11.58	K116+200~K116+520(右幅)
		LM1-A-15-02-026		34.06	34.06	K117+920~K118+300(右幅)
		LM1-A-15-02-027		6.21	6.21	K118+360~K118+460(右幅)
		LM1-A-15-02-028		6.27	6.27	K119+860~K119+960(右幅)
		LM1-A-15-02-029		22.28	22.28	K121+560~K121+780(右幅)
		LM1-A-15-02-030		20.26	20.26	K121+920~K122+020(右幅)
		LM1-A-15-02-031		74.52	74.52	K123+180~K123+580(右幅)
		LM1-A-15-02-032		28.49	28.49	K123+820~K124+540(右幅)
		LM1-A-15-02-033		7.48	7.48	K124+540~K124+660(右幅)
		LM1-A-15-02-034		3.12	3.12	K124+820~K124+860(右幅)
		LM1-A-15-02-035		2.40	2.40	K125+460~K125+520(左幅)
		LM1-A-15-02-036		33.97	33.97	K127+280~K128+040(右幅)
		LM1-A-15-02-037		15.12	15.12	K128+460~K128+780(右幅)
		LM1-A-15-02-038		36.64	36.64	K129+100~K129+440(右幅)
		LM1-A-15-02-039		19.61	19.61	K129+560~K129+820(右幅)
		LM1-A-15-02-040		97.85	97.85	K130+100~K130+360(右幅)
		LM1-A-15-02-041		3.48	3.48	K130+940~K131+100(右幅)
		LM1-A-15-02-042		4.84	4.84	K132+400~K132+560(右幅)
	本页小计			435.94	435.94	
	合计			435.94	435.94	

承包人:　　　年　月　日　　　　　　驻地监理工程师:　　　年　月　日

单 元 训 练

一、单项选择题

1. 在一个驻地监理机构中，一般配有项目工程师，其中专门负责计量与支付的工程师是（　　）。
    A. 道路工程师　　B. 计量工程师　　C. 结构工程师　　D. 合同工程师

2. 支付责任的承担者是（　　）。
    A. 监理工程师　　　　　　　　　B. 承包人
    C. 发包人　　　　　　　　　　　D. 设计单位驻现场代表

3. 工程计量由（　　）负责。
    A. 承包人　　　　　　　　　　　B. 发包人
    C. 设计单位驻现场代表　　　　　D. 监理工程师

4. 在计量与支付工作常用表格中，属于承包人用表的是（　　）。
    A. 工程投资支付月报
    B. 中间计量表
    C. 工程计划进度与实际完成情况表
    D. 计量支付证书

5. （　　）是监理工程师三大权利之一，是监理工程师控制工程的最后一个环节，是对承包人施工行为的最终评价，是监理工作的关键和核心。
    A. 质量否决权　　　　　　　　　B. 计量确认权
    C. 支付签认权　　　　　　　　　D. 变更确认权

6. 监理工程师在收到承包人提交的最终结清申请单后的（　　）d 内，提出发包人应支付给承包人的价款送发包人审核并抄送承包人。
    A. 7　　　　　　　　　　　　　　B. 14
    C. 21　　　　　　　　　　　　　D. 28

二、多项选择题

1. 计量与支付的原则是（　　）。
    A. 合同原则　　　　　　　　　　B. 公正性原则
    C. 时效性原则　　　　　　　　　D. 程序性原则
    E. 保密性原则

2. 按时间分类，公路工程支付可分为（　　）。
    A. 预先支付(即预付)　　　　　　B. 期中支付
    C. 交工结算支付　　　　　　　　D. 最终结清支付
    E. 最终一次性支付

3．计量必须做到（　　）。

    A．准确   B．真实

    C．合法   D．及时

    E．提前

4．支付必须（　　）。

    A．以合同为依据   B．以计量为基础

    C．以质量为前提   D．以变更为准则

    E．以索赔为目的

三、问答题

1．某公路工程公司于某年3月10日与发包人签订一工程施工承包合同。合同中有关工程价款及其支付的条款如下：

（1）合同总价为6000万元。

（2）开工预付款为合同总价的25%，于3月20日前拨付给承包人。

（3）工程进度款由承包人逐月（每月月末）申报，经审核后于下月5日前支付。

（4）开工预付款在进度款累计金额达到合同总额的30%之后，每完成合同总价的1%，扣回开工预付款的2%。全部金额在累计金额达到合同总价的80%时扣完。

（5）合同约定预留保证金为月支付额的5%，同计量与支付同步扣留。

合同中有关工程工期的规定为：4月1日开工，9月20日竣工；工程逾期支付按每日0.8%的利率计息；逾期竣工，按每天10000元罚款。根据发包人代表批准的施工进度，各月完成产值（合同价）见表5-35。

表5-35　各月完成产值（合同价）

月份	4	5	6	7	8	9
完成额/万元	800	1000	1200	1200	1000	800

问：按原施工进度计划，为发包人提供一份完整的逐月拨款计划。

2．某公路工程发包人与承包人签订了工程施工合同，合同中含有两个子项工程，估算工程量甲项为2300m³，乙项为3200m³，经协商合同价甲项为180元/m³，乙项为160元/m³，承包合同规定：

（1）开工前发包人应向承包人支付合同价的20%作为开工预付款。

（2）发包人自第一月起，从承包人的工程价款中按5%的比例扣质量保证金。

（3）当子项工程实际工程量超过估算工程量的10%时，可进行调价，调整系数为0.9。

（4）根据市场情况规定价格调整系数平均按1.2计算。

（5）监理工程师签发月度付款最低金额为25万元。

（6）预付款在最后两个月扣除，每月扣50%。

承包人各月实际完成并经监理工程师签认的工程量见表 5-36。

表 5-36　承包人各月实际完成并经监理工程师签认的工程量

月份	1	2	3	4
甲	500	800	800	600
乙	700	900	800	600

问：工程预付款为多少？从第一月起，每月工程量价款是多少？应签证的工程款是多少？实际签发的付款凭证金额是多少？

第二部分 计量与计价实训

单元六

"路" 相关计量

学习目标

1. 能运用工程量清单第 200 章土石方计量规则完成实训任务一、实训任务二中路基土(石)方的计量。
2. 能运用工程量清单第 200 章、第 300 章中有关路基路面排水的计量规则完成实训任务三中路基路面排水工程的计量。
3. 能运用工程量清单第 200 章有关软土路基处理的计量规则完成实训任务四软基处理工程的计量。
4. 能运用工程量清单第 300 章中路面工程的计量规则完成实训任务五路面相关部分的计量。

实训任务一　路基土(石)方计量(一)

任务背景

某道路工程，路基设计宽度 18m，路面厚度 40cm，两侧边坡坡率为 1∶1.5，路床顶面及原地面高程见表 6-1。路床 80cm 高，采用 6%灰土填筑，路床下至原地面为路基中部填土，一半采用素土填筑，一半采用 4%灰土填筑；原地面清表厚度 15cm，清表后翻拌 30cm 掺 5%灰土，回填至原地面。若清表后原地面高程至路床顶设计标高不足 80cm，应按 1∶0.33 的坡度向下挖至路床底设计标高，再翻拌 30cm 掺 5%灰土处理。除清表土方外运 3km 外，其他挖方全部利用，借方来自 5km 外的一处取土场，均为普通土。

表 6-1　路床顶面及原地面高程

桩号	原地面高程			设计路床顶高程	横坡坡率	
	左 8m	中	右 8m	中	左	右
K0+000	23.192	22.441	23.084	24.352	2%	2%
K0+020	23.302	23.352	23.069	24.552	2%	2%
K0+040	23.748	23.952	23.903	24.752	2%	2%
K0+060	24.502	24.492	24.483	24.952	2%	2%
K0+080	24.622	24.652	24.683	25.152	2%	2%
K0+100	24.982	25.052	25.083	25.352	2%	2%

任务布置

1）用 CAD 软件绘制本项目 K0+000～K0+100 的路基设计横断面图，并运用平均断面法计算该路段路基设计填挖断面方数量。

2）确定出该项目第 200 章的工程量清单子目，见表 6-2，请参照附录第 200 章路基工程的 202 节、203 节及 204 节中的相关计量细则详细说明表 6-2 中所列的各清单子目的清单工程量计算规则、计价内容及计量规则。

表 6-2　工程量清单子目

项目编号	项目名称	单位	项目编号	项目名称	单位
202-1-a	清理表土	m²	204-1-e	借土填方	
203-1-a	挖路基土方	m³	-1	素土	m³
204-1-b	利用土方	m³	-2	4%灰土	m³
-1	素土	m³	-3	5%灰土	m³
-2	4%灰土	m³	-4	6%灰土	m³
-3	5%灰土	m³	204-1-i	原土翻拌掺 5%灰土	m²
-4	6%灰土	m³			

要求：分两次课程完成该任务，2 人一组，自由组合。

实训任务二 路基土(石)方计量(二)

任务背景

某新建二级公路土(石)方工程,已知其设计挖填土(石)方断面及承包人进场后复测断面图,其中 K14+770～K15+046.671 段挖方设计土比例为 20%,K15+046.671～K15+310 段挖方设计土比例为 10%,复测工程量土比例不考虑因挖土石方数量增减而造成的变化。挖填方设计断面工程量及承包人复测断面图如图 6-1～图 6-2 所示。

任务布置

1) 根据计算结果按清单单价(表 6-3)计算工程变更金额(计算结果精确到元)。

表 6-3 工程变更计算表

细目编号	细目名称	计量单位	设计工程量	复测工程量	变更工程量(±)	单价/元	工程变更金额(±)/元
203-1-a	挖土方	m³				18.5	
203-1-b	挖石方	m³				55.6	
204-1-d	利用方填筑	m³				17.2	

2) 请用平均断面法计算设计挖填土(石)方工程数量及复测挖填土(石)方工程数量(表 6-4 和表 6-5)。

分析:本题主要考核了工程变更的概念、变更费用计算,以及平均断面法计算土(石)方数量。

要求：① 一人一组,完成本任务有关土(石)方的计算及变更金额的计算。

② 有两种计算方法:利用计算器列式笔算法;利用 Excel 软件完成相关计算(推荐)。

表 6-4 路基土(石)方数量计算表　　第 1 页 共 2 页(单位：m³)

桩号	距离	设计工程量							复测工程量							备注
		填方 A_t	挖方 A_w	填数量 V	挖数量 V	土比例	挖土方 V	挖石方 V	填方 A_t	挖方 A_w	填数量 V	挖数量 V	土比例	挖土方 V	挖石方 V	
K14+770		4.3	1.1													
K14+781.968		0.9	14.6													
K14+803		6.5	0.1													
K14+826.86		7.1	3.5													
K14+845		6.6	0.1													
K14+865		4.4	0.1													
K14+880		3.4	0.8													
K14+894.513		6.3	0.5													
K14+910		5.1	12.1													

桩号	距离	设计工程量							复测工程量							备注
		填方 A_t	挖方 A_w	填数量 V	挖数量 V	土比例	挖土方 V	挖石方 V	填方 A_t	挖方 A_w	填数量 V	挖数量 V	土比例	挖土方 V	挖石方 V	
K14+930		2.7	37.3													
K14+950		7.3	0.2													
K14+970.592		3.4	14.1													
K14+980		8.9	0.1													
k15+000		13.3	0													
k15+015		12.5	0													
k15+030		6.9	6.8													
k15+046.671		7.6	0.4													
k15+060		7.6	0													
k15+080		7.3	0.1													
本页小计																
合计																

表 6-5　路基土(石)方数量计算表　　　　第 2 页　共 2 页（单位：m³）

桩号	距离	设计工程量							复测工程量							备注
		填方 A_t	挖方 A_w	填数量 V	挖数量 V	土比例	挖土方 V	挖石方 V	填方 A_t	挖方 A_w	填数量 V	挖数量 V	土比例	挖土方 V	挖石方 V	
K15+100		7.4	0.2													
K15+120		5.4	0.1													
K15+140		1.3	13.3													
K15+160		1.6	12.4													
K15+180		1.5	12.1													
K15+200		2.5	0.2													
K15+215.583		8.3	0													
K15+230		21.1	0													
K15+250		15.9	0													
K15+260		8.7	0.1													
K15+273.258		4.9	7.7													
K15+290		8	0													
k15+310		11.5	0													
本页小计																
合计																

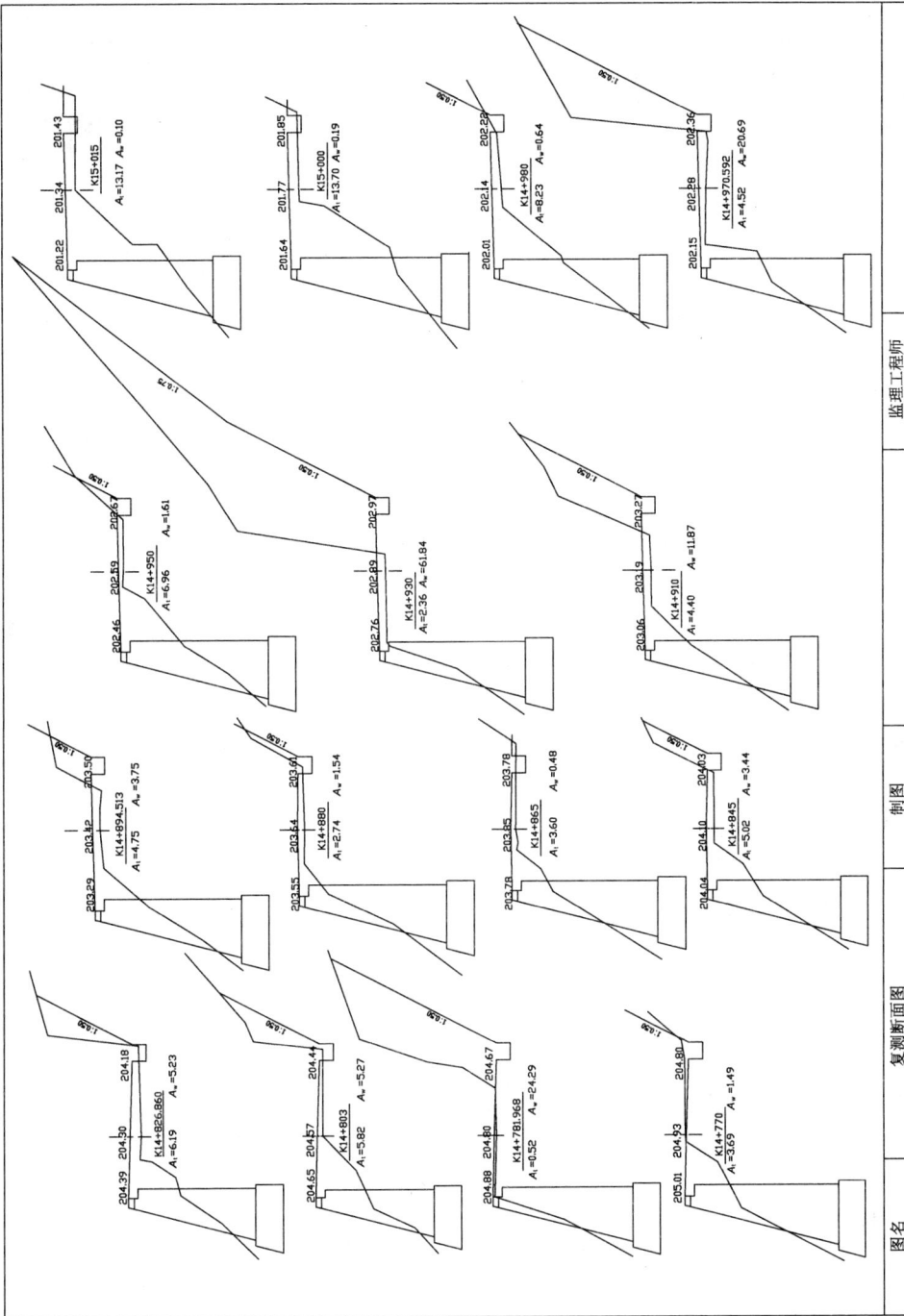

图 6-1 承包人复测断面图（一）

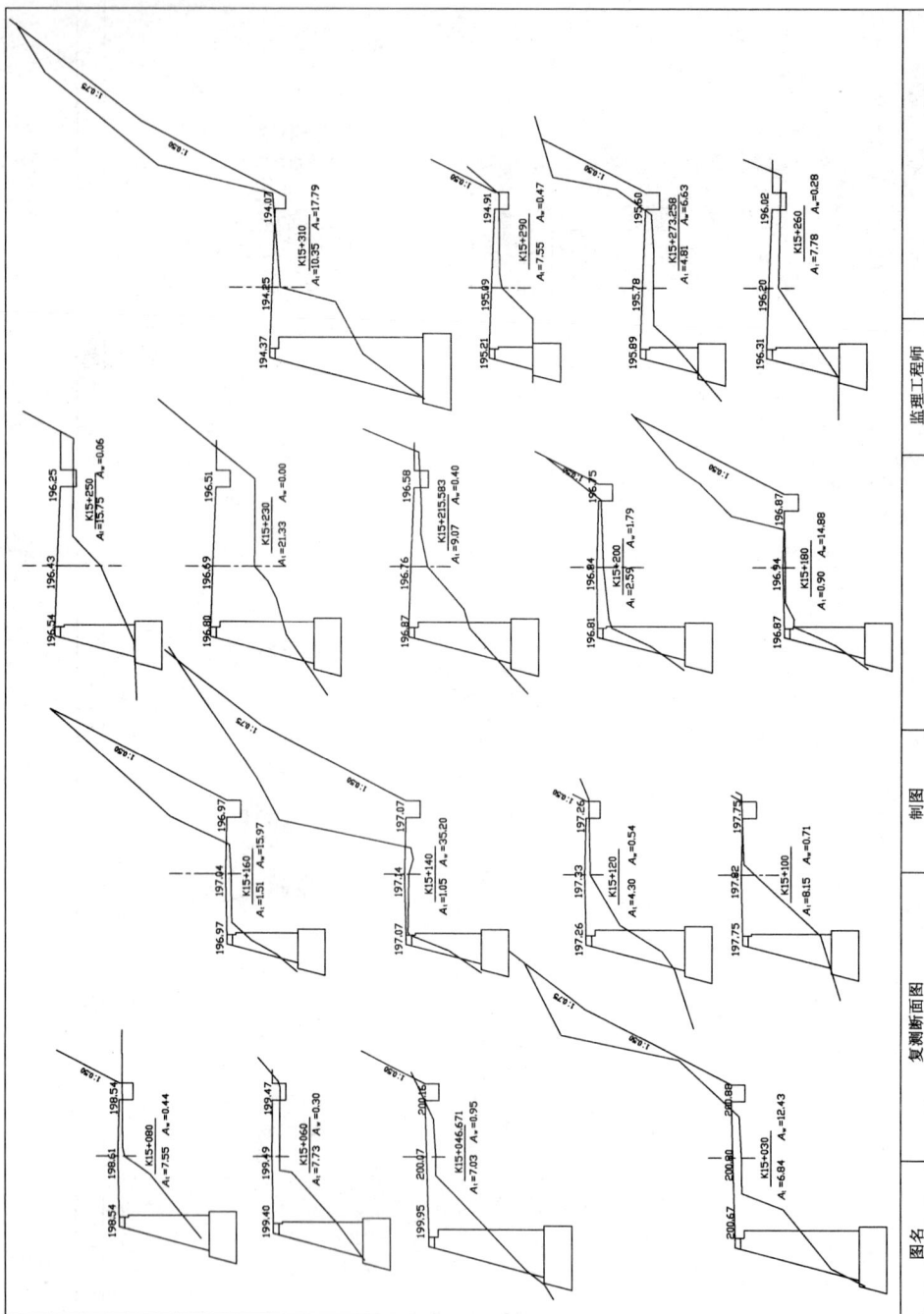

图 6-2　承包人复测断面图（二）

实训任务三 路基路面排水工程计量

▌任务背景

某新建一级公路 A-1 标段，施工单位已完成主线部分路基路面排水工程，详见图 6-3～图 6-5。完成边沟施工情况详见表 6-6。急流槽设置位置分别在 K2+352（两侧）、K2+362（两侧）、K3+545（两侧）、K3+860（右侧）、K3+910（左侧）。同时，相应完成了主线段 K1+400.000～K2+492.372、K2+378.572～K3+668.000、K3+734.000～K4+024.100 的中央分隔带施工。急流槽主要工程数量表见表 6-7，每千米中央分隔带排水设施工程数量表见表 6-8。

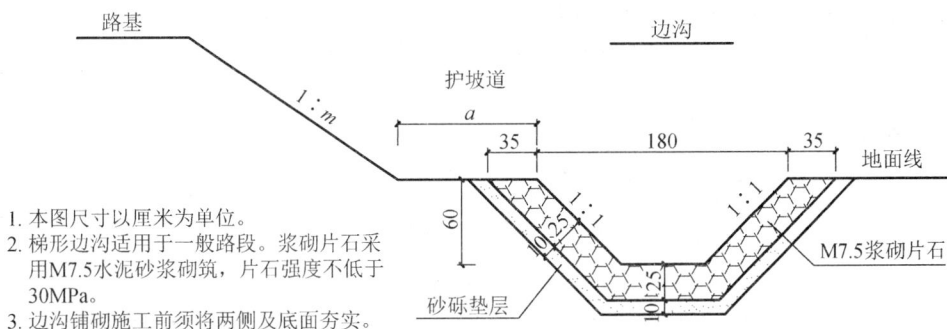

图 6-3 边沟设计断面图

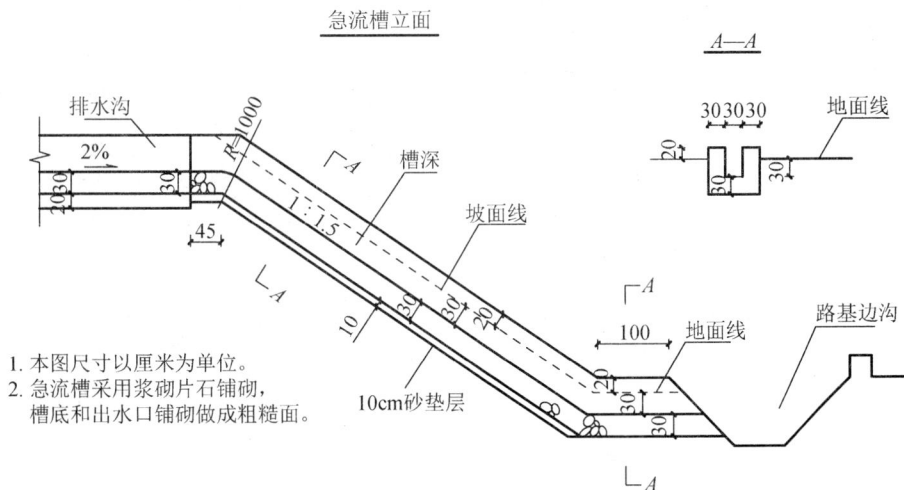

图 6-4 急流槽设计图

中央分隔带大样图

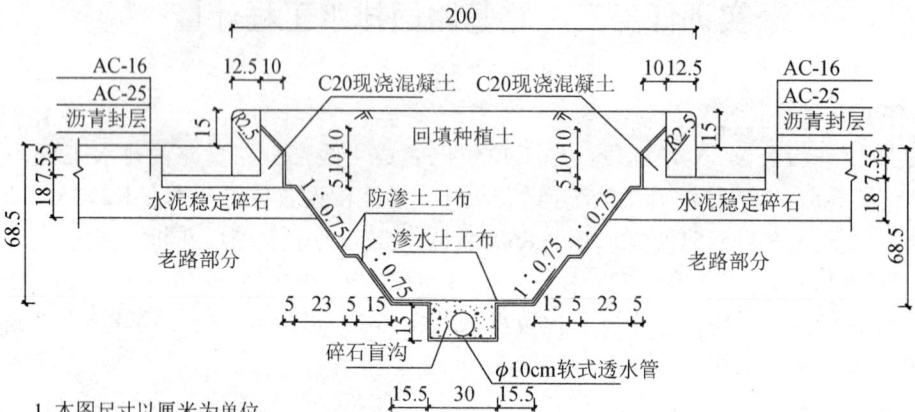

1. 本图尺寸以厘米为单位。
2. 分隔带内设置纵向排水盲沟，通过软式透水管集下渗水。
3. 隔水层采用防渗土工布，以防止雨水渗入路基，导致路面破坏。
4. 路线方向每30m设置直径7.5cm的横向PVC管，一端连接到盲沟内的软式透水管，以收集盲沟渗水；一端伸出路基边坡坡面（或边沟内侧面）5~10cm，将渗水排入外边沟。横向PVC管具体设置位置施工时可根据实际情况适当调整。

图 6-5　中央分隔带排水设计图

表 6-6　边沟设置表

工程位置 桩号	路基左侧	路基右侧
起止桩号	K1+400.000～K1+700.000	K1+400.000～K1+700.000
	K1+700.000～K1+839.500	K1+700.000～K1+839.000
	K1+840.000～K2+000.000	K1+840.500～K2+032.000
	K2+000.000～K2+180.000	K2+044.000～K2+200.000
	K2+180.000～K2+350.000	K2+200.000～K2+344.000
	K2+366.000～K2+417.162	K2+358.000～K2+406.920
	K3+462.000～K3+529.000	K3+439.861～K3+531.000
	K3+533.000～K3+690.000	K3+533.000～K3+683.000
	K3+731.000～K3+847.000	K3+731.000～K3+871.000
	K3+903.000～K4+027.700	K3+889.000～K4+027.700

表 6-7　急流槽主要工程数量表

工程项目	工程名称 M7.5 浆砌片石/m³	开挖基坑/m³	砂垫层/m³
进水口/处	0.2	0.2	0.04
槽身/处	2.3	2.4	0.27

表 6-8 每千米中央分隔带排水设施工程数量表

项目	单位	数量
防渗土工布	m^2	2918
渗水土工布	m^2	921
碎石(2~4cm)	m^3	45
ϕ10cm 软式透水管	m	1000

▌任务布置

1）请参照附录第 200 章路基工程及第 300 章路面工程中有关路基路面排水相关内容，列出本任务所涉及的清单子目编号及子目名称，并详细说明其中所列各清单子目的清单工程量计算规则、计价内容及计量规则。

2）根据设计图及清单计价规则，完成各清单子目工程数量的计算。

要求：① 任务 1）两人一组（自由组合）讨论完成，任务 2）一人一组完成。

② 工程数量计算有两种方法：利用计算器列式笔算法；利用 Excel 软件完成相关计算。完成计算后可参考表 5-19 的格式填写中间计量表。

实训任务四　软基处理工程计量

▌任务背景

某一级公路 B1 标段，路基设计采用整体式断面形式，路基总宽 17m，断面组成为：1.50m 土路肩+14m 行车道+1.50m 土路肩。路面横坡 2%，路肩横坡 4%。其中，K13+920~K14+26 地处挖方段，单侧设置悬臂式挡墙，此段土质较差，属于软土地基，设计采用粉体搅拌桩进行路基基底处理。粉体搅拌桩在路基范围以内，呈等边三角形布置，桩径 0.5m，桩间距 1.5m，桩长应打至软土底部硬土层。当处理挡墙基底时，粉喷桩桩间距 1.2m，交错布设。其处理方案详见特殊路基处治设计图（图 6-6）。

▌任务布置

1）请参照附录第 200 章路基工程中有关特殊路基处理相关内容，列出本任务所涉及的清单子目编号及子目名称，并详细说明其中所列清单子目的清单工程量计算规则、计价内容及计量规则。

2）根据设计图及清单计价规则，完成该清单子目工程数量的计算。

要求：① 任务 1）两人一组（自由组合）讨论完成，任务 2）一人一组完成。

② 工程数量计算有两种方法：利用计算器列式笔算法；利用 Excel 软件完成相关计算。完成计算后可参考表 5-19 的格式填写中间计量表。

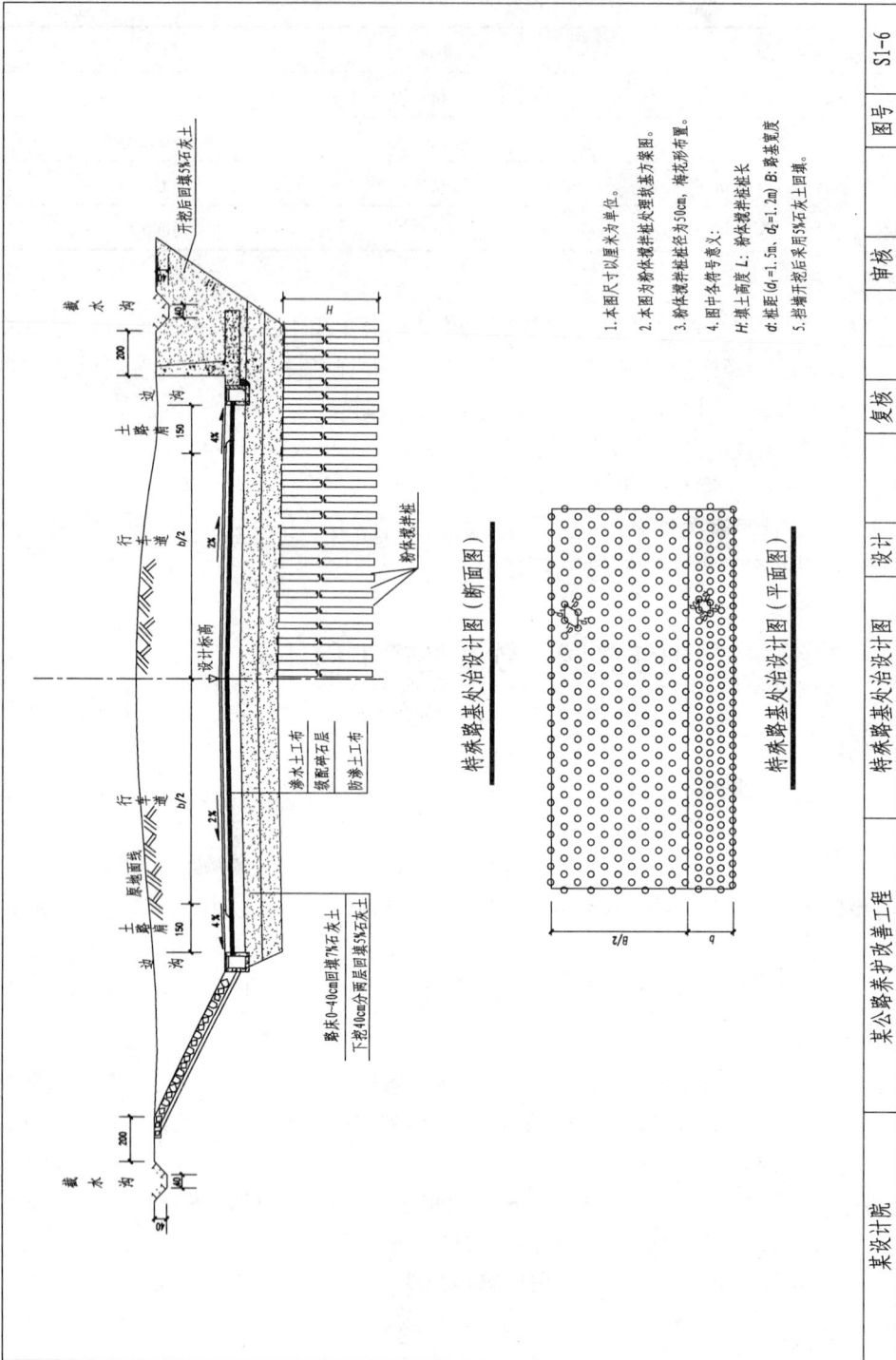

特殊路基处治设计图（断面图）

特殊路基处治设计图（平面图）

图 6-6　特殊路基处治设计图

说明：
1. 本图尺寸厘米为单位。
2. 本图为粉体搅拌桩处理路基平面布置图。
3. 粉体搅拌桩桩径为 50cm，梅花形布置。
4. 图中各符号意义：
   H：填土高度；L：粉体搅拌桩桩长；
   d：桩距（d_1=1.5m，d_2=1.2m）；B：路基宽度。
5. 挡墙开挖后采用 5%石灰土回填。

某设计院		某公路养护改善工程	特殊路基处治设计图	特殊路基处治设计图	特殊路基处治设计图	设计	复核	审核	图号
									S1-6

实训任务五　路面相关部分计量

■任务背景

如图 6-7 所示某高速公路路面结构横断面设计图（K5+220～K8+860.50），其底基层为厚度 d_1=20cm 的水泥石灰稳定土，基层为厚度 d_2=36cm 的水泥稳定碎石；面层分为三层：下面层为 d_3=8cm 的 AC-25，中面层为 d_4=6cm 的 AC-20，表面层为 d_5=4cm 的改性沥青玛蹄脂混合料 SMA-13，其中央分隔带构造及路肩边部构造分别如图 6-8 及图 6-9 所示。

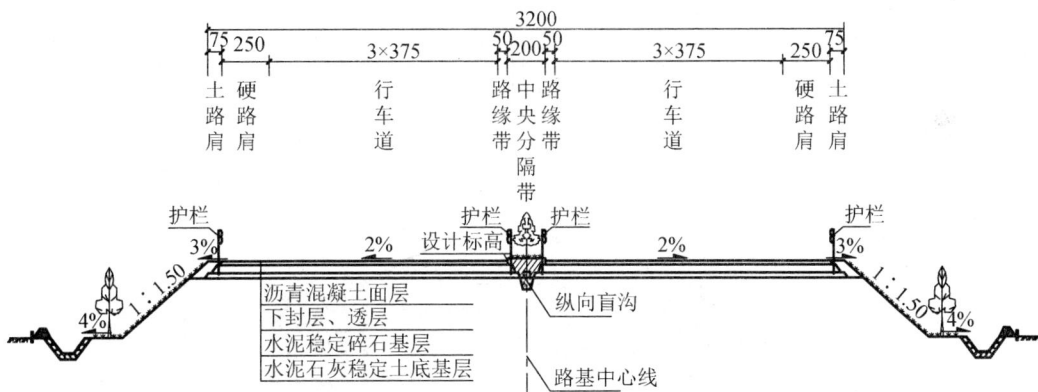

图 6-7　某高速公路路面结构横断面设计图（尺寸单位：cm）

■任务布置

1) 请参照附录第 300 章路面工程中相关内容，列出本任务所涉及的清单子目编号及子目名称，并详细说明其中所列清单子目的清单工程量计算规则、计价内容及计量规则。

2) 根据设计图及清单计价规则，完成该路面各结构层清单子目工程数量的计算。

要求：① 任务 1) 两人一组（自由组合）讨论完成，任务 2) 一人一组完成。

② 工程数量计算有两种方法：利用计算器列式笔算法；利用 Excel 软件完成相关计算。完成计算后可参考表 5-19 的格式填写中间计量表。

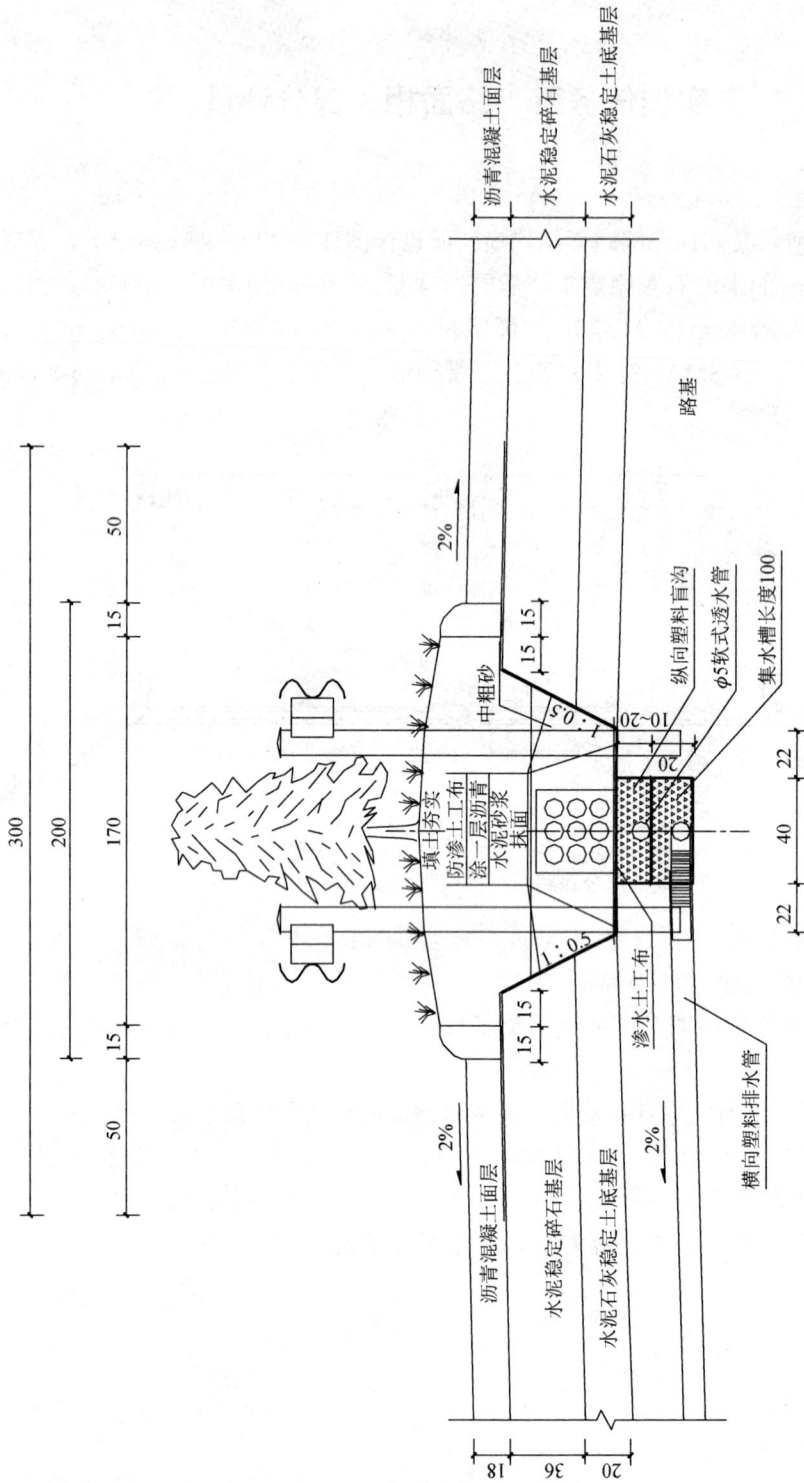

图 6-8 某高速公路中央分隔带带构造图（尺寸单位：cm）

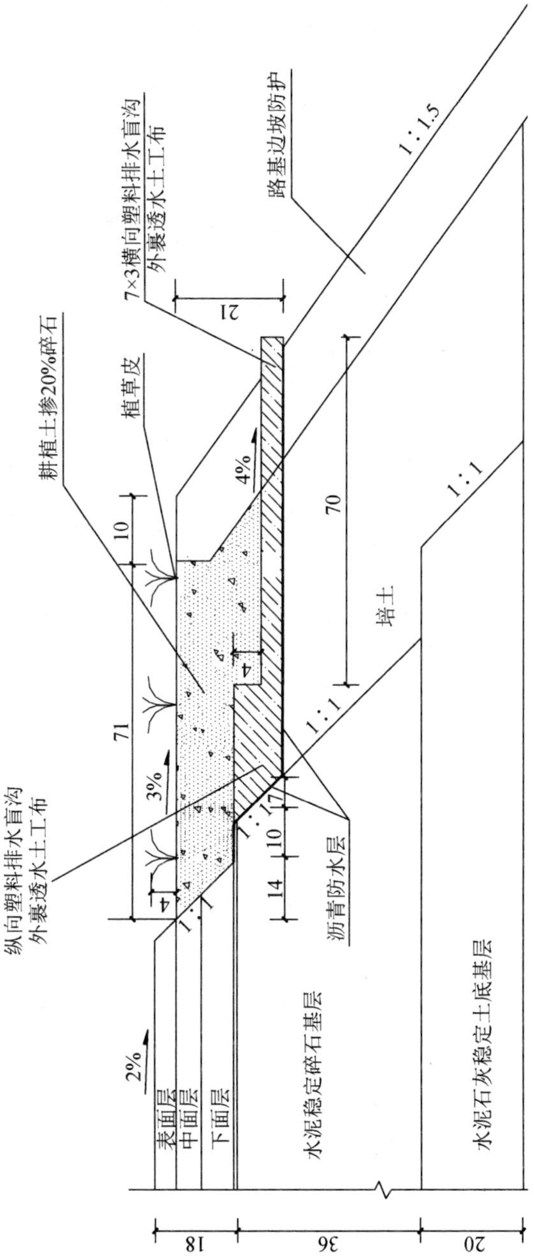

图 6-9 某高速公路路肩边部构造图 (尺寸单位: cm)

单元七

"桥"相关计量

学习目标　1. 在识读××桥全套施工图设计文件的基础上，能选用正确的工程量计算方法，进行全桥主要工程数量的核算。

2. 运用工程量清单第 400 章桥梁相关计量细则并根据××桥梁施工图设计文件正确合理地进行清单工程量的计量。

实训任务 ××桥全桥工程量计量

▌任务背景

××桥属于危桥改造工程，设计单位接受发包人委托，根据规范完成该桥的施工图设计，其设计说明及全桥施工图纸如下所述。

第一部分 ××桥设计说明

1. 桥梁概况

××桥位于某路线 K36+810 处，老桥为东西两幅拼合而成的桥梁。西幅为 1×15m 的双曲拱桥，宽 10.0m，6 肋 5 波，老桥图纸无从考证，桥面有渗水；东幅为 3×13m 梁桥，宽 6.25m，基本无病害。桥面沥青混凝土有网裂现象，伸缩缝位置有横向裂缝。本次改造将保留东幅梁桥部分，将西幅双曲拱桥全部拆除，重建 3×13m 钢筋混凝土空心板梁桥；然后拼合重做纵、横桥面连续及全桥桥面铺装，桥台增设伸缩缝。

2. 桥梁技术标准

重建桥梁为 3×13m 钢筋混凝土空心板梁桥，桩柱式桥墩，桩接盖梁式桥台。桥梁宽度与桥长：桥面全宽为 16.25m=0.50m(防撞护栏)+15.25m(车行道)+0.50m(防撞护栏)，桥梁全长 43.40m。

荷载等级标准为公路-Ⅱ级。本地区地震动峰值加速度为 0.1g，地震基本烈度Ⅶ度。

3. 主要材料

(1) 混凝土

空心板梁采用 C30 混凝土预制；桥墩盖梁、挡块、系梁，桥台盖梁、耳背墙、挡块采用 C30 混凝土现浇；墩(台)钻孔灌注桩采用 C25 混凝土灌注；桥面铺装与伸缩缝埋设采用 C40 混凝土。

(2) 钢筋

主筋采用 HRB335 钢筋，分布筋、箍筋采用 HPB235 钢筋，所有钢材必须满足《钢筋混凝土用钢 第 1 部分：热轧光圆钢筋》(GB 1499.1—2008)及《钢筋混凝土用钢 第 2 部分：热轧带肋钢筋》(GB 1499.2—2007)的要求。

4. 地质概况

拟建桥址区位于丘陵岗地地貌单元上，河面宽度在 17.00m 左右，水深一般在 1.00m 左右。地形较为平坦，孔口高程为 10.00m，孔口高程由测量人员现场实测而得，高程系统为相对高程。引测基准点为桥两旁的 D01 点、D02 点（10.082m、10.017m）。

根据勘察深度范围内岩土体成因、年代、埋藏分布特征及其物理力学性质指标的异同性，将地层划分为 3 个工程地质大层（细分为 6 个工程地质亚层），由上至下分述如下：

1）1 层，素填土：灰褐色，稍湿，含植物根系及少量碎石、碎砖，以亚黏土为主；层底深度 1.40～1.50m，层厚 1.40～1.50m。

2）2-1 层，亚黏土：灰色、灰褐色，饱和，软塑，局部硬塑，含少量 Fe、Mn 质结核，切面稍有光泽，中等干强度，中等韧性，属中等压缩性地基土；层底深度 7.00～9.00m，层厚 5.60～7.50m；$[\sigma_0]$=130kPa，τ_i=40kPa。

3）2-2 层，亚黏土：灰褐色、灰黄色，饱和，硬塑，含少量 Fe、Mn 质结核，切面稍有光泽，高干强度，高韧性，属中偏低压缩性地基土；层底深度 11.00～12.00m，层厚 2.00～5.00m；$[\sigma_0]$=260kPa，τ_i=70kPa。

4）2-3 层，残积土：灰黄色、灰色，饱和，密实，含 Fe、Mn 质结核，下部夹有颗粒状粗砂、小角砾等；属中压缩性地基土；层底深度 13.70～14.00m，层厚 2.00～2.70m；$[\sigma_0]$=210kPa，τ_i=50kPa。

5）3-1 层，强风化安山岩：灰色、灰黄色，岩芯呈碎石、碎块状，手捏易碎；层底深度 18.00～19.60m，层厚 4.00～5.90m；$[\sigma_0]$=300kPa，τ_i=80kPa。

6）3-2 层，弱风化安山岩：青灰色、灰色，岩芯呈碎块状、短柱状，裂隙较发育，锤击声脆，不易碎，岩芯采取率 60%～95%，岩石质量指标=60%～95%；本次勘探此层未揭穿，最大揭露厚度为 3.40m；$[\sigma_0]$=2000kPa，τ_i=400kPa。

5. 桥梁施工要点

1）对拆桥问题要慎之又慎，谨防拆桥过程中发生不安全事故。现有桥梁为拱梁拼合的桥梁，西侧为原有老拱桥，东侧为后建的梁桥，然后在桥面将两种结构组合在一起。此次改造为拆除老拱桥，保留梁桥，因此需对利用的梁桥必须保护好。拆除步骤如下：

① 首先将老拱桥范围进行封闭，留下梁桥开放交通，在桥梁两端约 30m 范围竖好交通警示标志，对过往车辆、行人进行交通管理。两端派专人进行疏导，确保交通安全。

② 在围栏内将拱桥的护栏进行人工拆除，然后沿拱桥、梁桥的拼合缝由中间向两端用风镐进行分割，将桥面铺装层混凝土凿碎，将铺装层钢筋沿拼合缝割断，使拱桥与梁桥分开。

③ 用凿岩机在拱桥的一端进行开凿，凿岩机安置在桥台之后的路堤上，先凿开一端的拱上建筑；然后凿通拱波，分解主拱圈。

④ 最后开凿拱肋，凿拱肋从外侧一根拱肋开始，逐渐向内开凿，整个开凿口呈三

角形。拱肋凿断的范围为 1~2m，只需将混凝土凿碎下落、钢筋脱空即可，钢筋本身不需凿断。拱桥随时可能倒塌，凿岩机操作人员要随时警惕。

⑤ 拱桥倒塌后，将凿岩机的"炮头"换成"抓斗"，进行打捞。打捞时也要注意安全，严禁无关人员进行操作，严禁平行作业。

⑥ 打捞结束后，再平整场地，准备按图纸建造半幅新桥。

2) 新建桥梁的高程采用假定高程控制，坐标采用相对坐标系统。桥位平面图上表明了控制点的位置和高程，施工时可由控制点引测和校核。测量标志在施工前均应进行复测，精度必须满足规范要求，施工过程中应妥善保护。对施工中增设的临时测量标志，其埋设和测量均应满足有关规范要求，测量标志须经监理人员同意后方可使用。

3) 新桥的平面位置确定：桥位放样可由桩位坐标放测，由桩位进而确定桥位。由于本桥是拼幅桥，施工时以设计桩位坐标为参考，按重建桥梁与老桥桩位同轴的原则调整桩位。灌注桩放样时须用坐标和纵、横向间距相互校核，确保桩位准确无误；同时，应复核新桥与老桥的桩间距，如小于 3m，应及时通知设计单位调整。施工时若发现土质情况与钻孔资料相差较大时，应及时与设计单位联系。钻孔时请注意标高控制。

4) 本桥桥墩在水上钻桩，一般可搭设钻桩平台，然后埋设高护筒，在护筒内钻孔。桥台在老路上钻桩，可不开挖台帽梁的基坑，直接自原路面进行，待钻桩结束后再开挖台帽梁基坑。墩(台)钻桩时要慎防坍孔，泥浆循环须解决好。本桥的墩(台)基桩均为嵌岩桩，桥墩基桩要求嵌入弱风化岩的深度不小于 2m，桥台基桩要求嵌入弱风化岩的深度不小于 1.5m。成孔后要求清孔彻底，沉淀层厚度不大于 5cm。

5) 灌注桩待强度达到设计强度之后进行无破损检测，检测合格之后方可继续施工。桥墩应先浇筑系梁立柱，然后浇筑盖梁。桥台盖梁浇筑混凝土时不设底模，用 10cm 厚 C15 素混凝土找平后即可绑扎钢筋立侧模，浇筑混凝土。

6) 墩(台)基桩施工的同时应安排空心板的预制工作，在现场选择土质较坚实的地段设置底模。本桥 13m 空心板梁共计 30 块，其中中板 27 块，边板 3 块。预制要求钢筋配全，外形正确，混凝土振捣密实，强度达到设计要求。预拱度跨中为 1.6cm，其余各截面按抛物线分配。板梁起吊、安装时的强度必须达到设计强度的 90%以上。存放时支撑点必须在理论支撑线上。安装时每板设 4 块 GYZ 200×35(CR)板式橡胶支座。板与板之间的铰缝用 C30 细石混凝土浇筑，浇筑前吊好模板防止漏浆。为使桥面铺装与预制空心板紧密结合成整体，预制空心板顶层必须拉毛，可采用垂直于跨径方向划槽，槽深 0.5~1cm，横贯梁面，每延米 10~15 道，并严防板顶残留油污。

7) 空心板利用吊环吊装，不得利用抗震锚栓孔吊装。

8) 桩接盖梁式桥台台背的填土待安装板梁后进行，要求在浇筑台帽梁开挖基坑时，应尽量减小开挖范围。为确保填土质量，路面结构层以下采用石灰土(石灰剂量为 8%)对称分层填筑碾压，压实度要求达到 95%以上。

9) 桥面铺装采用 C40 防水混凝土，铺装层厚度为 10~21.4cm(桥面横坡为 1.5%)。铺装层钢筋采用间距为 10cm 的纵、横绑扎钢筋网(钢筋直径 8mm)，也可采用焊接钢筋网，采用焊接钢筋网时两幅须重叠 20cm。桥面标高应严格按图纸要求控制，其面层应采取防滑措施。桥面构造可采用刻槽、压槽、拉槽或拉毛等方法处理，要求构造深度在使用初期达到 0.50～0.90mm。

10）护栏采用防撞护栏，连接防撞护栏的预埋钢筋应在预制边板时就预埋。

11）搭板采用现浇，浇筑前先将基层严格夯实，并用 C15 混凝土找平，然后绑扎钢筋浇筑混凝土。搭板的顶面也与桥面一样采用相同的防滑措施，其构造深度要求也相同。

12）施工结束前须恢复河床，拆除老桥的建筑垃圾要予以清除。

13）其他未尽事宜按图纸中的附注及《公路桥涵施工技术规范》（JTG/T F5—2011）的有关规定执行。

第二部分　××桥施工图设计图纸

××桥施工图设计图纸目录见表 7-1，具体设计详见图 7-1～图 7-27。

表 7-1　××桥施工图设计图纸目录

序号	图表名称	图表编号	页数	序号	图表名称	图表编号	页数
	第一册　共一册			14	桥台耳背墙钢筋构造图	S6-14	1
	××桥			15	桥台基桩钢筋构造图	S6-15	1
1	桥梁工程数量汇总表	S6-01	1	16	13m 空心板梁一般构造图	S6-16	1
2	桥位平面图	S6-02	1	17	13m 空心板梁（中板）配筋图	S6-17	1
3	总体布置图	S6-03	1	18	13m 空心板梁（边板）配筋图	S6-18	1
4	上部构造横断面图	S6-04	1	19	板梁预埋钢板构造图	S6-19	1
5	桥梁特征点标高及桩位坐标图	S6-05	1	20	防震锚栓构造图	S6-20	1
6	桥墩一般构造图	S6-06	1	21	桥面铺装构造图	S6-21	1
7	桥墩盖梁钢筋构造图	S6-07	1	22	桥面连续构造图	S6-22	1
8	桥墩挡块钢筋构造图	S6-08	1	23	40 型型钢伸缩缝构造图	S6-23	1
9	桥墩立柱、桩基钢筋构造图	S6-09	1	24	组合式护栏一般构造图	S6-24	1
10	桥墩系梁钢筋构造图	S6-10	1	25	组合式护栏钢筋构造图	S6-25	1
11	桥台一般构造图	S6-11	1	26	5m 搭板一般构造图	S6-26	1
12	桥台台帽梁钢筋构造图	S6-12	1	27	5m 搭板钢筋构造图	S6-27	1
13	桥台挡块钢筋构造图	S6-13	1				

图号：S6-01

类别	材料名称	单位	板梁	铰缝	桥面铺装	桥面连续	防撞护栏	伸缩缝	支座	泄水管	台帽、挡块	台背、耳墙	基桩	墩帽、挡块	系梁	立柱、基桩	搭板	其他	合计
混凝土	C40	m³			97.29			3.14											100.43
	C30		168.24	31.26			15.00		1.56		31.68	15.20		30.90	7.67	9.28	45.04		355.83
	C25		6.00										81.44			74.64			162.08
	C15										2.86								2.86
	小计		174.24	31.26	97.29		15.00	3.14	1.56		34.54	15.20	81.44	30.90	7.67	83.92	45.04		621.20
钢筋 HPB235	φ25	kg	984.00																984.00
	φ20											88.92							88.92
	φ16		170.26				165.90	1116.74											1452.90
	φ10		1671.60											1161.98	137.27		43.99		3014.84
	φ8		4436.88					186.02	188.73		733.70		663.94	9.50	60.48	748.36			7027.61
	小计		7262.74				165.90	1302.76	188.73		733.70	88.92	663.94	1171.48	197.75	748.36	43.99		12568.27
HRB335	φ28	kg												2993.64					2993.64
	φ22		16031.10								2162.76		5408.60						23602.46
	φ20												304.12		672.83	5411.52	5171.20		11559.67
	φ16		1412.10										160.80			120.60			1693.50
	φ14			469.00			1586.16												2055.16
	φ12		1798.53				1374.60				256.64	1611.72		278.41			1465.42		6785.32
	小计		19241.73	469.00			2960.76				2419.40	1611.72	5873.520	3272.05	672.83	5552.12	6636.62		48689.75
其他钢材	D8 焊接钢筋网	kg			4977.91														4977.91
	D12 焊接钢筋网					5041.00													5041.00
	钢板 290×210×10						200.79												200.79
	钢板 240×240×12		651.11																651.11
	牛角形钢板						378.00												378.00
	钢管 D=40mm																12.40		12.40
	钢管 钢套管																	100.44	100.44
	钢管(φ28mm×4mm)						583.20												583.20
	抗震锚栓																	144.72	144.72
GYZ 200×35(CR) 板式橡胶支座		只							120										120.00
40 型钢伸缩缝		延米						32.15											32.50
φ10 UPVC 泄水管		套								22									22

图 7-1 桥梁工程数量汇总表

注：老桥拆除工程量按实际计量。

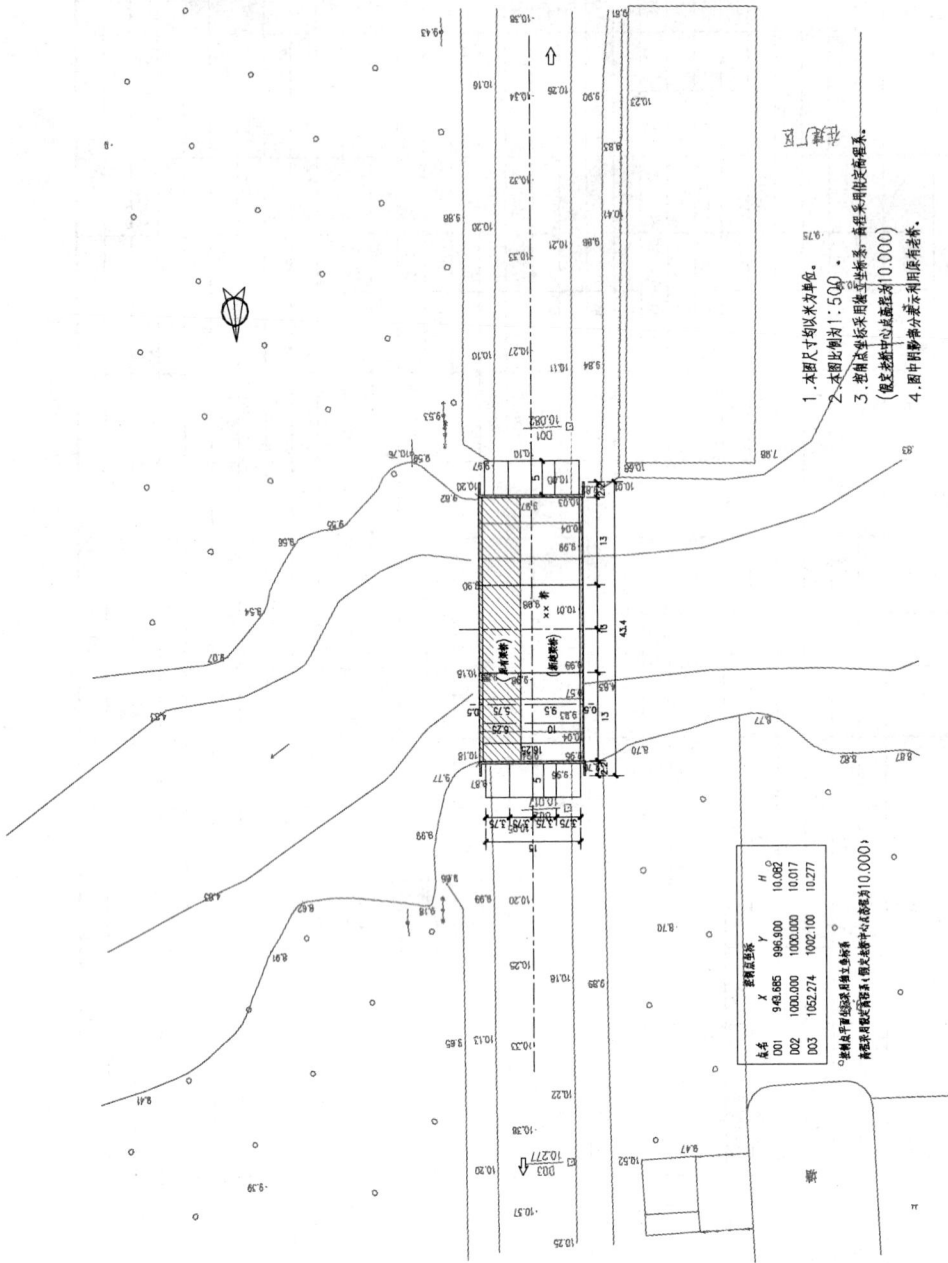

图 7-2　桥位平面图

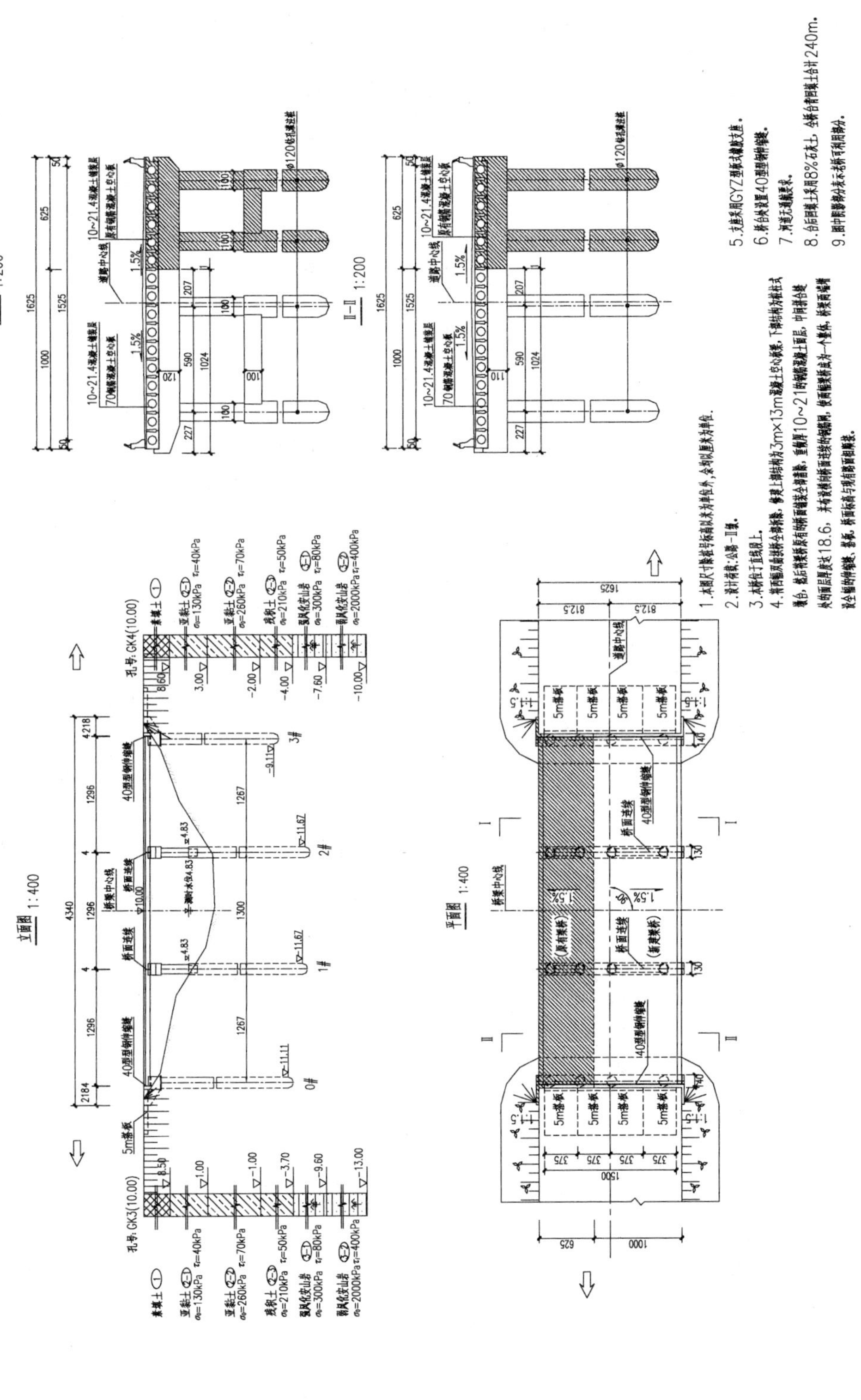

图 7-3 总体布置图

上部构造横断面图 1:50

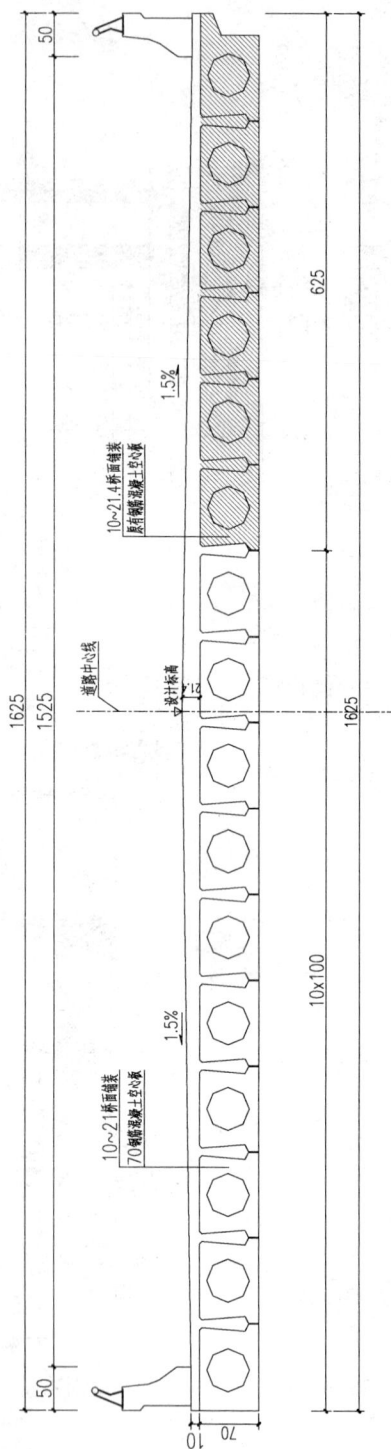

图 7-4 上部构造横断面图

1. 本图尺寸均以厘米为单位。
2. 图中阴影部分表示本桥可利用部分。

桥梁特征点位置图 1:200

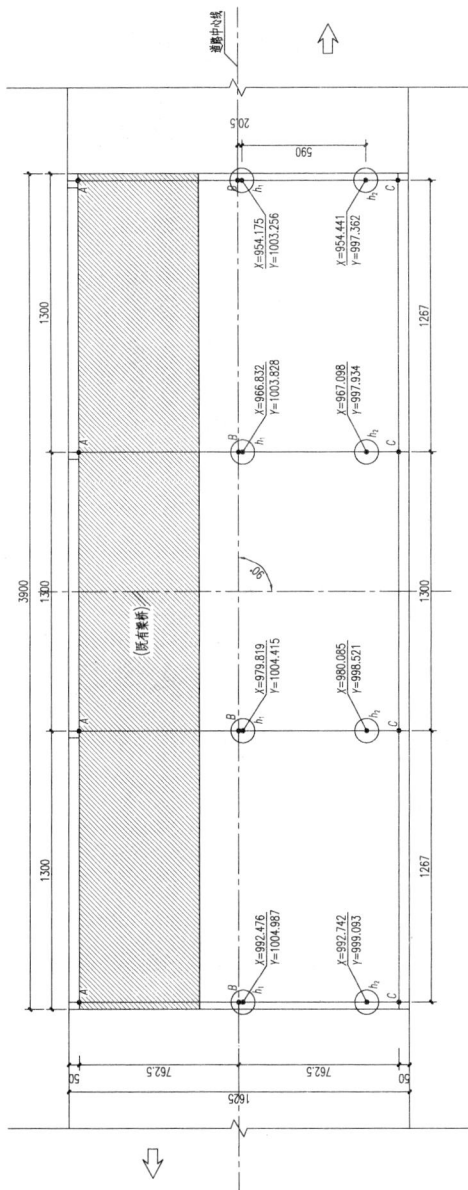

线路中线

2015

590

（既有建筑）

0号台区域：
X=992.476 Y=1004.987
X=992.742 Y=999.093

1号墩区域：
X=979.819 Y=1004.415
X=980.085 Y=998.521

2号墩区域：
X=966.832 Y=1003.828
X=967.098 Y=997.934

3号台区域：
X=954.175 Y=1003.256
X=954.441 Y=997.362

尺寸：3900；1300 1300 1300；1267 1300 1300 1267；762.5 762.5；1625；50 50

桥梁特征点标高值

项目	0号台					1号墩					2号墩					3号台				
	A	B	h_1	h_2	C	A	B	h_1	h_2	C	A	B	h_1	h_2	C	A	B	h_1	h_2	C
桥面标高/m	9.886	10.000	9.997	9.908	9.886	9.886	10.000	9.997	9.908	9.886	9.886	10.000	9.997	9.908	9.886	9.886	10.000	9.997	9.908	9.886
盖梁顶标高/m	8.986	8.986	8.986	8.986	8.986	8.986	8.986	8.986	8.986	8.986	8.986	8.986	8.986	8.986	8.986	8.986	8.986	8.986	8.986	8.986
盖梁底标高/m	7.886	7.886	7.886	7.886	7.886	7.786	7.786	7.786	7.786	7.786	7.786	7.786	7.786	7.786	7.786	7.786	7.786	7.886	7.886	7.886
立柱长/m								2.956	2.956				2.956	2.956						
桩顶标高/m			7.886	7.886				4.830	4.830				4.830	4.830				7.886	7.886	
桩长/m			19.00	19.00				16.50	16.50				16.50	16.50				17.00	17.00	
桩底标高/m			−11.110	−11.110				−11.670	−11.670				−11.670	−11.670				−9.110	−9.110	
立柱坡度/(%)					1.50					1.50					1.50					1.50

1. 本图尺寸除桩长、标高以米为单位外，余均以厘米为单位。
2. 基础、盖梁及桥墩布置详图，桥关系如附桥位坐标图。

图7-5 桥梁特征点标高及桩位坐标图

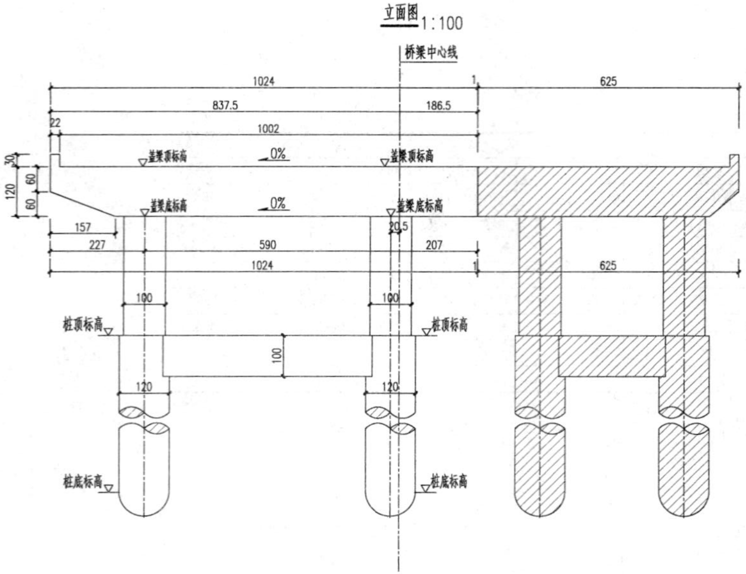

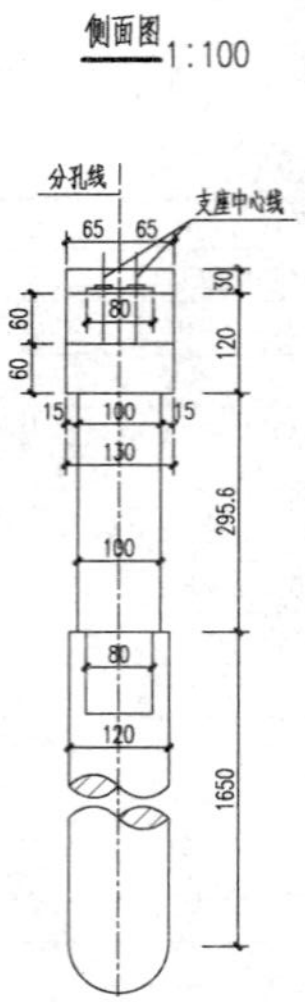

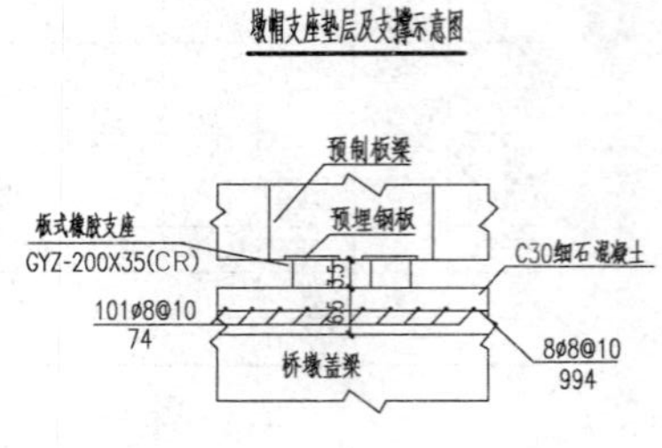

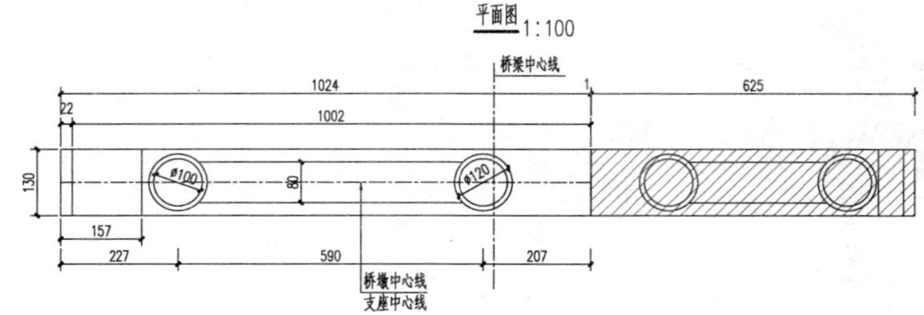

图 7-6 桥墩一般构造图

1. 图中尺寸除钢筋直径以毫米为单位，余例厘米为单位。
2. 系梁主支点处的预埋钢板采用S6-19型橡胶网板构造设置，在橡胶大挫层内设置φ8@10的构造钢筋，全桥橡胶网板主座总网数钢筋的重量为122.17kg。
3. 图中图解数均未未标千明细特办。
4. 各种标高详见图S6-05。

桥墩盖梁材料数量表

编号	直径/mm	单根长度/cm	根数	共长/m	共重/kg	总重/kg	全料合计
1	φ28	1128	11	124.08	599.31	1496.82	2993.64kg
2	φ28	1110.6	11	122.17	590.08		
3	φ28	1060.8	6	63.65	307.43		
4	φ12	1042	6	62.52	55.52	124.98	249.96kg
5	φ12	977.7(半构)	8	78.22	69.46		
6	φ10	355.2	144	511.49	315.59	580.99	1161.98kg
6'	φ10	296.3(半构)	30	88.89	54.85		
7	φ10	402.4	72	289.73	178.76		
7'	φ10	343.5(半构)	15	51.53	31.79		
C30混凝土/m³						15.36×2	30.72m³

1. 图中尺寸除钢筋直径以mm为单位外，余均以cm为单位。
2. N1、N2钢筋与N3钢筋并列布置。
3. 主筋净保护层，骨架钢筋线在干根，弯主筋钢在中一根。
4. 主筋两层弯筋，弯钩长度不小于5d(d为直径)。

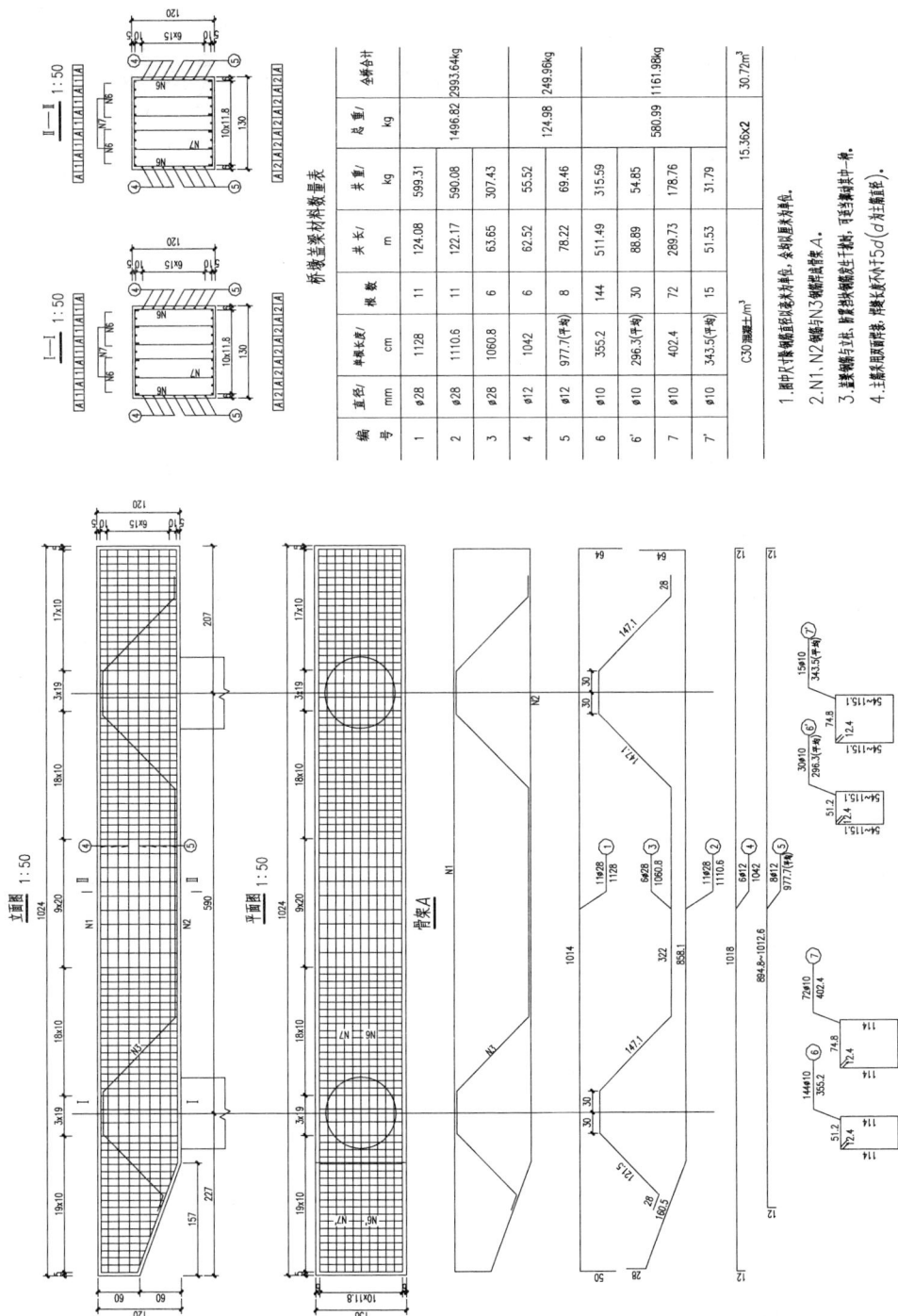

图7-7 桥墩盖梁钢筋构造图

全桥桥墩挡块材料数量表

编号	直径/ mm	单根长度/ cm	根数	共长/ m	单重/ (kg/m)	共重/ kg
1	Ø12	178	2×9	32.04	0.888	28.45
2	Ø8	300.8	2×4	24.06	0.395	9.50

1. 图中尺寸除钢筋直径以毫米为单位、余均以厘米为单位。
2. 防震挡块钢筋在与桥台垫石顶面钢筋相碰、可适当调整。
3. 墨制末端做成135°等弯、墨料末端尺寸计入弯钩长。

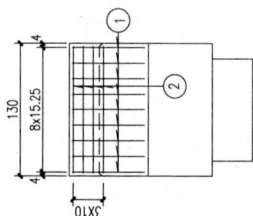

侧面 1:50

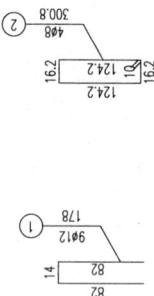

② 4Ø8 300.8

① Ø12 178

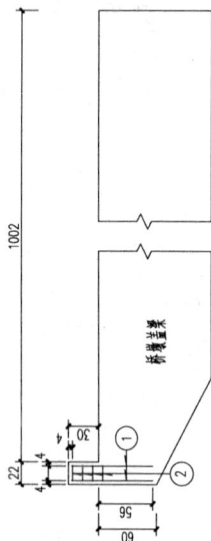

立面 1:50

桥墩立柱

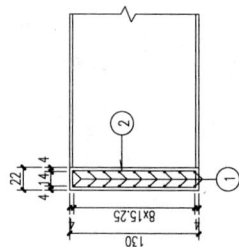

平面 1:50

图 7-8 桥墩挡块钢筋构造图

桥墩柱材料数量表（单个立柱）

编号	直径/mm	根数	单根长度/cm	米长/m	单位重/(kg/m)	总重/kg	合计/kg
1	Φ20	24	487.4	116.98	2.470	288.94	302.48
2	Φ20	2	274	5.48	2.470	13.54	38.46
3	Φ8	2	2660	26.60	0.395	10.51	
4	Φ8	1	7075.5	70.76	0.395	27.95	
C30混凝土/m³							2.32

桩基材料数量表（单个桩）

编号	直径/mm	根数	单根长度/cm	米长/m	单位重/(kg/m)	总重/kg	合计/kg
5	Φ20	24	1650.4	396.10	2.470	978.37	1050.40
6	Φ20	2	324	29.16	2.470	72.03	
7	Φ16	36	53	19.08	1.580	30.15	30.15
8	Φ8	1	35100.8	351.01	0.395	138.65	151.13
9	Φ8	10	316	31.60	0.395	12.48	
C25混凝土/m³							18.66

桩基数量	C25混凝土	C30混凝土	钢筋/kg		
根	m³	m³	Φ20	Φ16	Φ8
全桥合计 4	74.64	9.28	5411.52	120.60	758.36

1. 图中尺寸除钢筋直径以毫米计外，余均以厘米计。
2. 本桥墩基桩按嵌岩桩设计，桩应入嵌岩总长不小于2m。
3. 基桩砼浇筑厚度不小于5。
4. 主筋N1和N5接头采用焊接。
5. 桩身钢筋N2、N6按主筋布置，每2m一道，且与桩主筋点焊固定。
6. 桩主钢筋分段焊接，焊缝长度应按规范要求满焊。
7. 桩主钢筋接头与桩顶距离不小于桩径，可适当调整入土内的搭接长度。
8. 全桥钢筋N8每桩2m设一道，每桩分9道，每桩N6四道。
9. 墩、桩、系梁及其接头处钢筋按图纸及规范要求，点焊与绑扎相结合。

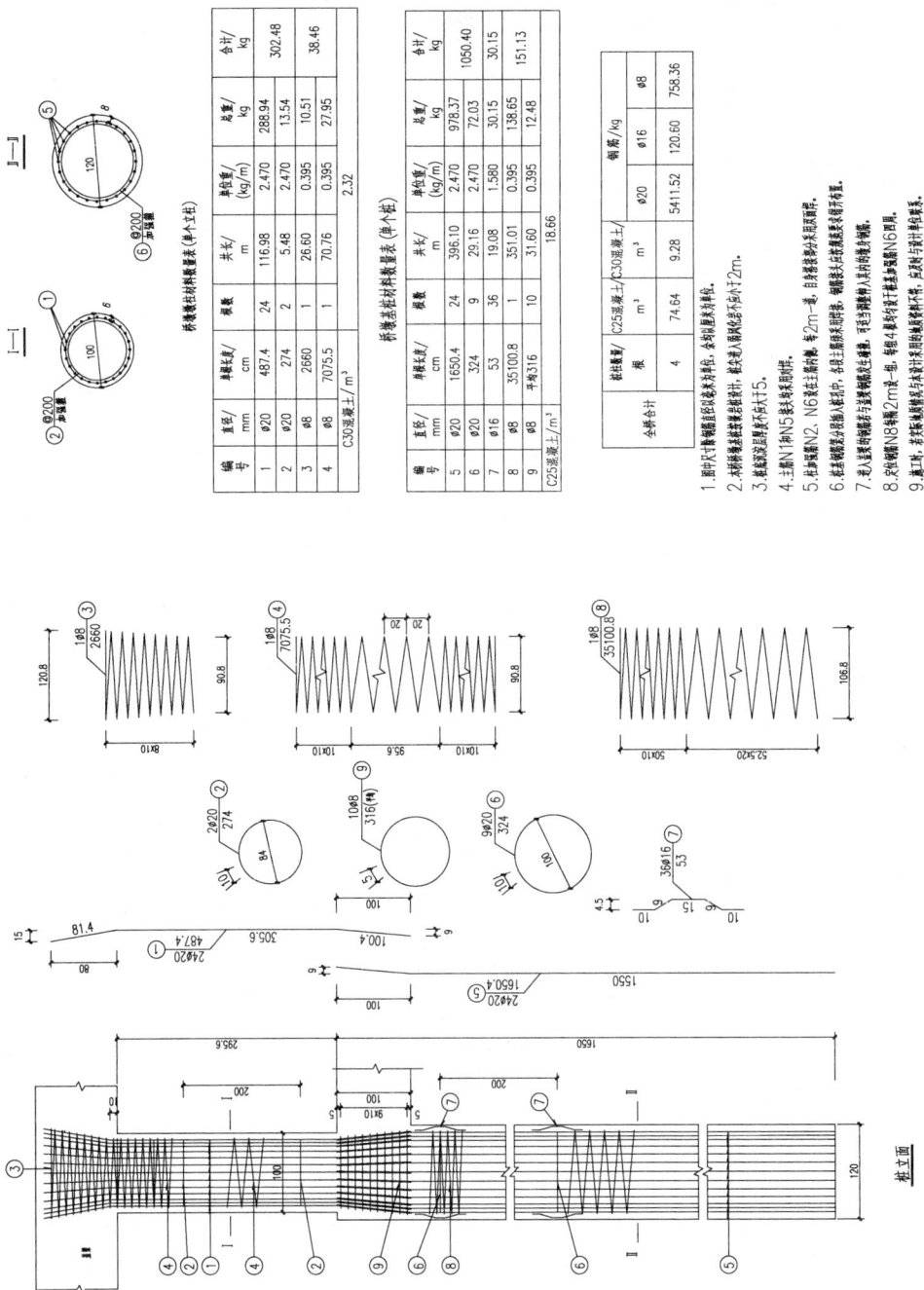

图7-9 桥墩立柱、桩基钢筋构造图

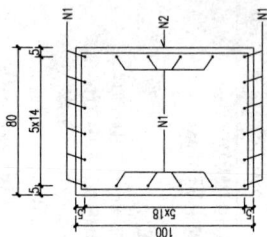

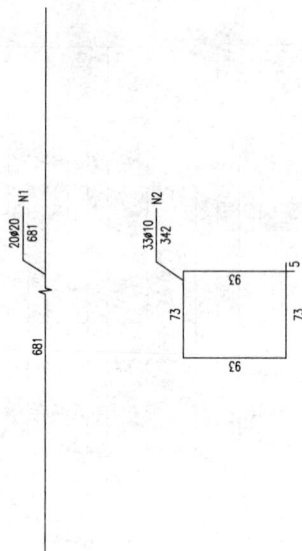

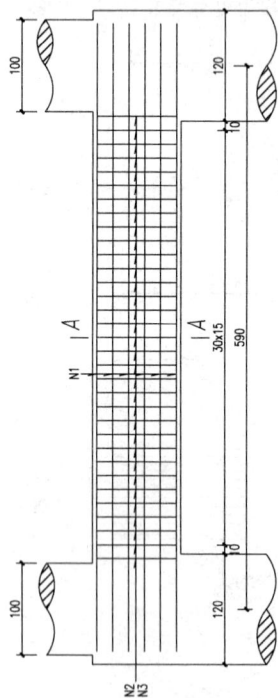

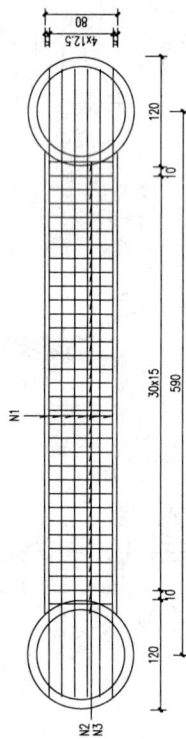

全桥桥墩系梁材料数量表

钢筋编号	直径/mm	单根长度/cm	根数	共长/m	每米重/(kg/m)	共重/kg	C30混凝土/m³
1	Φ20	681	2×20	272.40	2.470	672.83	7.67
2	Φ10	342	2×33	225.72	0.617	139.27	

图 7-10 桥墩系梁钢筋构造图

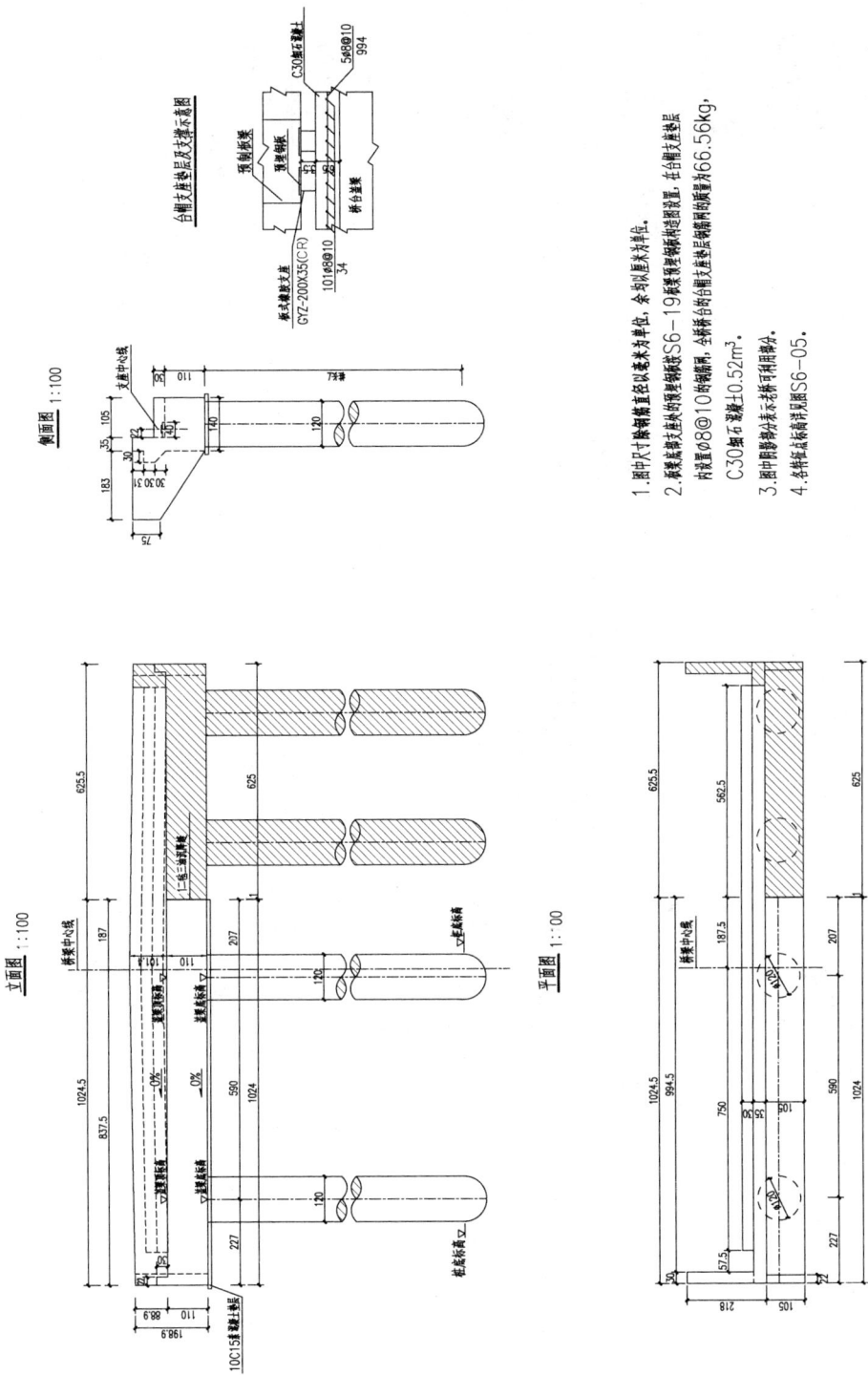

图 7-11 桥台一般构造图

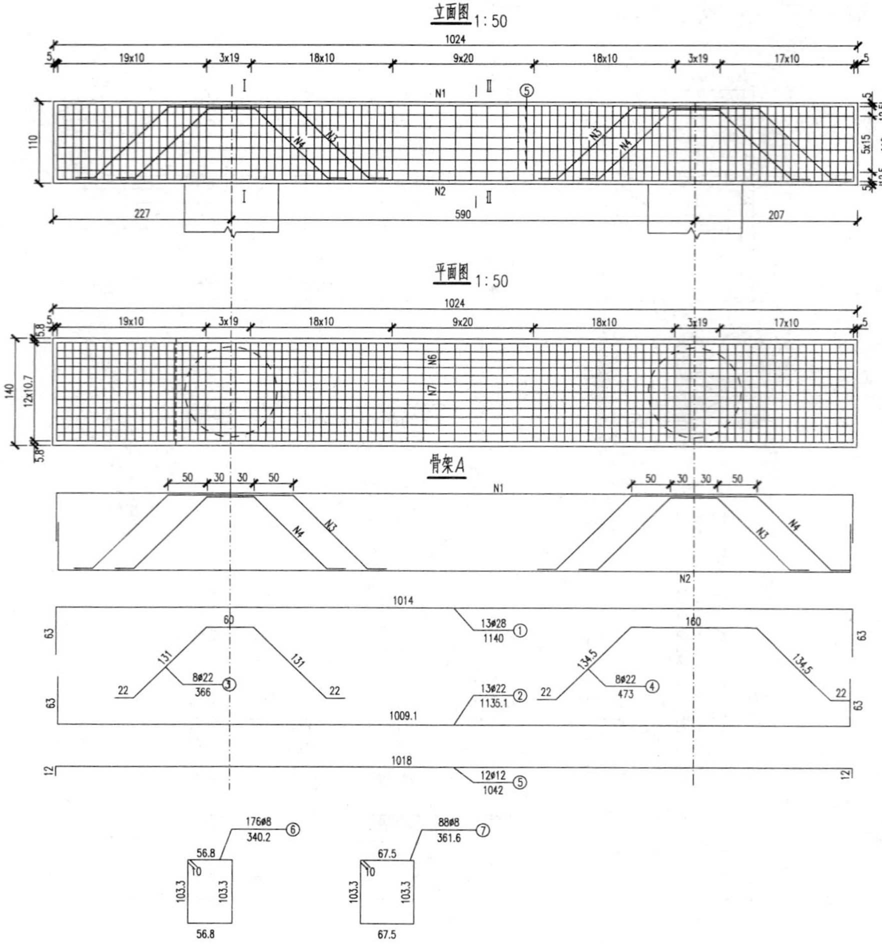

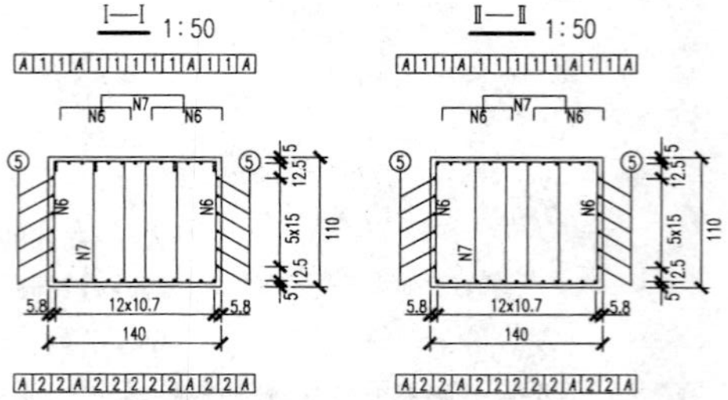

桥台盖梁材料数量表

编号	直径/mm	单根长度 cm	根数	共长/m	质量/kg	总重/kg	全桥合计
1	φ22	1140	13	148.20	441.64	1081.38	2162.76kg
2	φ22	1135.1	13	147.56	439.73		
3	φ22	366	8	29.28	87.25	111.04	222.08kg
4	φ22	473	8	37.84	112.76		
5	φ12	1042	12	125.04	111.04		
6	φ8	340.2	176	598.75	236.51	362.20	724.40kg
7	φ8	361.6	88	318.21	125.69		
C30混凝土/m³					15.77x2		31.54m³

1.图中尺寸钢筋长度以厘米为单位，余则皆以毫米为单位。
2.N1、N2、N3钢筋与N4钢筋焊接成骨架A。
3.盖梁钢筋下料、骨架钢筋焊接成主钢筋，可逐根对接井一根，逐根绑扎对接中一根。
4.主钢筋间距离采用，焊接接头不小于5d（d为主筋直径）。

图 7-12 桥台盖梁钢筋构造图

全桥桥台挡块材料数量表

编号	直径/mm	单根长度/cm	根数	共长/m	单重/(kg/m)	共重/kg	C30混凝土/m³
1	Ø12	278	2×7	38.92	0.888	34.56	
2	Ø8	294.3	2×4	23.54	0.395	9.30	2×0.07=0.14

1.图中尺寸除钢筋直径以毫米为单位，余均以厘米为单位。
2.防震挡块钢筋结构与桥台盖梁、耳背墙钢筋相碰，可适当调整。
3.幕筋末端做135°弯钩，幕材尺寸已计入本帐。

侧面 1:50

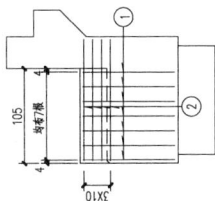

立面 1:50

桥台台帽

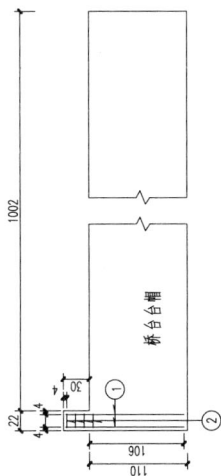

平面 1:50

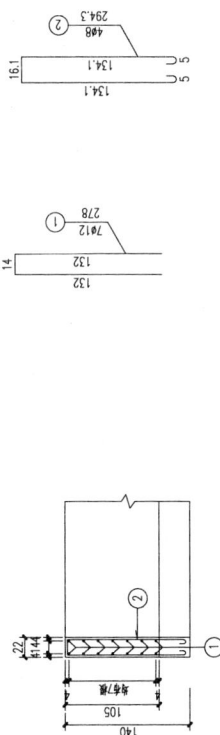

图 7-13 桥台挡块钢筋构造图

189

桥台耳背墙材料数量表

编号	直径 mm	单根长 cm	根数	单长 m	单重 kg	总重 kg	总计
1	φ12	435(半根)	79	343.65	305.16		
2	φ12	191	48	91.68	81.41		
2'	φ12	218	29	63.22	56.14		
3	φ12	406	2	8.12	7.21		
4	φ12	213	10	21.30	18.91		
5	φ12	204	2	4.08	3.62		
6	φ12	224(半根)	14	31.36	27.85		
7	φ12	423	2	8.46	7.51		
8	φ12	116	10	11.60	10.30		
9	φ12	292(半根)	21	26.28	23.34		
10	φ12	48	21	10.08	8.95	805.86	
11	φ12	1592	13	206.96	183.78		1611.72kg
12	φ12	1504	4	60.16	53.42		
13	φ12	1028	2	20.56	18.26		
14	φ20	60	30	18.00	28.16	44.46	
C30混凝土/m³						7.60×2	88.92kg 15.20m²

注：
1. 图中尺寸除钢筋直径以mm计外，余均以cm计。
2. N10为耳墙锚固钢筋，见图。
3. N14多根锚固在桥台，伸入连接处设50倒度及其锚。
4. 混凝土数量：6.89m³，耳墙0.71m³。

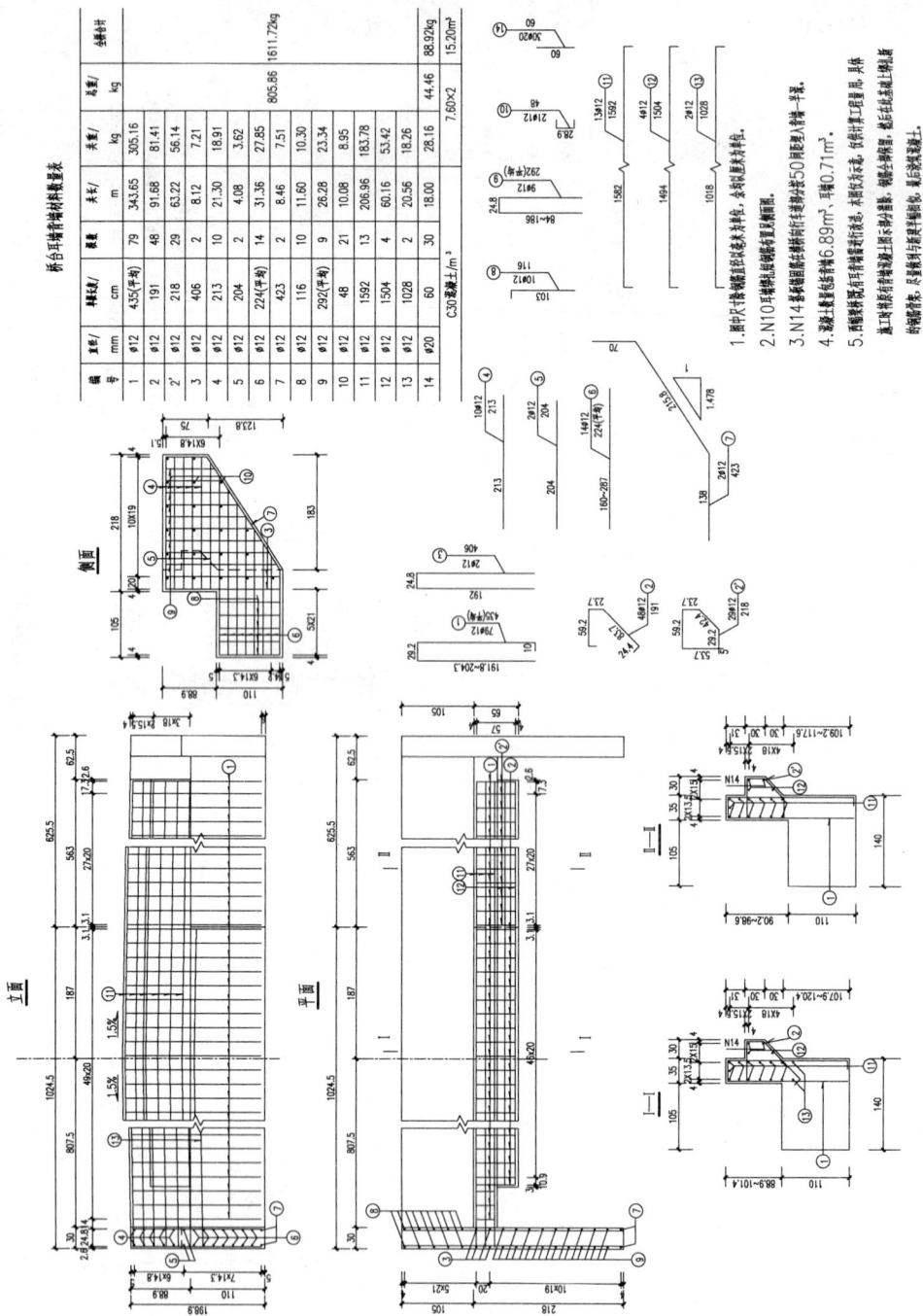

图 7-14 桥台耳背墙钢筋构造图

190

桥台基桩材料数量表（单个桩）

桥台编号	编号	直径/mm	精轧长/cm	根数	未长/m	单重/(kg/m)	总重/kg	合计/kg	C25混凝土/m³
0号	1	Φ22	1990.6	24	477.74	2.980	1423.67	1423.67	21.49
	2	Φ20	324	10	32.40	2.470	80.03	80.03	
	3	Φ16	53	40	21.2	1.580	33.5	40.20	
	4	Φ8	3391.2	1	33.91	0.395	13.39	172.62	
	5	Φ8	40311.8	1	403.12	0.395	159.23		
3号	1	Φ22	1790.6	24	429.74	2.980	1280.63	1280.63	19.23
	2	Φ20	324	9	29.16	2.470	72.03	72.03	
	3	Φ16	53	36	19.08	1.580	30.15	40.20	
	4	Φ8	3391.2	1	33.91	0.395	13.39	159.35	
	5	Φ8	36950.6	1	369.51	0.395	145.96		

参数表

参数	0号	3号
L/m	19.000	17.000
n	70	60

全桥合计	C25混凝土/m³	根	Φ22	Φ20	Φ16	Φ8
	81.44	4	5408.60	304.12	160.80	663.94

1. 图中尺寸除钢筋套筒以米为单位外，全部以厘米为单位。
2. 本桥台基桩为摩擦桩设计，桩全长入强风化岩层不得小于1.5m，桩底进入层度不得小于5。
3. 主筋钢筋采用搭接连接，在各段主筋末端焊接，钢筋末端在接头处焊不小于主筋直径长度不得小于。
4. 进入桥台身的钢筋与台身钢筋及立柱连接。
5. 定位钢筋N4辆每2m设一道，每根N4钢筋与设于基础加强筋N3固周。
6. 施工、竣工数量表所示主筋长度用于采购按相应数量核算，应以与设计单位联系。

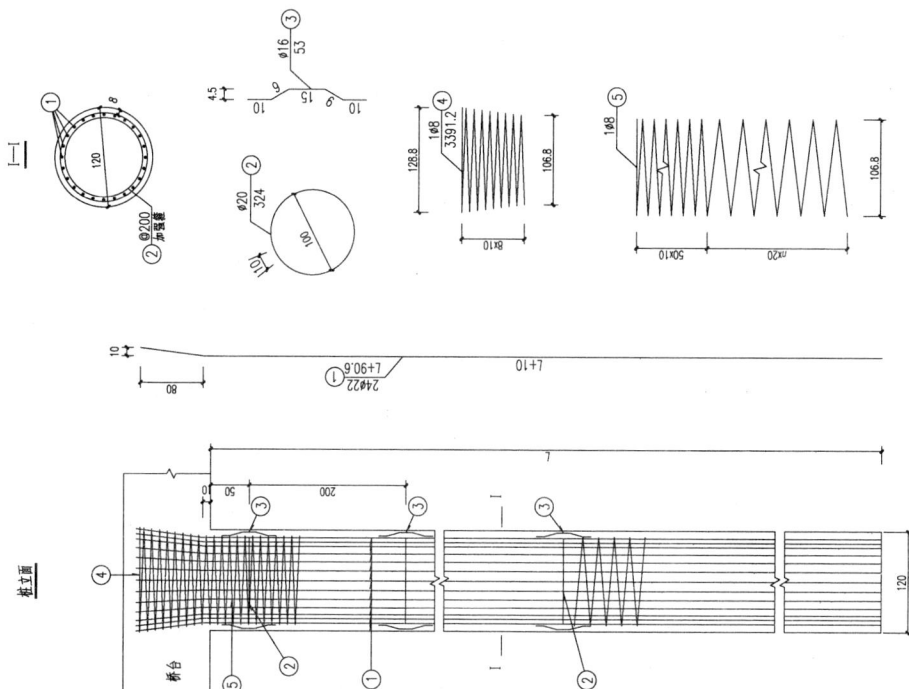

图 7-15 桥台基桩钢筋构造图

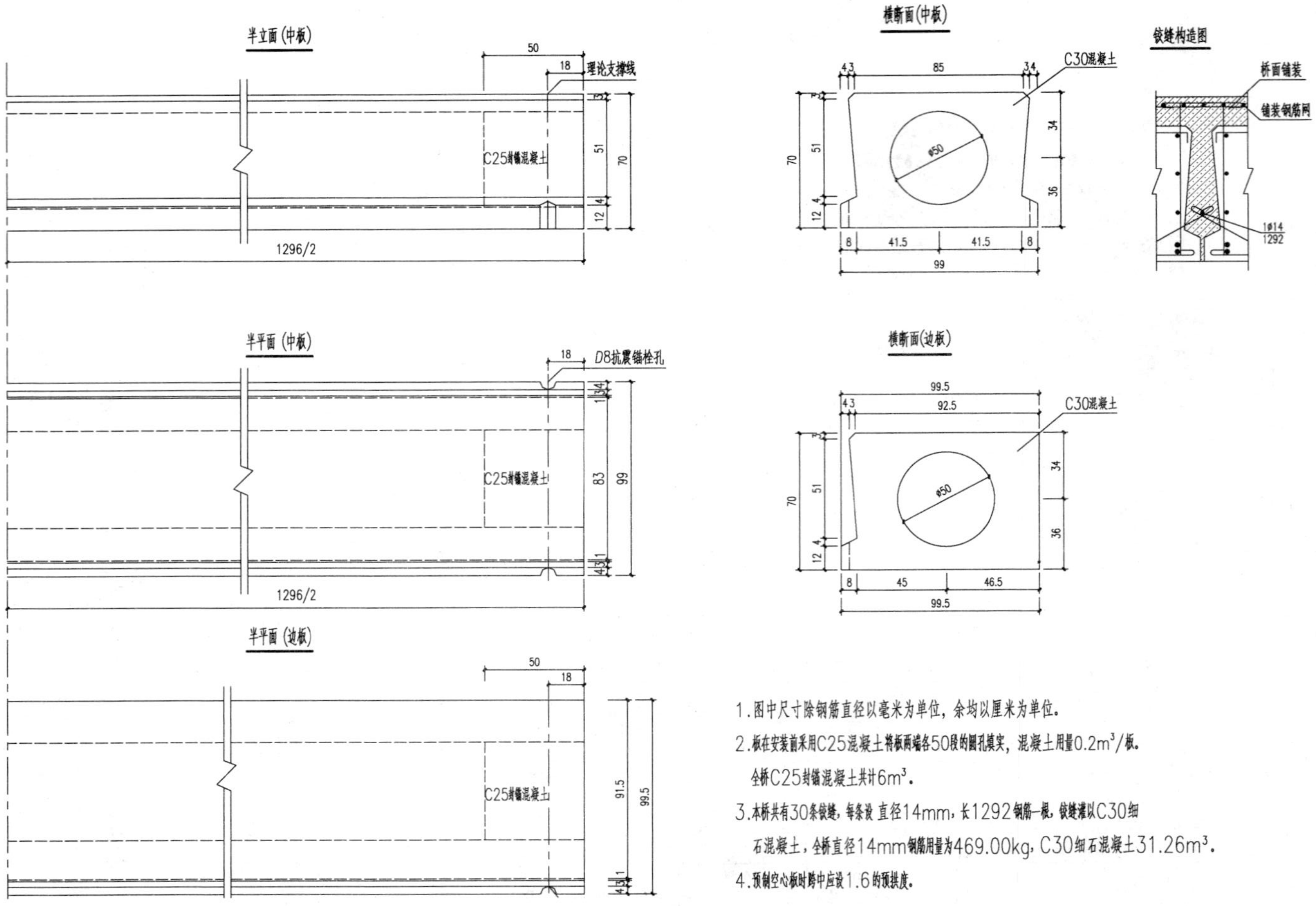

1.图中尺寸除钢筋直径以毫米为单位，余均以厘米为单位。

2.板在安装前采用C25混凝土将板两端各50段的圆孔填实，混凝土用量0.2m³/板。全桥C25封锚混凝土共计6m³。

3.本桥共有30条铰缝，每条设直径14mm，长1292钢筋一根，铰缝灌以C30细石混凝土，全桥直径14mm钢筋用量为469.00kg，C30细石混凝土31.26m³。

4.预制空心板时跨中应设1.6的预拱度。

图 7-16　13m 空心板梁一般构造图

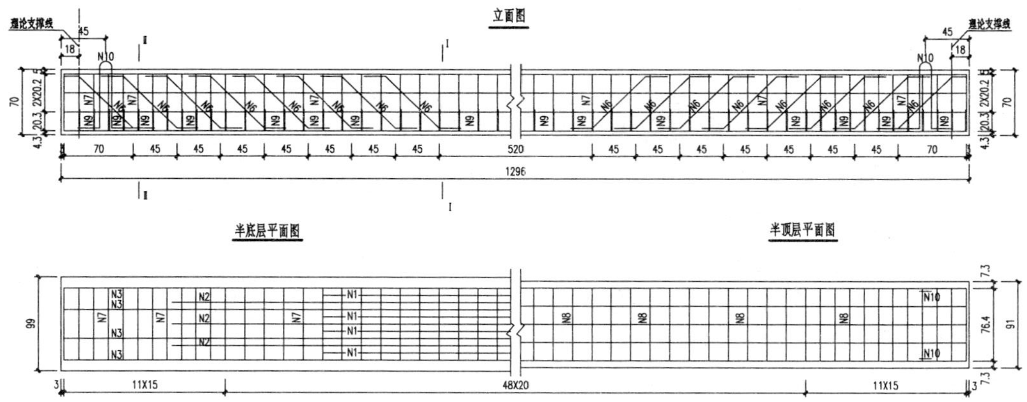

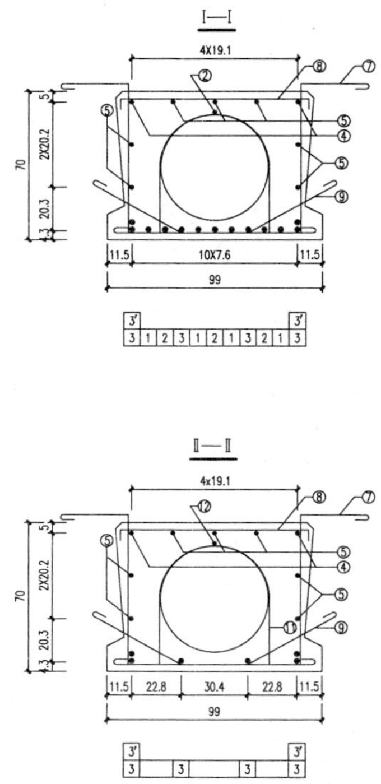

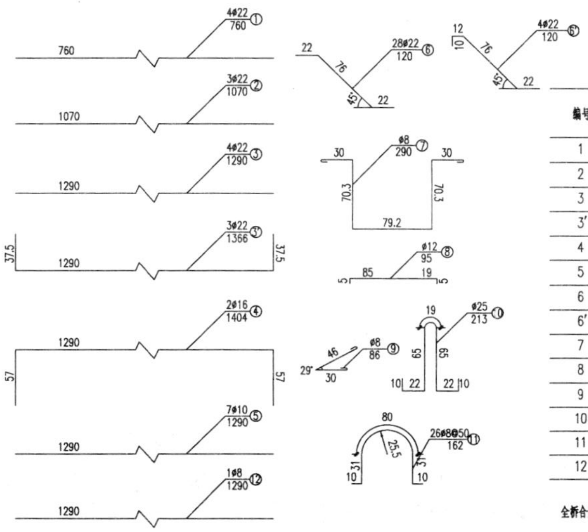

空心板梁（中板）工程数量表

编号	直径/mm	单根长度/cm	层数	长度/m	共重/kg	合计/kg
1	Φ22	760	4	30.40	90.59	Φ22:
2	Φ22	1070	3	32.10	95.66	535.80
3	Φ22	1290	4	51.60	153.77	Φ16:
3'	Φ22	1365	2	27.30	81.35	44.37
4	Φ16	1404	2	28.08	44.37	Φ12:
5	Φ10	1290	7	90.30	55.72	59.94
6	Φ22	120	28	33.6	100.13	Φ25:
6'	Φ22	120	4	4.80	14.30	32.80
7	Φ8	290	71	205.90	81.33	Φ10:
8	Φ12	95	71	67.50	59.94	55.72
9	Φ8	86	142	122.12	48.24	Φ8:
10	Φ25	213	4	8.52	32.80	151.30
11	Φ8	162	26	42.10	16.63	
12	Φ8	1290	1	12.90	5.10	Φ10:
钢筋/kg	Φ22: 14466.60	Φ16: 1197.99	Φ12: 1618.38	Φ25: 885.60	Φ10: 1504.44	Φ8: 4085.10
全桥合计	C30混凝土/m³	27×5.56=150.12				Φ8: 4085.10

注:
1. 图中尺寸除钢筋直径以mm为单位外，余均以cm为单位。
2. 钢筋N6两端预留接头主筋N3'及竖立筋N4上，焊接弯钩N11.
3. 本梁总计中板27块.

图 7-17 13m 空心板梁（中板）配筋图

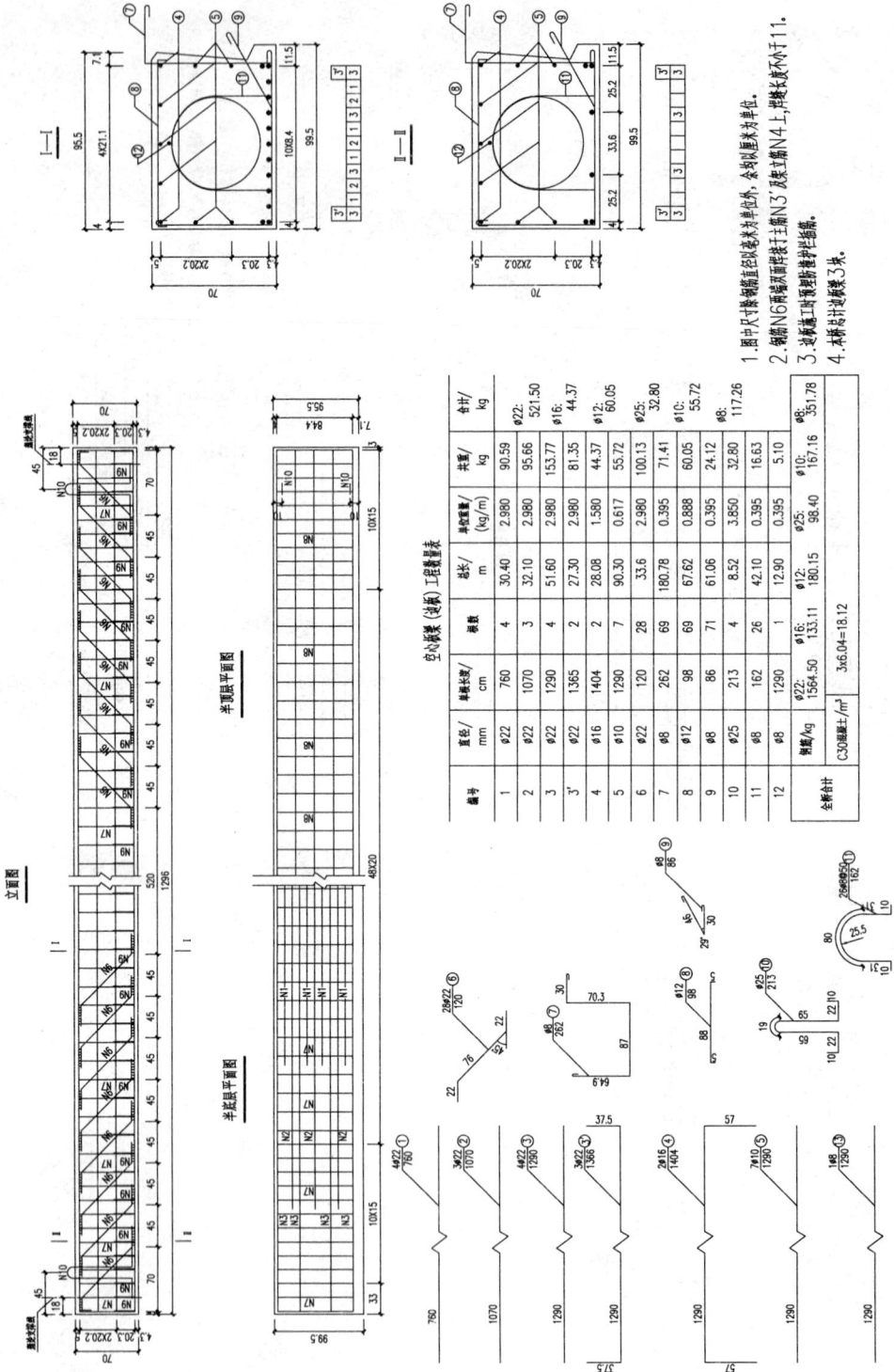

空心板梁（边板）工程数量表

编号	直径/mm	单根长度/cm	根数	总长/m	单位重量/(kg/m)	共重/kg	合计/kg
1	φ22	760	4	30.40	2.980	90.59	φ22: 521.50
2	φ22	1070	3	32.10	2.980	95.66	φ16: 44.37
3	φ22	1290	4	51.60	2.980	153.77	
3'	φ22	1365	2	27.30	2.980	81.35	
4	φ16	1404	2	28.08	1.580	44.37	φ12: 60.05
5	φ10	1290	7	90.30	0.617	55.72	φ25: 32.80
6	φ22	120	28	33.6	2.980	100.13	φ10: 55.72
7	φ8	262	69	180.78	0.395	71.41	φ8: 117.26
8	φ12	98	69	67.62	0.888	60.05	
9	φ8	86	71	61.06	0.395	24.12	
10	φ25	213	4	8.52	3.850	32.80	
11	φ8	162	26	42.10	0.395	16.63	
12	φ8	1290	1	12.90	0.395	5.10	
全部合计	制筋/kg	φ22: 1564.50	φ16: 133.11	φ12: 180.15	φ25: 98.40	φ10: 167.16	φ8: 351.78
	C30混凝土/m³	3×6.04=18.12					

1. 图中尺寸除钢筋直径以毫米为单位外，余均以厘米为单位。
2. 钢筋N6两幅顶面焊接于主筋N3'及梁计筋N3，底面钢筋N4上，半幅长度不小于11。
3. 近模工时要加防套护栏结筋。
4. 本桥设计边梁3束。

图7-18 13m 空心板梁（边板）配筋图

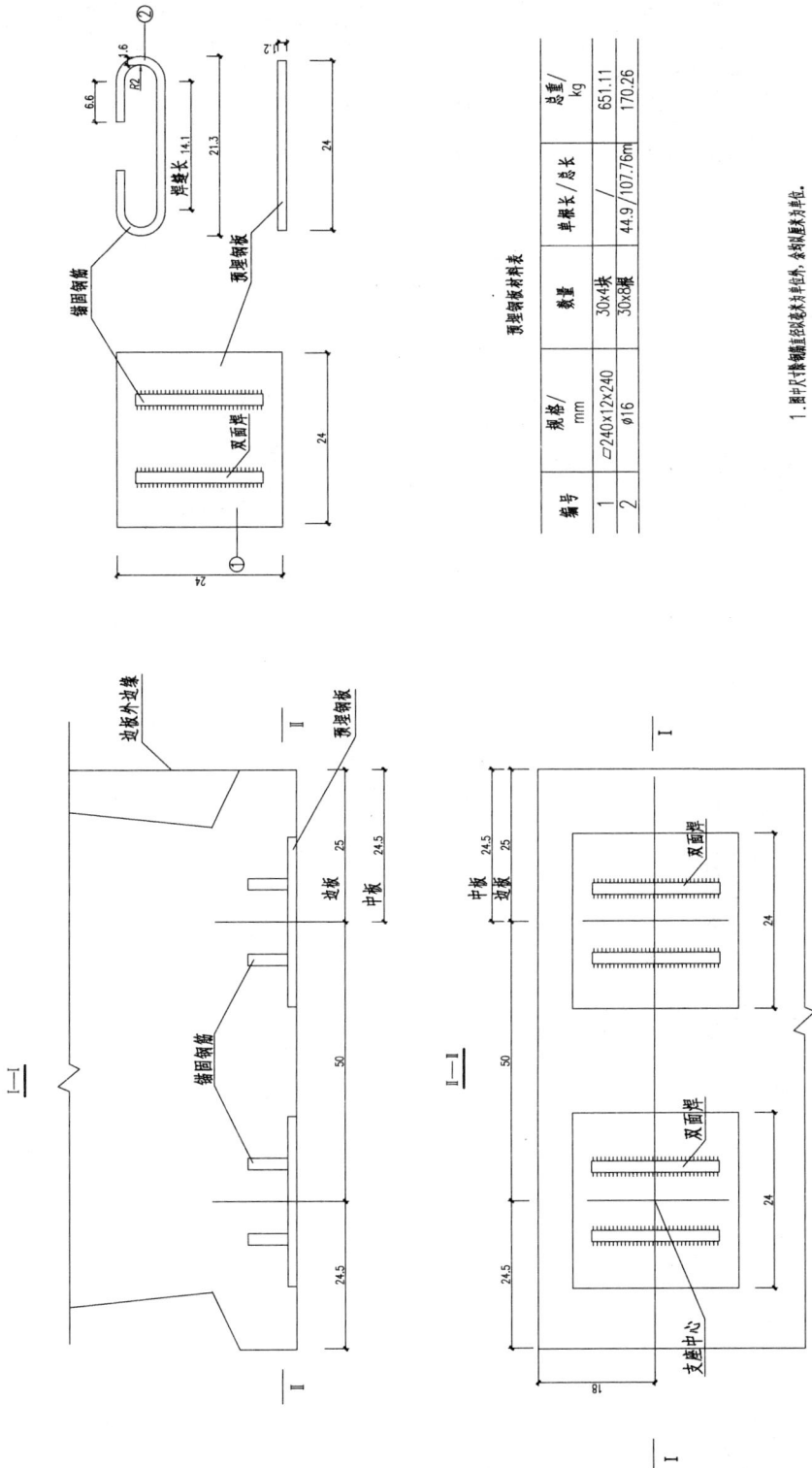

预埋钢板材料表

编号	规格/mm	数量	单根长/总长	总重/kg
1	□240×12×240	30×4块	/	651.11
2	φ16	30×8根	44.9/107.76m	170.26

1. 图中尺寸除钢筋直径以毫米为单位外，余均以厘米为单位。
2. 预埋钢板施工时应采取措施确保其准确定位，并注意预埋钢板底面与本平。

图 7-19 板梁预埋钢板构造图

195

缝栓大样

横断面

纵断面

桥墩

桥台

沥青

缝套管

缝栓长54.2

1. 即将钢筋直径以处成半对半位外，余均半对半位。
2. 沥青由沥青内移20%外除缝套管外制作。
3. 公里缝距按半套管（台）为基准。
4. 全桥共缝栓54套，计缝栓144.72kg，缝套管100.44kg。

| 项目 | 锚栓 | | 缝套管质量/ | 总重/ |
	直径/mm	质量/kg	kg	kg
一套	Φ20	2.68	1.86	4.54

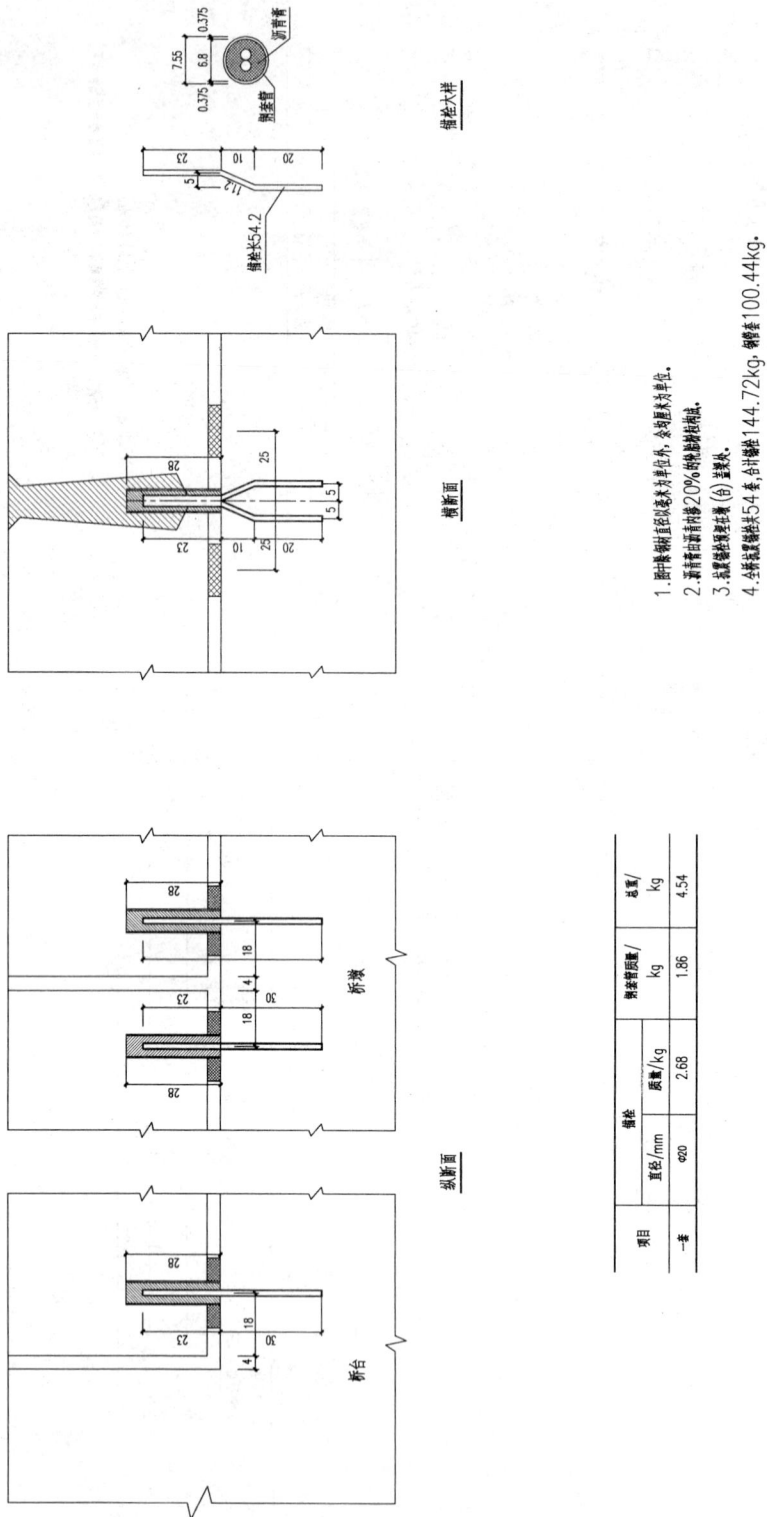

图 7-20　防震锚栓构造图

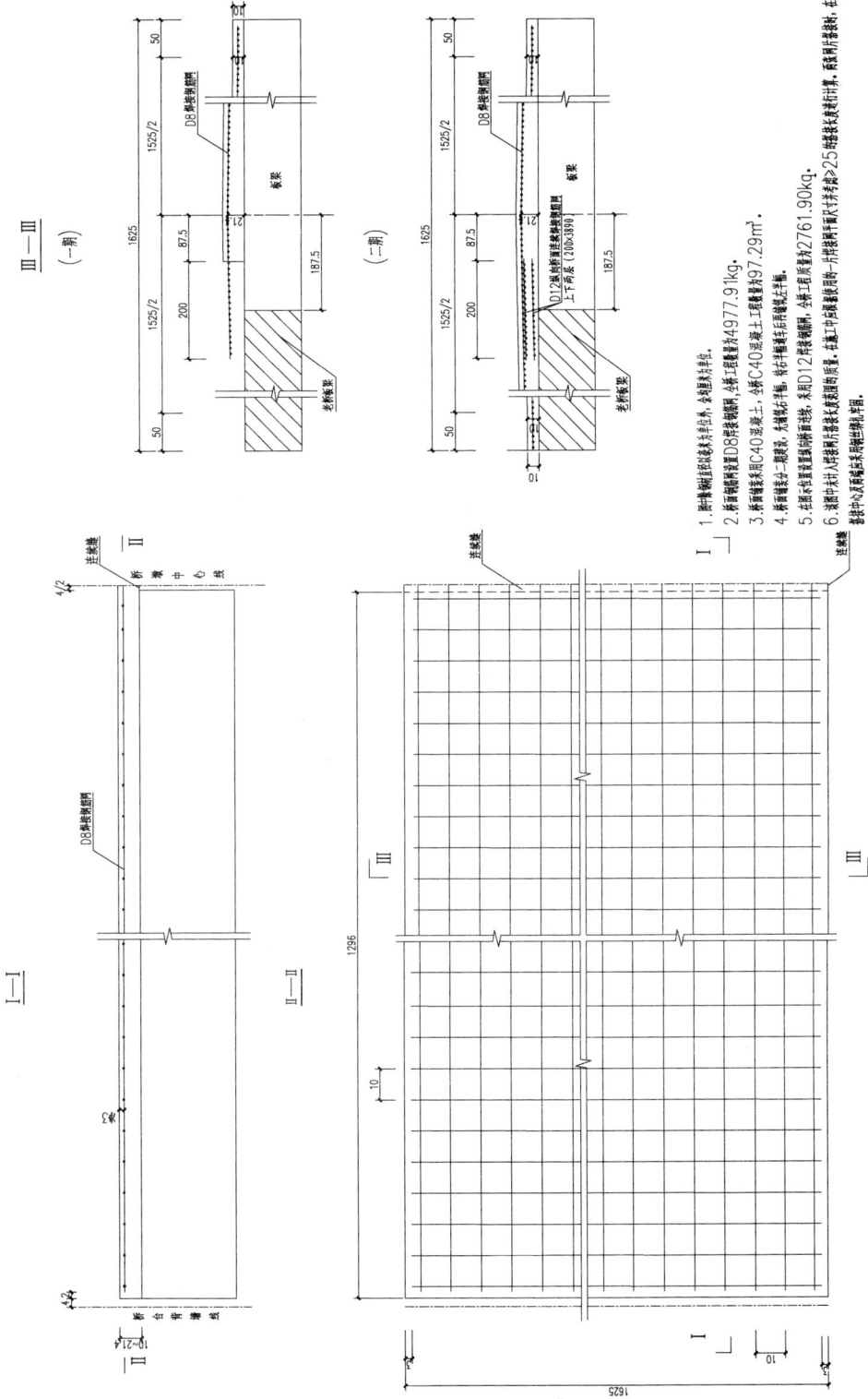

图 7-21 桥面铺装构造图

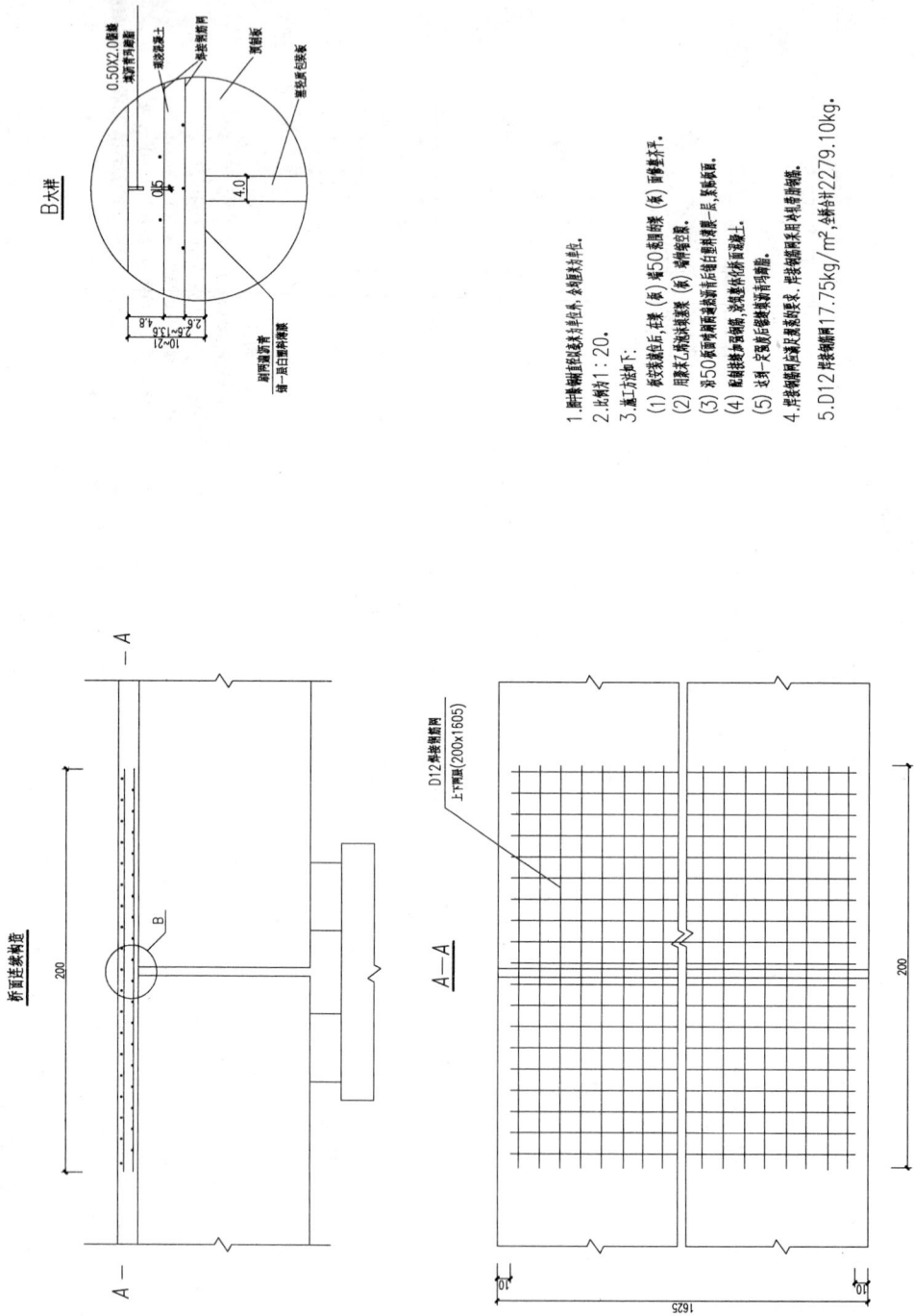

图 7-22　桥面连续构造图

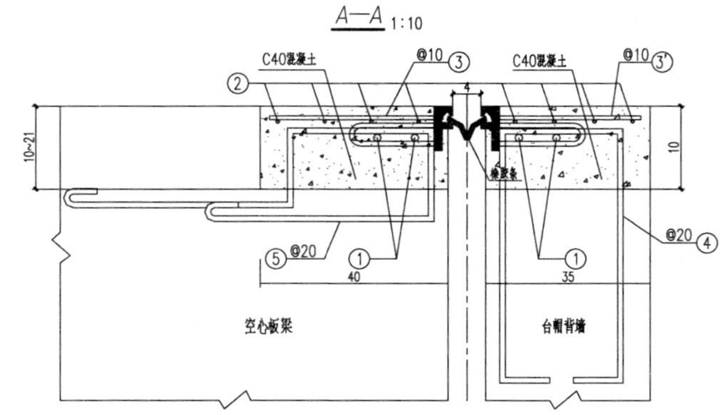

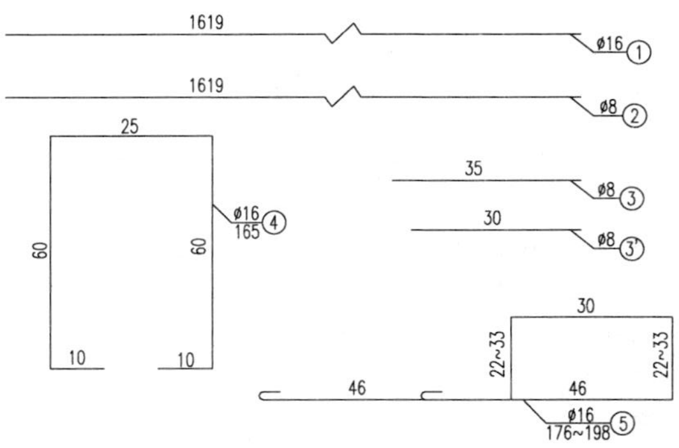

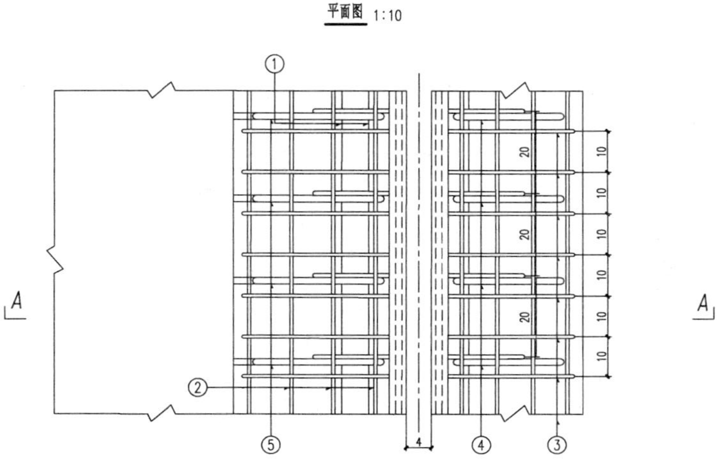

伸缩缝工程数量表

编号	规格	样长/cm	根数	长度/m	重量/kg	合计
1	φ16	1619	4	64.76	φ8: 93.01	φ8: 186.02
2	φ8	1619	8	129.52		
3	φ8	35	163	57.05		
3'	φ8	30	163	48.90		
4	φ16	165	82	135.30	φ16: 558.37	φ16: 1116.74
5	φ16	187(平均)	82	153.34		
C40混凝土/m³					1.57	3.14
40型伸缩缝/延米					16.25	32.5

1. 本图尺寸钢筋直径以外表为准外,余均以厚度为准。
2. N3、N4、N5钢筋重复伸缩缝钢筋实际长度计算。
3. N4、N5与伸缩缝缝缝隙两面。
4. N1、N2钢筋弯起伸缩缝缝隙长度钢筋。
5. 40型钢伸缩缝的型钢钢筋状况为主,具体尺寸见厂家样。

A－A 1:10

平面图 1:10

图 7-23 40 型型钢伸缩缝构造图

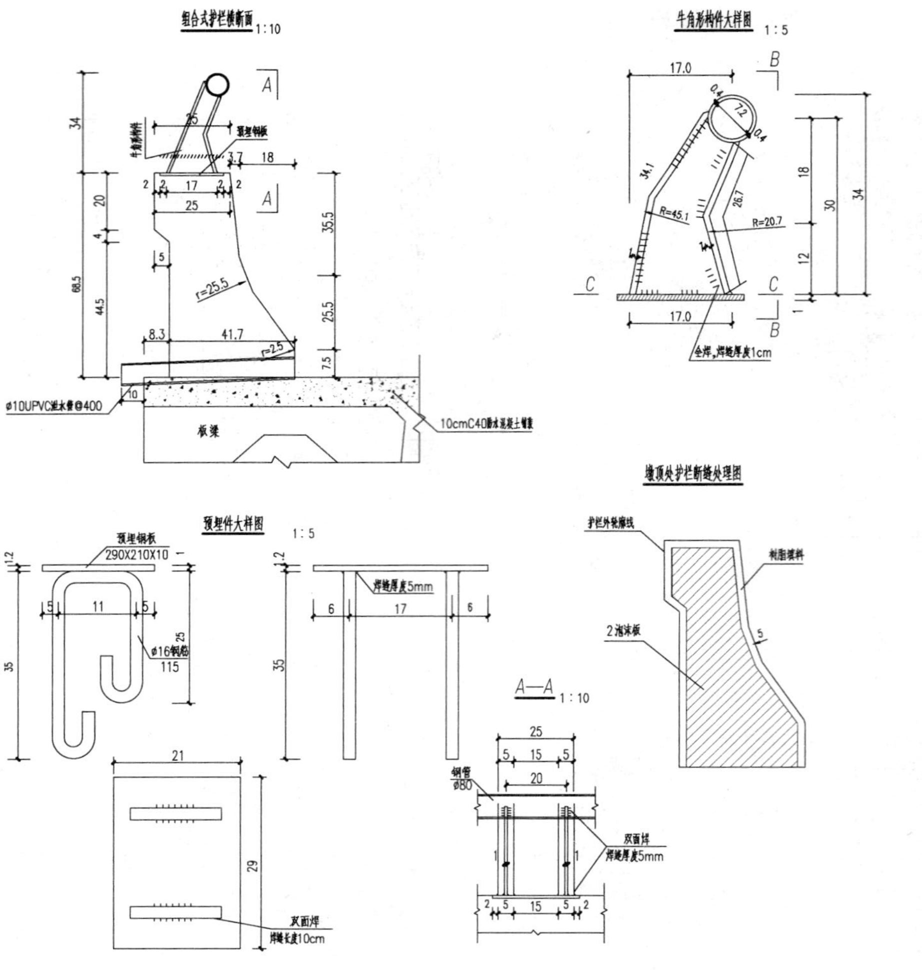

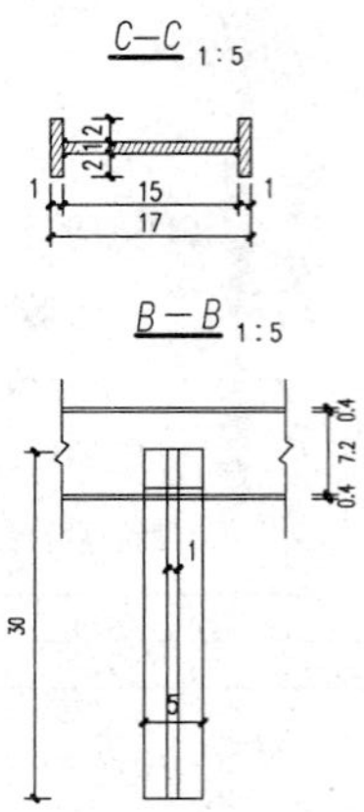

图 7-24 组合式护栏一般构造图

组合式护栏钢筋横断面 1:20

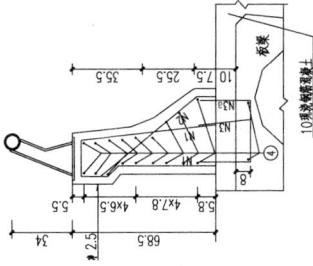

全桥组合式护栏材料数量表

编号	直径 mm	单根长 cm	根数	共长 m	共重 kg	合计 kg	全桥合计
1	φ14	147.0	65	95.55	115.62		
2	φ14	77.4	65	50.31	60.88		586.16kg
3	φ14	66.7	65	43.36	52.47	264.36	
3a	φ14	45.0	65	29.25	35.39		
4	φ12	1290	20	258.00	229.10	229.10	374.60kg
C30混凝土/m³				2.50×6			15.00m³

组合式护栏钢筋立面 1:20

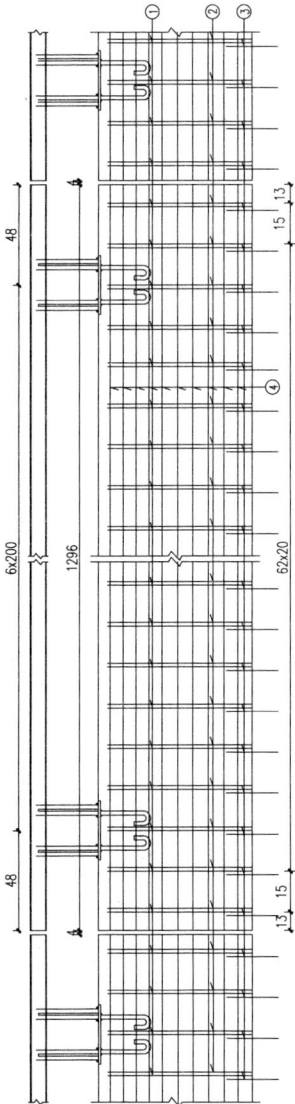

组合式护栏钢筋平面 1:20

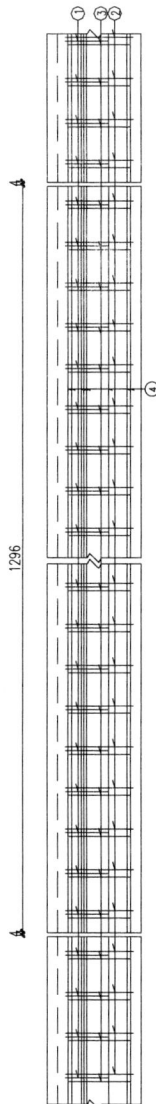

1. 本图尺寸除钢筋直径以毫米为单位外,余均以厘米为单位。
2. N3 钢筋置在∅中心线内,其甲乙与空∅间钢筋搭接。
3. 预埋筋N3、N3a钢筋引N1、N2钢筋钢筋搭接在一起,不另列面片。
4. 全桥合计13m摆6排。

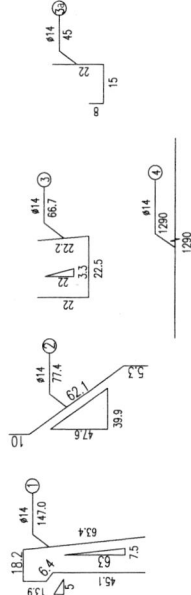

图 7-25 组合式护栏钢筋构造图

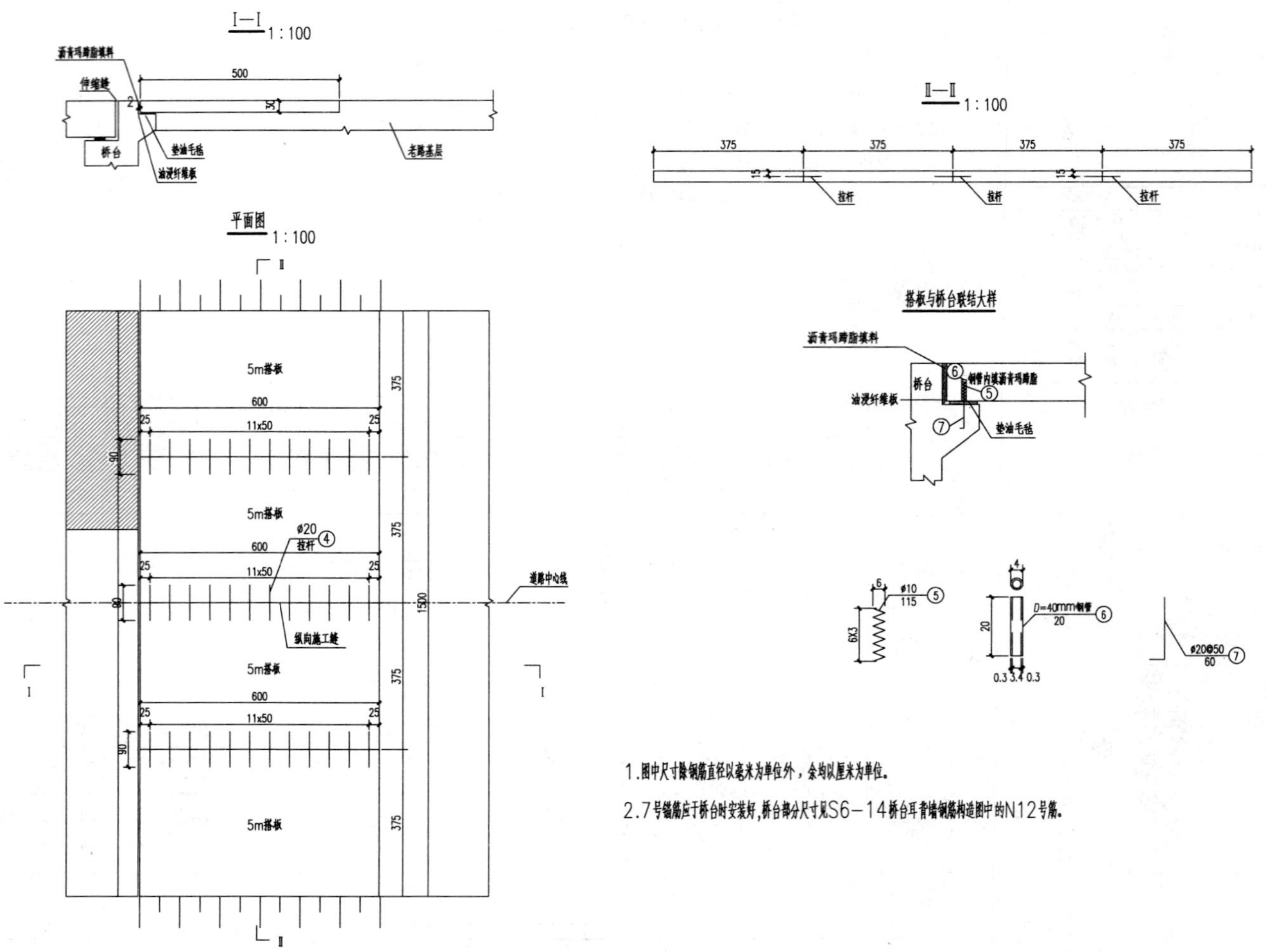

图 7-26　5m 搭板一般构造图

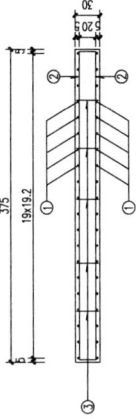

I—I 1:50

桥台搭板材料数量表

编号	直径/mm	单根长度/cm	根数	总长/m	种重/(kg/m)	共重/kg	C30混凝土/m³
1	Φ20	634	8×40	2028.8	2.470	5011.14	
2	Φ12	409	8×48	1570.56	0.888	1394.66	8×5.63
3	Φ12	33.2	8×30	79.68	0.888	70.76	=45.04
4	Φ20	90	6×12	64.80	0.888	160.06	
5	Φ10	115	2×31	71.30	0.617	43.99	
6	D40mm铁管	20	2×31	12.40			

	C30混凝土/m³	钢筋/kg			D40mm铁管/m
		Φ20	Φ12	Φ10	
全桥合计	45.04	5171.20	1465.42	43.99	12.40

1. 图中尺寸除钢筋直径以毫米为单位外，余均以厘米为单位。
2. 搭板采用C30混凝土，其钢筋施工搭接详参见S6—26板筋构造图。
3. 6号桥施工配置计入S6—14桥台背肩钢筋构造图。

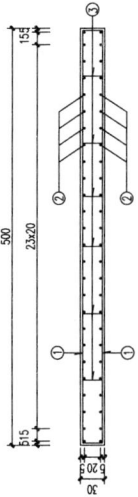

立面图 1:50

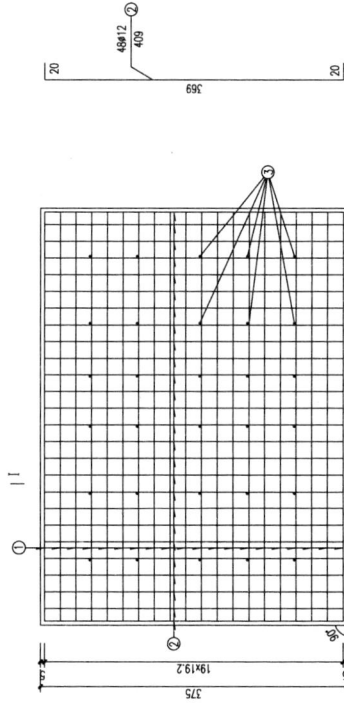

平面图 1:50

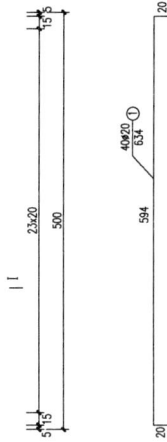

图 7-27 5m 搭板钢筋构造图

任务布置

1）请在识读全桥施工图纸（图 7-1～图 7-27）的基础上，完成对全桥工程数量（图 7-1）的核算。

2）根据附录第 400 章桥梁、涵洞工程中相关内容，列出本任务所涉及的清单子目编号及子目名称，并详细说明其中所列各清单子目的清单工程量计价内容及计量规则；同时根据设计图及清单计价规则，完成××桥各清单子目工程数量的计算（格式可参考表 7-2）。

要求：① 两人一组（自由组合）完成。

② 工程数量计算有两种方法：利用计算器列式笔算法；利用 Excel 软件完成相关计算（推荐）。

表 7-2　工程量计算书

编制范围　　　　　　　　　　　　　　　　　　　　　　　　　　第　　页共　　页

子目编号	子目名称	工程量	单位	计算公式	小计	备注	图号
403-1-a	基础光圆钢筋						

计量与支付实训

▌学习目标　1. 使学生能了解和认识公路工程计量表、财务月报表的格式，理清工程量清单同计量与支付报表之间的对应关系。

2. 在能读懂计量与支付全套表格的基础上，根据施工合同和项目实际完成情况，正确计算出工程进度款等各种支付费用，从而能够独立完成某期财务支付月报表的编制。

实训任务　财务支付月报表的编制

▌任务背景

某施工单位于 2010 年 6 月 6 日获得了一份公路工程施工合同。合同工程量清单及本期完成的工程计量表附后，合同中有关工程价款及其支付的条款摘要如下：

1）本施工合同形式为单价合同，合同总价为人民币 51103438 元(详见合同工程量清单)。

2）本项目的开工预付款为合同总价的 10%，于开工日期后 15d 内拨付给乙方。

3）开工预付款在进度付款证书的累计金额未能达到签约合同价的 30%之前不予扣回；在达到签约合同价的 30%之后，开始按工程进度以固定比例(即每完成合同价格的 1%，扣回开工预付款的 2%)分期从各月的进度付款证书中扣回；全部金额在进度付款证书的累计金额达到签约合同价的 80%时扣完。

4）工程进度款由乙方逐月(每月末)申报，审核通过后 14 个工作日内支付。

5）合同约定预留保证金，预留保证金为月支付额的 5%，同计量与支付同步扣留，保修期(1 年)满后全部结清。

目前，工程完成情况具体如下：

1）到上期末完成：

① 第 100 章：施工便道完成 5000m。

② 第 200 章：合同内清单项目中清理现场、砍伐树木、挖除树根、挖除旧路面、挖土方(利用)、挖土方(弃方)、挖石方(利用)、挖石方(弃方)、挖除淤泥、利用方 5%石灰土、利用方 6%石灰土、利用石方等的工程数量均已经完成。

2）本期完成：

① 本期完成的工程量详见工程计量表。

② 到本期末第 400 章工程数量全部完成。

▌任务布置

1）请根据提供的工程量清单、工程计量表、合同相关规定及计量与支付的相关知识，独立完成某期财务支付月报表的编制(表格样式可参照本书相关表格)。

2）除了要提交已完成的财务支付月报表还应提交相关费用的计算书。

分析：本次实训的完成应首先熟悉和分析实训资料，理清各支付报表表格间的关系；然后根据已知条件和合同条款，计算出上期完成的工程价款情况，计算动员预付款，并判断动员预付款的扣回时间，完成相关计算，并根据工程量清单及工程计量表，完成本期工程进度款的计算；同时，完成预留保证金的计算，最后根据项目本期实际完成情况，进行财务报表的填写与编制。

要求：① 一人一组，独立完成本次某期财务支付月报表的编制。

② 利用 Excel 软件完成相关表格的制作和计算。

本次编制计算不考虑合同外变更工程数量。计算数据保留 2 位小数，金额取整数。其他未尽事宜请同学协商或请示教师后执行。

施工合同中的工程量清单见表 8-1～表 8-5。

表 8-1 工程量清单汇总表

合同号：××工程施工招标——路基 A1 合同段　　　　　　　　　　　　　货币单位：人民币元

序号	章次	科目名称	金额
1	100	总则	500000
2	200	路基	42364598
3	300	路面	2420035
4	400	桥梁、涵洞	486472
5	500	隧道	0
6	600	安全设施及预埋管线	0
7	700	绿化及环境保护设施	0
8		第 100 章～第 700 章清单小计	45771105
9		暂定金额(8×10%)	4577110
10		安全生产费(8+9)×1.5%	755223
11		投标价(8+9+10)=11	51103438

表 8-2 第 100 章总则

合同号：××工程施工招标——路基 A1 合同段　　　　　　　　　　　　　货币单位：人民币元

项目编号	项目内容	单位	数量	单价	合价
103-1	施工便道	m	5000.00	100	500000
			—		
			—		

第 100 章小计(结转至第　页工程量清单汇总表)人民币 500000 元

表 8-3　第 200 章路基

合同号：××工程施工招标——路基 A1 合同段　　　　　　　　　　货币单位：人民币元

项目编号	项目内容	单位	数量	单价	合价
202-1	清理与挖掘				
-a	清理现场	m²	43433.00	0.60	26060
-b	砍伐树木	棵	167.00	15.00	2505
-c	挖除树根	棵	167.00	15.00	2505
202-2	挖除旧路面				
-a	水泥混凝土地坪（厚 25cm）	m²	87.50	20.00	1750
203-1	路基挖方				
-a	挖土方（利用）	m³	17974.00	13.00	233662
-b	挖石方				
-1	挖石方（利用）	m³	53360.00	35.00	1867600
-2	挖石方（弃方）	m³	280325.00	60.00	16819500
-c	挖除非适用材料（包括淤泥）				
-1	挖、弃土方	m³	30525.00	15.00	457875
-2	挖除淤泥	m³	371.00	25.00	9275
204-1	路基填筑（包括填前压实）				
-b	利用土方				
-2	填 5%石灰土	m³	5974.00	21.00	125454
-3	填 6%石灰土	m³	12000.00	23.50	282000
-c	利用石方	m³	58000.00	9.50	551000
-e	借土填方				
-3	填 5%石灰土	m³	5436.50	31.00	168532
-4	填 6%石灰土	m³	114229.50	60.00	6853770
-5	填 8%石灰土	m³	102500.00	75.00	7687500
-6	填 10%石灰土（台背回填）	m³	2551.08	85.00	216842
-f	原地面翻松 20cm（5%石灰土）	m²	43433.00	4.20	182419
-i	每增减 1%灰剂量（只填报单价）	元/m³		2.50	
207-1	M7.5 浆砌片石边沟	m³	185.00	260.00	48100
207-9	C20 混凝土预制块边沟				
-a	填方段梯形边沟	m	4780.00	180.00	860400
-c	挖方段边沟	m	4462.00	290.00	1293980
-d	混凝土预制板衬砌（改移沟渠）	m³	79.60	400.00	31840

续表

项目编号	项目内容	单位	数量	单价	合价
208-2	浆砌片石护坡				
-a	M7.5 浆砌片石	m³	16531.33	280.00	4628772
-b	砂砾垫层	m³	110.48	120.00	13258

第 200 章小计(结转至第　页工程量清单汇总表)人民币 <u>42364598</u> 元

表 8-4　第 300 章路面

合同号：××工程施工招标——路基 A1 合同段　　　　　　　　　　　　货币单位：人民币元

项目编号	项目内容	单位	数量	单价	合价
303-1	12%石灰稳定土底基层		—		
-a	厚 200mm	m²	110001.6	22.00	2420035

第 300 章小计(结转至第　页工程量清单汇总表)人民币 <u>2420035</u> 元

表 8-5　第 400 章桥梁、涵洞

合同号：××工程施工招标——路基 A1 合同段　　　　　　　　　　　　货币单位：人民币元

项目编号	项目名称	单位	数量	单价	合价
419-1	单孔钢筋混凝土圆管涵				
-a	φ1.0m	m	233.02	1200.00	279624
-b	φ1.5m	m	129.28	1600.00	206848

第 400 章小计(结转至第　页工程量清单汇总表)人民币 <u>486472</u> 元

本期完成的工程计量表见表 8-6～表 8-15。

表 8-6　工程计量表(一)

××工程建设项目

承包单位：＿＿＿＿＿＿＿＿＿＿＿＿＿＿＿　　　　合同号：＿＿＿＿＿＿＿＿＿

监理单位：＿＿＿＿＿＿＿＿＿＿＿＿＿＿＿　　　　编　号：＿＿＿＿＿＿＿＿＿

工程计量表 A-15

支付项目编号	204-1-e-4	项目名称	路基填筑借方 6%石灰土
起始桩号	K1+100～K2+600	部　位	94 区 No.1～No.4
图号	省略	质检单编号	省略

计量草图及几何尺寸：

　　见附图(略)

计算式：

　　见附表

计量单位	m³	工程数量	28000
承包人工地负责人：		现场监理工程师：	

监理工程师评语：

　　同意计量路基填筑借方 6%石灰土 28000m³

承包人：　　　　　　　　　　计量监理工程师：

表 8-7　工程计量表(二)

××工程建设项目

承包单位：＿＿＿＿＿＿＿＿＿＿＿＿＿＿＿　　　　合同号：＿＿＿＿＿＿＿

监理单位：＿＿＿＿＿＿＿＿＿＿＿＿＿＿＿　　　　编　号：＿＿＿＿＿＿＿

工程计量表　　　　　　　　　　　　　　　　　　　　A-15

支付项目编号	204-1-e-5	项目名称	路基填筑借方 8%石灰土
起始桩号	K1+100～K2+600	部位	96 区 No.1～No.4
图号	省略	质检单编号	省略

计量草图及几何尺寸：

　　见附图(略)

计算式：

　　见附表

计量单位	m³	工程数量	22000

承包人工地负责人：　　　　　　现场监理工程师：

监理工程师评语：

　　同意计量路基填筑借方 8%石灰土 22000m³

承包人：　　　　　　　　　计量监理工程师：

表 8-8　工程计量表（三）

××工程建设项目

承包单位：_____　　合同号：_____

监理单位：_____　　编　号：_____

工程计量表　　　　　　　　　　　　　　　A-15

支付项目编号	303-1-a	项目名称	路面底基层 12%石灰土
起始桩号	K1+100～K2+600	部位	96 区
图号	省略	质检单编号	省略

计量草图及几何尺寸：

　见附图(略)

计算式：

　见附表

计量单位	m^2	工程数量	37500

承包人工地负责人：　　　　　　现场监理工程师：

监理工程师评语：
　同意计量路面底基层 12%石灰土 37500m^2

承包人：　　　　　　计量监理工程师：

表 8-9 工程计量表（四）

××工程建设项目

承包单位：_____   合同号：_____

监理单位：_____   编　号：_____

工程计量表   A-15

支付项目编号	204-1-e-4	项目名称	路基填筑借方 6%石灰土
起始桩号	K3+200～K3+800	部位	94 区 No.1～No.4
图号	省略	质检单编号	省略

计量草图及几何尺寸：

　　见附图（略）

计算式：

　　见附表

计量单位	m³	工程数量	15000

承包人工地负责人：　　　　　　　现场监理工程师：

监理工程师评语：

　　同意计量路基填筑借方 6%石灰土 15000m³

承包人：　　　　　　　计量监理工程师：

表 8-10　工程计量表(五)

××工程建设项目

承包单位：_____　　　　合同号：_____

监理单位：_____　　　　编　号：_____

工程计量表　　　　　　　　　　　　　　　　　　　　A-15

支付项目编号	204-1-e-5	项目名称	路基填筑借方 8%石灰土
起始桩号	K3+200～K3+800	部　位	96 区 No.1～No.4
图号	省略	质检单编号	省略

计量草图及几何尺寸：

　　见附图(略)

计算式：
　　见附表

计量单位	m³	工程数量	12000

承包人工地负责人：　　　　　　　现场监理工程师：

监理工程师评语：
　　同意计量路基填筑借方 8%石灰土 12000m³

承包人：　　　　　　　计量监理工程师：

表 8-11　工程计量表(六)

××工程建设项目

承包单位：_____　　　　合同号：_____

监理单位：_____　　　　编　号：_____

工程计量表　　　　　　　　　　　　　　　　　　　　　　　　　　　　　A-15

支付项目编号	303-1-a	项目名称	路面底基层 12%石灰土
起始桩号	K3+200～K3+800	部位	96 区
图号	省略	质检单编号	省略

计量草图及几何尺寸：

　　见附图(略)

计算式：

　　见附表

计量单位	m²	工程数量	15000

承包人工地负责人：　　　　　　　现场监理工程师：

监理工程师评语：

　　同意计量路面底基层 12%石灰土 15000m²

承包人：　　　　　　　　计量监理工程师：

表 8-12　工程计量表(七)

×× 工程建设项目

承包单位：_____　　　合同号：_____

监理单位：_____　　　编　号：_____

工程计量表　　　　　　　　　　　　　　　　A-15

支付项目编号	419-1-a	项目名称	单孔钢筋混凝土圆管涵 ϕ1.0m
起始桩号	K2+500	部位	
图号	省略	质检单编号	省略

计量草图及几何尺寸：

　　见附图(略)

计算式：

　　见附表

计量单位	m	工程数量	32

承包人工地负责人：　　　　　　　　现场监理工程师：

监理工程师评语：
　　同意计量单孔钢筋混凝土圆管涵 ϕ1.0m：32m

承包人：　　　　　　　　计量监理工程师：

表 8-13　工程计量表(八)

××工程建设项目

承包单位：_____　　　合同号：_____

监理单位：_____　　　编　号：_____

工程计量表　　　　　　　　　　　　　　　　　　A-15

支付项目编号	419-1-a	项目名称	单孔钢筋混凝土圆管涵 ϕ1.0m
起始桩号	K2+820	部位	
图号	省略	质检单编号	省略

计量草图及几何尺寸：

　　见附图(略)

计算式：

　　见附表

计量单位	m	工程数量	36

承包人工地负责人：　　　　　　现场监理工程师：

监理工程师评语：

　　同意计量单孔钢筋混凝土圆管涵 ϕ1.0m：36m

承包人：　　　　　　　　计量监理工程师：

表 8-14　工程计量表(九)

××工程建设项目

承包单位：＿＿＿＿＿＿＿＿＿＿＿＿＿＿＿＿　　　　　　合同号：＿＿＿＿＿＿＿＿

监理单位：＿＿＿＿＿＿＿＿＿＿＿＿＿＿＿＿　　　　　　编　号：＿＿＿＿＿＿＿＿

工程计量表　　　　　　　　　　　　　　　　A-15

支付项目编号	419-1-b	项目名称	单孔钢筋混凝土圆管涵ϕ1.5m
起始桩号	K3+520	部位	
图号	省略	质检单编号	省略

计量草图及几何尺寸：

　　见附图(略)

计算式：

　　见附表

计量单位	m	工程数量	32

承包人工地负责人：　　　　　　　　现场监理工程师：

监理工程师评语：

　　同意计量单孔钢筋混凝土圆管涵ϕ1.5m：32m

承包人：　　　　　　　　　　计量监理工程师：

表 8-15　工程计量表(十)

××工程建设项目

承包单位：_____　　　合同号：_____

监理单位：_____　　　编　号：_____

工程计量表 　　　　　　　　　　　　　　　　　　　　　　　　　　　　A-15

支付项目编号	419-1-b	项目名称	单孔钢筋混凝土圆管涵ϕ1.5m
起始桩号	K3+920	部位	
图号	省略	质检单编号	省略

计量草图及几何尺寸：

　　见附图(略)

计算式：
　　见附表

计量单位	m	工程数量	32

承包人工地负责人：　　　　　　　　现场监理工程师：

监理工程师评语：
　　同意计量单孔钢筋混凝土圆管涵ϕ1.5m：32m

承包人：　　　　　　　　　　　　　计量监理工程师：

工程量清单计量规则

第100章 总 则

第101节 通 则

《公路工程标准施工招标文件》(2018年版)适用于各级公路项目的新建、扩建或改建的施工与管理。本规范对工程在施工中使用的原材料、半成品或成品，隐蔽工程以及施工原始资料和记录，均进行一系列的控制与检查，使工程质量符合规定的质量标准。在每一章节的施工要求中均对质量标准、质量等级、检验内容和方法等提出了要求。如有未写明之处，应按照国家和交通运输部现行有关规范的规定且经监理人批准后执行。本规范仅为方便起见划分为若干章节，阅读时应将本规范视作一个整体。凡本规范或与本规范有关的其他规范及图纸中未规定的细节，或在涉及任何条款的细节没有明确的规定时，都应认为指的是需经监理人同意的我国公路工程的常规做法。

本节工程量清单项目分项计量规则应按附表1-1的规定执行。

附表1-1 通则

子目号	子目名称	单位	工程量计量	工程内容
101	通则			
101-1	保险费			
-a	按合同条款规定，提供建筑工程一切险	总额	1. 承包人按照合同条款约定的保险费率及保费计算方法办理建筑工程一切险，根据保险公司的保单金额以总额为单位计量； 2. 保险期为合同约定的施工期及缺陷责任期；	根据合同条款办理建筑工程一切险

续表

子目号	子目名称	单位	工程量计量	工程内容
-a	按合同条款规定，提供建筑工程一切险	总额	3. 承包人施工机械设备保险和雇用人员工伤事故保险费、人身意外伤害保险费由承包人承担	根据合同条款办理建筑工程一切险
-b	按合同条款规定，提供第三者责任险	总额	1. 承包人按照合同条款约定的保险费率及保费计算方法办理第三者责任险，根据保险公司的保单金额以总额为单位计量； 2. 保险期为合同约定的施工期及缺陷责任期	根据合同条款办理第三者责任险

第102节　工程管理

本节工程量清单项目分项计量规则应按附表 1-2 的规定执行。

附表 1-2　工程管理

子目号	子目名称	单位	工程量计量	工程内容
102	工程管理			
102-1	竣工文件	总额	以总额为单位计量	按《公路工程竣(交)工验收办法》《公路工程竣(交)工验收办法实施细则》及合同条款规定进行编制
102-2	施工环保费	总额	以总额为单位计量	按《公路工程标准施工招标文件》技术规范 102.11 小节及合同条款规定落实环境保护
102-3	安全生产费	总额	按投标价的 1.5%(若投标人公布了最高投标限价时，按最高投标限价的 1.5%)以总额为单位计量	按《公路工程标准施工招标文件》技术规范 102.13 小节及合同条款规定落实安全生产
102-4	信息化系统(暂估价)	总额	以暂估价的形式按总额计量	1. 工程信息化系统的配置、维护、备份管理及网络构筑； 2. 系统操作人员培训、劳务

第103节　临时工程与设施

本节工程量清单项目分项计量规则应按附表 1-3 的规定执行。

附表 1-3　临时工程与设施

子目号	子目名称	单位	工程量计量	工程内容
103	临时工程与设施			
103-1	临时道路的修建、养护与拆除(包括原道路的养护)	总额	以总额为单位计量	按《公路工程标准施工招标文件》技术规范 103.03 小节及合同条款规定完成临时道路的修建、养护与拆除

子目号	子目名称	单位	工程量计量	工程内容
103-2	临时占地	总额	1. 以总额为单位计量； 2. 取、弃土(渣)场的绿化、结构防护及排水在相应章节计量	1. 按《公路工程标准施工招标文件》技术规范103.04小节及合同条款规定办理及使用临时占地，并进行复垦； 2. 临时占地范围包括承包人驻地的办公室、食堂、宿舍、道路和机械设备停放场、材料堆放场地、弃土(渣)场、预制场、拌和场、仓库、进场临时道路、临时便道、便桥等
103-3	临时供电设施架设、维护与拆除	总额	以总额为单位计量	按《公路工程标准施工招标文件》技术规范103.02小节及合同条款规定完成临时供电设施架设、维护与拆除
103-4	电信设施的提供、维修与拆除	总额	以总额为单位计量	按《公路工程标准施工招标文件》技术规范103.02小节及合同条款规定完成临时电信设施的提供、维修与拆除
103-5	临时供水与排污设施	总额	以总额为单位计量	按《公路工程标准施工招标文件》技术规范103.02小节及合同条款规定完成临时供水与排污设施的修建、维修与拆除

第104节 承包人驻地建设

本节工程量清单项目分项计量规则应按附表1-4的规定执行。

附表1-4 承包人驻地建设

子目号	子目名称	单位	工程量计量	工程内容
104	承包人驻地建设			
104-1	承包人驻地建设	总额	以总额为单位计量	1. 承包人驻地建设包括：施工与管理所需的办公室、住房、工地实验室、车间、工作场地、预制场地、仓库与储料场、拌和场、医疗卫生与消防设施等； 2. 驻地的建设、管理与维护； 3. 工程交工时，按照合同或协议要求将驻地移走、清除、恢复原貌

第105节 施工标准化

本节工程量清单项目分项计量规则应按附表1-5的规定执行。

附表1-5 施工标准化

子目号	子目名称	单位	工程量计量	工程内容
105	施工标准化			
105-1	施工驻地	总额	以总额为单位计量	按《公路工程标准施工招标文件》技术规范第105节施工标准化的内容和要求执行

子目号	子目名称	单位	工程量计量	工程内容
105-2	工地试验室	总额	以总额为单位计量	按《公路工程标准施工招标文件》技术规范第105节施工标准化的内容和要求执行
105-3	拌和站	总额	以总额为单位计量	按《公路工程标准施工招标文件》技术规范第105节施工标准化的内容和要求执行
105-4	钢筋加工场	总额	以总额为单位计量	按《公路工程标准施工招标文件》技术规范第105节施工标准化的内容和要求执行
105-5	预制场	总额	以总额为单位计量	按《公路工程标准施工招标文件》技术规范第105节施工标准化的内容和要求执行
105-6	仓储存放地	总额	以总额为单位计量	按《公路工程标准施工招标文件》技术规范第105节施工标准化的内容和要求执行
105-7	各场(厂)区、作业区连接道路及施工主便道	总额	以总额为单位计量	按《公路工程标准施工招标文件》技术规范第105节施工标准化的内容和要求执行

第200章 路　基

第201节 通　则

本节包括材料标准、路基施工的一般要求。本节工作内容均不作计量，其所涉及的作业应包含在其相关工程子目之中。

第202节 场 地 清 理

本节工程量清单项目分项计量规则应按附表2-1的规定执行。

附表2-1　场地清理

子目号	子目名称	单位	工程量计量	工程内容
202	场地清理			
202-1	清理与掘除			
-a	清理现场	m²	依据图纸所示位置及范围（路基范围以外临时工程用地清场等除外），按路基开挖线或填筑边线之间的水平投影面积以平方米为单位计量	1. 灌木、竹林、胸径小于10cm树木的砍伐及挖根； 2. 清除场地表面0~30cm范围内的垃圾、废料、表土(腐殖土)、石头、草皮； 3. 与清理现场有关的一切挖方、坑穴的回填、整平、压实； 4. 适用材料的装卸、移运、堆放及非适用材料的移运处理； 5. 现场清理
-b	砍伐树木	棵	依据图纸所示路基范围内胸径10cm以上(含10cm)的树木，按实际砍伐数量以棵为单位计量	1. 砍伐； 2. 截锯； 3. 装卸、移运至指定地点堆放； 4. 现场清理

子目号	子目名称	单位	工程量计量	工程内容
-c	挖除树根	棵	依据图纸所示路基范围内胸径 10cm 以上（含 10cm）的树木的树根，按实际挖除数量以棵为单位计量	1. 挖除树根； 2. 装卸、移运至指定地点堆放； 3. 现场清理
202-2	挖除旧路面	m³	依据图纸所示位置，挖除路基范围内原有的旧路面，按不同的路面结构类型以立方米为单位计量	1. 挖除； 2. 装卸、移运处理； 3. 场地清理、平整
202-3	拆除结构物			
-a	钢筋混凝土结构	m³	依据图纸所示位置，拆除路基范围内原有的钢筋混凝土结构以立方米为单位计量	1. 挖除； 2. 装卸、移运处理； 3. 场地清理、平整
-b	混凝土结构	m³	依据图纸所示位置，拆除路基范围内原有的混凝土结构以立方米为单位计量	1. 挖除； 2. 装卸、移运处理； 3. 场地清理、平整
-c	砖、石及其他砌体结构	m³	依据图纸所示位置，拆除路基范围内原有的砖、石及其他砌体结构，以立方米为单位计量	1. 挖除； 2. 装卸、移运处理； 3. 场地清理、平整
-d	金属结构	kg	1. 依据图纸所示位置，拆除路基范围内原有的金属结构以千克为单位计量； 2. 金属回收按合同有关规定办理	1. 切割、挖除； 2. 装卸、移运、堆放； 3. 场地清理、平整
202-4	植物移栽			
-a	移栽乔（灌）木	棵	依据图纸所示位置，起挖路基范围内原有的乔（灌）木并移栽，按成活的各类乔（灌）木数量，以棵为单位计量	1. 起挖； 2. 植物保护、装卸、运输； 3. 坑（穴）开挖； 4. 种植； 5. 支撑、养护； 6. 场地清理
-b	移植草皮	m²	依据图纸所示位置，起挖路基范围内原有的草皮并移栽，按成活的草皮面积，以面积为单位计量	1. 起挖； 2. 植物保护、装卸、运输； 3. 坑（穴）开挖； 4. 种植； 5. 支撑、养护； 6. 场地清理

第 203 节　挖方路基

本节工程量清单项目分项计量规则应按附表 2-2 的规定执行。

附表 2-2　挖方路基

子目号	子目名称	单位	工程量计量	工程内容
203	挖方路基			
203-1	路基挖方			
-a	挖土方	m³	1. 依据图纸所示地面线、路基设计横断面图、路基土石比例，采用平均断面面积法计算，包括边沟、排水沟、截水沟的土方，按照天然密实体积以立方米为单位计量； 2. 路床顶面以下挖松深 300mm 再压实作为挖土方的附属工作，不另行计量； 3. 取弃土场的绿化、防护工程、排水设施在相应章节内计量	1. 挖、装、运输、卸车； 2. 填料分理、弃土整型、压实； 3. 施工排水处理； 4. 边坡整修、路床顶面以下挖松深 300mm 再压实、路床清理
-b	挖石方	m³	1. 依据图纸所示地面线、路基设计横断面图、路基土石比例，按平均断面面积法计算，包括边沟、排水沟、截水沟的石方，按照天然体积以立方米为单位计量； 2. 弃土场绿化、防护工程、排水设施在相应章节内计量	1. 石方爆破； 2. 挖、装、运输、卸车； 3. 填料分理、弃土整型、压实； 4. 施工排水处理； 5. 边坡整修、路床顶面凿平或填平压实、路床清理
-c	挖除非适用材料(不含淤泥、岩盐、冻土)	m³	1. 依据图纸所示位置，挖除路基范围内非适用材料(不含淤泥、岩盐、冻土)以立方米为单位计量； 2. 弃土场绿化、防护工程、排水设施在相应章节内计量	1. 施工排水处理； 2. 挖除、装载、运输、卸车、堆放； 3. 现场清理
-d	挖淤泥	m³	1. 依据图纸所示位置，挖除路基范围内淤泥以立方米为单位计量； 2. 弃土场绿化、防护工程、排水设施在相应章节内计量	1. 施工排水处理； 2. 挖除、装载、运输、卸车、堆放； 3. 现场清理
-e	挖岩盐	m³	1. 依据图纸所示地面线、路基设计横断面图、路基土石比例，按平均断面面积法计算，按照天然体积以立方米为单位计量； 2. 弃土场绿化、防护工程、排水设施在相应章节内计量	1. 石方爆破或机械开挖； 2. 挖、装、运输、卸车； 3. 填料分理； 4. 施工排水处理； 5. 路床顶面岩盐破碎、润洒饱和卤水、碾压整平、路床清理
-f	挖冻土	m³	1. 依据图纸所示地面线、路基设计横断面图、路基土石比例，按平均断面面积法计算，按照天然体积以立方米为单位计量； 2. 弃土场绿化、防护工程、排水设施在相应章节内计量	1. 爆破或机械开挖； 2. 挖除、装载、运输、卸车、堆放； 3. 施工排水处理； 4. 现场清理
203-2	改河、改渠、改路挖方			

续表

子目号	子目名称	单位	工程量计量	工程内容
-a	挖土方	m³	1. 依据图纸所示地面线、设计横断面图、土石比例，采用平均断面面积法计算，以立方米为单位计量； 2. 路床顶面以下挖松深300mm再压实作为挖土方的附属工作，不另行计量； 3. 取弃土场的绿化、防护工程、排水设施在相应章节内计量	1. 挖、装、运输、卸车； 2. 填料分理、弃土整型、压实； 3. 施工排水处理； 4. 边坡整修，路床顶面以下挖松深300mm再压实、路床清理
-b	挖石方	m³	1. 依据图纸所示地面线、设计横断面图、土石比例，按平均断面面积法计算，以立方米为单位计量； 2. 弃土场绿化、防护工程、排水设施在相应章节内计量	1. 石方爆破； 2. 挖、装、运输、卸车； 3. 填料分理、弃土整型、压实； 4. 施工排水处理； 5. 边坡整修、路床顶面凿平或填平压实、路床清理
-c	挖除非适用材料(不含淤泥、岩盐、冻土)	m³	1. 依据图纸所示位置，挖除非适用材料(不含淤泥、岩盐、冻土)以立方米为单位计量； 2. 弃土场绿化、防护工程、排水设施在相应章节内计量	1. 施工排水处理； 2. 挖除、装载、运输、卸车、堆放； 3. 现场清理
-d	挖淤泥	m³	1. 依据图纸所示位置，挖除淤泥以立方米为单位计量； 2. 弃土场绿化、防护工程、排水设施在相应章节内计量	1. 施工排水处理； 2. 挖除、装载、运输、卸车、堆放； 3. 现场清理
-e	挖岩盐	m³	1. 依据图纸所示位置，挖岩盐以立方米为单位计量； 2. 路床顶面岩盐破碎、润洒卤水、碾压整平等作为挖岩盐的附属工作，不另行计算	1. 石方爆破或机械开挖； 2. 挖、装、运输、卸车； 3. 填料分理； 4. 施工排水处理； 5. 路床顶面岩盐破碎、润洒饱和卤水、碾压整平、路床清理
-f	挖冻土	m³	1. 依据图纸所示位置，挖冻土以立方米为单位计量； 2. 弃土场绿化、防护工程、排水设施在相应章节内计量	1. 爆破或机械开挖； 2. 挖除、装载、运输、卸车、堆放； 3. 施工排水处理； 4. 现场清理

第204节　填方路基

本节工程量清单项目分项计量规则应按附表2-3的规定执行。

附表2-3　填方路基

子目号	子目名称	单位	工程量计量	工程内容
204	填方路基			
204-1	路基填筑(包括填前压实)			
-a	利用土方	m³	1. 依据图纸所示地面线、路基设计横断面图，按平均断面面积法计算压实的体积，以立方米为单位计量； 2. 当填料中石料含量小于30%时，适用于本条； 3. 满足施工需要，预留路基宽度宽填的填方量作为路基填筑的附属工作，不另行计量； 4. 填前压实、地面下沉增加的填方量按填料来源参照本条计量	1. 基底翻松、压实、挖台阶； 2. 临时排水、翻晒； 3. 分层摊铺； 4. 洒水、压实、刷坡； 5. 整型
-b	利用石方	m³	1. 依据图纸所示地面线、路基设计横断面图，按平均断面面积法计算压实的体积，以立方米为单位计量； 2. 当填料中石料含量大于70%时，适用于本条； 3. 地面下沉增加的填方量按填料来源参照本条计量	1. 基底翻松、压实，挖台阶； 2. 临时排水、翻晒； 3. 边坡码砌； 4. 分层摊铺； 5. 小石块(或石屑)填缝、找补； 6. 洒水、压实； 7. 整型
-c	利用土石混填	m³	1. 依据图纸所示地面线、路基设计横断面图，按平均断面面积法计算压实的体积，以立方米为单位计量； 2. 当填料中石料含量大于30%、小于70%时，适用于本条； 3. 满足施工需要，预留路基宽度宽填的填方量作为路基填筑的附属工作，不另行计量； 4. 地面下沉增加的填方量按填料来源参照本条计量	1. 基底翻松、压实、挖台阶； 2. 临时排水、翻晒； 3. 边坡码砌； 4. 分层摊铺； 5. 洒水、压实、刷坡； 6. 整型
-d	借土填方	m³	1. 依据图纸所示地面线、路基设计横断面图，按平均断面面积法计算压实的体积，以立方米为单位计量； 2. 借土场绿化、防护工程、排水设施、临时用地在相应章节内计量； 3. 满足施工需要，预留路基宽度宽填的填方量作为路基填筑的附属工作，不另行计量； 4. 地面下沉增加的填方量按填料来源参照本条计量	1. 借土场场地清理、清除不适用材料； 2. 简易便道、基底翻松、压实、挖台阶； 3. 挖、装、运输、卸车； 4. 分层摊铺； 5. 洒水、压实、刷坡； 6. 施工排水处理； 7. 整型

子目号	子目名称	单位	工程量计量	工程内容
-e	粉煤灰及矿渣路堤	m³	1. 依据图纸所示地面线、路基设计横断面图，按平均断面面积法计算压实的体积，以立方米为单位计量； 2. 满足施工需要，预留路基宽度宽填的填方量作为路基填筑的附属工作，不另行计量； 3. 地面下沉增加的填方量按填料来源参照本条计量	1. 材料选择； 2. 基底翻松、压实、挖台阶； 3. 挖、装、运输、卸车； 4. 分层摊铺； 5. 洒水、压实、土质护坡； 6. 施工排水处理； 7. 整型
-f	吹填砂路堤	m³	1. 依据图纸所示地面线、路基设计横断面图，按平均断面面积法计算压实的体积，以立方米为单位计量； 2. 满足施工需要，预留路基宽度宽填的填方量作为路基填筑的附属工作，不另行计量； 3. 地面下沉增加的填方量按填料来源参照本条计量	1. 吹砂设备安设； 2. 吹填； 3. 施工排水处理(排水沟、反滤层设置)； 4. 封闭及整型
-g	EPS 路堤	m³	依据图纸所示，按铺筑的 EPS 体积以立方米为单位计量	1. 下承层处理； 2. 铺设垫层； 3. EPS 块加工及铺装
-h	结构物台背回填	m³	1. 依据图纸所示结构物台背回填数量，按照压实的体积以立方米为单位计量； 2. 挡土墙墙背回填不另行计量	1. 基底翻松、压实、挖台阶； 2. 填料的选择； 3. 临时排水； 4. 分层摊铺； 5. 洒水、压实； 6. 整型
-i	锥坡及台前溜坡填土	m³	依据图纸所示锥坡及台前溜坡数量，按照压实的体积以立方米为单位计量	1. 基底翻松、压实、挖台阶； 2. 填料的选择 3. 临时排水； 4. 分层摊铺； 5. 洒水、压实； 6. 整型
204-2	改河、改渠、改路填筑			
-a	利用土方	m³	1. 依据图纸所示地面线、设计横断面图，按平均断面面积法计算压实的体积，以立方米为单位计量； 2. 当填料中石料含量小于 30% 时，适用于本条； 3. 满足施工需要，预留路基宽度宽填的填方量作为路基填筑的附属工作，不另行计量	1. 基底翻松、压实、挖台阶； 2. 临时排水； 3. 分层摊铺； 4. 洒水、压实、刷坡； 5. 整型

子目号	子目名称	单位	工程量计量	工程内容
-b	利用石方	m³	1. 依据图纸所示地面线、设计横断面图，按平均断面面积法计算压实的体积，以立方米为单位计量； 2. 当填料中石料含量大于70%时，适用于本条； 3. 满足施工需要，预留路基宽度宽填的填方量作为路基填筑的附属工作，不另行计量	1. 基底翻松、压实、挖台阶； 2. 临时排水； 3. 边坡码砌； 4. 分层摊铺； 5. 小石块(或石屑)填缝、找补； 6. 洒水、压实； 7. 整型
-c	利用土石混填	m³	1. 依据图纸所示地面线、设计横断面图，按平均断面面积法计算压实的体积，以立方米为单位计量； 2. 当填料中石料含量大于30%、小于70%时，适用于本条； 3. 满足施工需要，预留路基宽度宽填的填方量作为路基填筑的附属工作，不另行计量	1. 基底翻松、压实、挖台阶； 2. 临时排水； 3. 分层摊铺； 4. 洒水、压实、刷坡； 5. 整型
-d	借土填方	m³	1. 依据图纸所示借方填筑数量，按照压实的体积，以立方米为单位计量； 2. 借土场绿化、防护工程、排水设施、临时用地在相应章节内计量； 3. 满足施工需要，预留路基宽度宽填的填方量作为路基填筑的附属工作，不另行计量	1. 借土场场地清理； 2. 基底翻松、压实、挖台阶； 3. 挖、装、运输、卸车； 4. 分层摊铺； 5. 洒水、压实、刷坡； 6. 施工排水处理； 7. 整型

注：路基总填方计算的一般要求如下。

1) 一般应先按原地面以上填方和原地面以下填方分别计算填方数量。河、沟、塘填方还应按每个工点分别计算填方数量，然后汇总为路基总填方。

2) 总填方等于原地面以上填方加上原地面以下填方。其中，原地面以上填方等于①+②+③-④，①、②、③、④分别为路基断面填方(含防护工程体积，不含土路肩与中央分隔带填方和采取专门设计的台背填筑方)、软土处理段沉降补偿填方、桥梁锥坡填方和小型构造物所占体积；原地面以下填方等于⑤+⑥+⑦+⑧+⑨，⑤、⑥、⑦、⑧、⑨分别为清表补偿填方、填前压实补偿填方、清淤换填方、淤顶至横断面地面线填方和低填开挖后回填方和零填挖换填的回填方。

3) 施工加宽部分、挖台阶回填土方(不包括旧路拼宽工程)和其他非设计图纸要求的超填方，以及非软土处理路段、设计未作处理路段的沉降方增量，均不另行计量。

4) 补偿填方(清表补偿填方+填前压实补偿填方+软土处理路段沉降补偿填方)应实行设计总量包干。其中，软土处理路段沉降补偿填方在"原地面以上填方"中，分两次计量支付：第一次计量在完成全部填方工作量的50%后进行；第二次计量在完成全部路基填方工作后进行。清表补偿填方和填前压实补偿填方在相应段落"原地面以下填方"最后一期计量中一次性计量。

5) 本节中所有填筑数量均以填筑材料的压实体积计量。计量体积中包括水泥、石灰等材料所占体积。

第205节　特殊地区路基处理

本节工程量清单项目分项计量规则应按附表2-4的规定执行。

附表2-4　特殊地区路基处理

子目号	子目名称	单位	工程量计量	工程内容
205	特殊地区路基处理			
205-1	软土地基处理			
-a	抛石挤淤	m³	依据图纸所示位置和范围，按照抛石体积的片石数量，以立方米为单位计量	1. 临时排水； 2. 抛填片石； 3. 小石块、石屑填塞垫平； 4. 重型压路机压实
-b	爆炸挤淤	m³	依据图纸所示位置和范围，按照设计的爆炸挤淤的淤泥体积，以立方米为单位计量	1. 超高填石； 2. 爆炸设计； 3. 布置炸药； 4. 爆破； 5. 填石； 6. 钻探(或物探)检查
-c	垫层			
-c-1	砂垫层	m³	1. 依据图纸所示位置和断面尺寸，按图示砂垫层密实体积以立方米为单位计量； 2. 因换填而挖除的非适用材料列入203-1相关子目计量	1. 基底清理； 2. 临时排水； 3. 分层铺垫； 4. 分层碾压
-c-2	砂砾垫层	m³	1. 依据图纸所示位置和断面尺寸，按图示砂砾垫层密实体积以立方米为单位计量； 2. 因换填而挖除的非适用材料列入203-1相关子目计量	1. 基底清理； 2. 临时排水； 3. 分层铺垫； 4. 分层碾压
-c-3	碎石垫层	m³	1. 依据图纸所示位置和断面尺寸，按图示碎石垫层密实体积以立方米为单位计量； 2. 因换填而挖除的非适用材料列入203-1相关子目计量	1. 基底清理； 2. 临时排水； 3. 分层铺垫； 4. 路基边部片石砌护； 5. 分层碾压
-c-4	碎石土垫层	m³	1. 依据图纸所示位置和断面尺寸，按图示碎石土垫层密实体积以立方米为单位计量； 2. 因换填而挖除的非适用材料列入203-1相关子目计量	1. 基底清理； 2. 临时排水； 3. 分层铺垫； 4. 分层碾压
-c-5	灰土垫层	m³	1. 依据图纸所示位置和断面尺寸，按图示灰土垫层密实体积以立方米为单位计量； 2. 因换填而挖除的非适用材料列入203-1相关子目计量	1. 基底清理； 2. 临时排水； 3. 石灰购置、运输、消解、拌和； 4. 分层铺垫； 5. 分层碾压
-d	土工合成材料			
-d-1	反滤土工布	m²	1. 依据图纸所示位置和规格，按土层中分层铺设反滤土工布的累计净面积以平方米为单位计量； 2. 接缝的重叠面积和边缘的包裹面积不予计量	1. 清理下承层； 2. 铺设及固定； 3. 接缝处理(搭接、缝接、粘接)； 4. 边缘处理

子目号	子目名称	单位	工程量计量	工程内容
-d-2	防渗土工膜	m²	1. 依据图纸所示位置和规格，按土层中分层铺设防渗土工膜的累计净面积以平方米为单位计量； 2. 接缝的重叠面积和边缘的包裹面积不予计量	1. 清理下承层； 2. 铺设及固定； 3. 接缝处理(搭接、缝接、粘接)； 4. 边缘处理
-d-3	土工格栅	m²	1. 依据图纸所示位置和规格、型号，按土层中分层铺设土工格栅的累计净面积以平方米为单位计量； 2. 接缝的重叠面积和边缘的包裹面积不予计量	1. 清理下承层； 2. 铺设及固定； 3. 接缝处理(搭接、缝接、粘接)； 4. 边缘处理
-d-4	土工格室	m²	1. 依据图纸所示位置和规格、型号，按设置土工格室的累计净面积以平方米为单位计量； 2. 接缝的重叠面积和边缘的包裹面积不予计量	1. 清理下承层； 2. 铺设及固定； 3. 接缝处理(搭接、缝接、粘接)； 4. 边缘处理
-e	预压与超载预压			
-e-1	真空预压	m²	1. 依据图纸所示的沿密封沟内缘线密封膜覆盖的路基面积以平方米为单位计量； 2. 真空联合堆载预压的堆载土方在205-1-e-2子目计量； 3. 砂垫层作为真空预压的附属工作不另行计量	1. 场地清理及埋设沉降观测设施； 2. 铺设砂垫层及密封薄膜； 3. 施工密封沟； 4. 安装真空设备； 5. 抽真空、沉降观测； 6. 拆除、清理场地； 7. 围堰与临时排水
-e-2	超载预压	m³	依据图纸所示预压范围(宽度、高度、长度)预压后体积以立方米为单位计量	1. 场地清理及埋设沉降观测设施； 2. 指标试验； 3. 围堰及临时排水； 4. 挖运、堆载、整型及碾压； 5. 沉降观测； 6. 卸载
-f	袋装砂井	m	依据图纸所示位置和断面尺寸，按不同直径袋装砂井的长度以米为单位计量	1. 场地清理； 2. (轨道铺、拆)装砂袋； 3. 桩机定位； 4. 打钢管； 5. 下砂袋； 6. 拔钢管； 7. 起重机(门架)、桩机移位
-g	塑料排水板	m	1. 依据图纸所示位置和断面尺寸，按图示不同类型的塑料排水板的长度以米为单位计量； 2. 不计伸入垫层内的塑料排水板长度	1. 场地清理； 2. (轨道铺、拆)桩机定位； 3. 穿塑料排水板； 4. 安装靴； 5. 打拔钢管； 6. 剪断排水板； 7. 起重机(门架)、桩机移位

续表

子目号	子目名称	单位	工程量计量	工程内容
-h	粒料桩			
-h-1	砂桩	m	依据图纸所示位置和断面尺寸，按图示不同桩径的砂桩长度以米为单位计量	1. 场地清理； 2. 成桩设备安装与就位； 3. 成孔； 4. 灌砂； 5. 桩机移位
-h-2	碎石桩	m	依据图纸所示位置和断面尺寸，按图示不同桩径的碎石桩长度以米为单位计量	1. 场地清理； 2. 成桩设备安装与就位； 3. 成孔； 4. 灌砂； 5. 桩机移位
-i	加固土桩			
-i-1	粉喷桩	m	依据图纸所示位置和断面尺寸，按图示不同桩径的粉喷桩长度以米为单位计量	1. 场地清理； 2. 钻机安装与就位； 3. 钻孔； 4. 喷(水泥)粉、搅拌； 5. 复喷、二次搅拌； 6. 桩机移位
-i-2	浆喷桩	m	依据图纸所示位置和断面尺寸，按图示不同桩径的浆喷桩长度以米为单位计量	1. 场地清理； 2. 钻机定位； 3. 钻进； 4. 上提喷浆、强制搅拌； 5. 复搅； 6. 提杆出孔； 7. 钻机移位
-j	CFG桩	m	依据图纸所示位置和断面尺寸，按图示不同桩径的CFG桩长度以米为单位计量	1. 场地清理； 2. 钻机定位； 3. 钻进成孔； 4. CFG桩混合料拌制； 5. 灌注及拔管； 6. 桩头处理； 7. 钻机移位
-k	Y形沉管灌注桩	m	依据图纸所示位置和断面尺寸，按图示不同规格的Y形沉管灌注桩长度以米为单位计量	1. 场地清理； 2. 打桩机定位； 3. 沉管； 4. 混合料拌制； 5. 灌注及拔管； 6. 桩头处理； 7. 打桩机移位
-l	薄壁筒型沉管灌注桩	m	依据图纸所示位置和断面尺寸，按图示不同规格的薄壁筒型沉管灌注桩长度以米为单位计量	1. 场地清理； 2. 打桩机定位； 3. 沉管； 4. 混合料拌制； 5. 灌注及拔管； 6. 桩头处理； 7. 打桩机移位

子目号	子目名称	单位	工程量计量	工程内容
-m	静压管桩	m	依据图纸所示位置和断面尺寸，按图示不同规格的静压管桩长度以米为单位计量	1. 场地清理； 2. 管桩制作； 3. 静力压桩机定位； 4. 压桩； 5. 桩身连接； 6. 桩头处理； 7. 打桩机移位
-n	强夯及强夯置换			
-n-1	强夯	m²	依据图纸所示位置和处理面积，按图示路堤底面积以平方米为单位计量	1. 场地清理； 2. 拦截、排除地表水； 3. 防止地表水下渗等防渗措施； 4. 强夯处理； 5. 路基整型； 6. 压实； 7. 沉降观测
-n-2	强夯置换	m³	依据图纸所示位置，按图示置换的体积以立方米为单位计量	1. 场地清理； 2. 拦截、排除地表水； 3. 防止地表水下渗等防渗措施； 4. 挖除材料； 5. 铺设换材料； 6. 强夯； 7. 路基整型； 8. 承载力检测
205-2	红黏土及膨胀土路基处理			
-a	石灰改良土	m³	1. 依据图纸所示位置和断面尺寸，对不良填料进行掺石灰改良处理，按不同掺灰量的压实体积，以立方米为单位计量； 2. 本条内容仅指石灰改良土作业，包括石灰的购置、运输、消解、拌和、洒水； 3. 土石方挖运、摊平、压实、整型在204节计量； 4. 包边土方在第204节计量	1. 原状土开挖翻松及晾晒； 2. 石灰消解； 3. 掺灰拌和
-b	水泥改良土	m³	1. 依据图纸所示位置和断面尺寸，对不良填料进行掺水泥改良处理，按不同掺水泥量的压实体积，以立方米为单位计量； 2. 本条内容仅指水泥改良土作业，包括水泥的购置、运输、消解、拌和、洒水； 3. 土石方挖运、摊平、压实、整型在204节计量； 4. 包边土方在第204节计量	1. 原状土开挖翻松及晾晒； 2. 水泥消解； 3. 掺水泥拌和

子目号	子目名称	单位	工程量计量	工程内容
205-3	滑坡处理			
-a	清除滑坡体	m³	依据图纸所示位置，按照清除滑坡体土方与石方的天然体积分别以立方米为单位计量	1. 地表水引排、防渗、地下水疏导引离； 2. 挖除、装卸； 3. 运输到指定地点堆放； 4. 现场清理
205-4	岩溶洞处理			
-a	回填	m³	依据图纸所示位置和范围，按照图纸要求的回填材料密实体积以立方米为单位计量	1. 清除覆土； 2. 炸开顶板； 3. 地下水疏导引离； 4. 挖除充填物； 5. 分层回填； 6. 碾压、夯实
205-5	湿陷性黄土路基处理			
-a	陷穴处理			
-a-1	灌砂	m³	依据图纸所示位置，按照灌砂的体积，以立方米为单位计量	1. 施工排水处理； 2. 开挖； 3. 灌砂； 4. 压实
-a-2	灌水泥砂浆	m³	依据图纸所示位置，按照灌水泥砂浆的体积，以立方米为单位计量	1. 施工排水处理； 2. 开挖； 3. 水泥砂浆拌制； 4. 灌水泥砂浆
-b	强夯及强夯置换			
-b-1	强夯	m²	依据图纸所示位置和处理面积，按图示路堤底面积以平方米为单位计量	1. 场地清理； 2. 拦截、排除地表水； 3. 防止地表水下渗等防渗措施； 4. 强夯处理； 5. 路基整型； 6. 压实； 7. 沉降观测
-b-2	强夯置换	m³	依据图纸所示位置，按图示置换的体积以立方米为单位计量	1. 场地清理； 2. 拦截、排除地表水； 3. 防止地表水下渗等防渗措施； 4. 挖除材料； 5. 铺设置换材料； 6. 强夯； 7. 路基整型； 8. 承载力检测

子目号	子目名称	单位	工程量计量	工程内容
-c	石灰改良土	m³	1. 依据图纸所示位置和断面尺寸，对不良填料进行掺石灰改良处理，按不同渗灰量的压实体积，以立方米为单位计量； 2. 本条内容仅指石灰改良土作业，包括石灰的购置、运输、消解、拌和、洒水； 3. 土石方挖运、摊平、压实、整型在204节计量	1. 原状土开挖翻松及晾晒； 2. 石灰消解； 3. 掺灰拌和
-d	灰土桩	m	依据图纸所示位置和断面尺寸，按图示不同直径的灰土桩长度以米为单位计量	1. 场地清理； 2. 钻机安装与就位； 3. 钻孔； 4. 喷（水泥）粉、搅拌； 5. 复喷、二次搅拌； 6. 桩机移位
205-6	盐渍土路基处理			
-a	垫层			
-a-1	砂垫层	m³	1. 依据图纸所示位置和断面尺寸，按图示砂垫层密实体积以立方米为单位计量； 2. 因换填而挖除的非适用材料列入203-1相关子目计量	1. 基底清理； 2. 临时排水； 3. 分层铺筑； 4. 分层碾压
-a-2	砂砾垫层	m³	1. 依据图纸所示位置和断面尺寸，按图示砂砾垫层密实体积以立方米为单位计量； 2. 因换填而挖除的非适用材料列入203-1相关子目计量	1. 基底清理； 2. 临时排水； 3. 分层铺筑； 4. 分层碾压
-b	土工合成材料			
-b-1	防渗土工膜	m²	1. 依据图纸所示位置和规格，按土层中分层铺设防渗土工膜的累计净面积以平方米为单位计量； 2. 接缝的重叠面积和边缘的包裹面积不予计量	1. 清理下承层； 2. 铺设及固定； 3. 接缝处理（搭接、缝接、粘接）； 4. 边缘处理
-b-2	土工格栅	m²	1. 依据图纸所示位置和规格、型号，按土层中分层铺设土工格栅的累计净面积以平方米为单位计量； 2. 接缝的重叠面积和边缘的包裹面积不予计量	1. 清理下承层； 2. 铺设及固定； 3. 接缝处理（搭接、缝接、粘接）； 4. 边缘处理
205-7	风积沙路基处理			
-a	土工合成材料			

续表

子目号	子目名称	单位	工程量计量	工程内容
-a-1	土工格栅	m²	1. 依据图纸所示位置和规格、型号，按土层中分层铺设土工格栅的累计净面积以平方米为单位计量； 2. 接缝的重叠面积和边缘的包裹面积不予计量	1. 清理下承层； 2. 铺设及固定； 3. 接缝处理（搭接、缝接、粘接）； 4. 边缘处理
-a-2	土工格室	m²	1. 依据图纸所示位置和规格、型号，按设置土工格室的累计净面积以平方米为单位计量； 2. 接缝的重叠面积和边缘的包裹面积不予计量	1. 清理下承层； 2. 铺设及固定； 3. 接缝处理（搭接、缝接、粘接）； 4. 边缘处理
-a-3	蜂窝式塑料网	m²	1. 依据图纸所示位置和规格、型号，按设置蜂窝式塑料网的累计净面积以平方米为单位计量； 2. 接缝的重叠面积和边缘的包裹面积不予计量	1. 清理下承层； 2. 铺设及固定； 3. 接缝处理（搭接、缝接、粘接）； 4. 边缘处理
205-8	冻土路基处理			
-a	隔热层			
-a-1	XPS 保温板	m²	依据图纸所示位置和断面形状、尺寸，按图示粘贴的 XPS 保温板面积，以平方米为单位计量	1. 备保温板、运输； 2. 裁剪保温板； 3. 清理粘贴面； 4. 涂刷或批刮黏结胶浆； 5. 粘贴到图示墙面或地面
-b	通风管	m	依据图纸所示位置和断面形状、尺寸，按设置的通分管长度，以米为单位计量	1. 基础开挖； 2. 通风管制作； 3. 通风管安装； 4. 回填砂砾； 5. 压实
-c	热棒	根	依据图纸所示位置和尺寸，按图示设置的热棒数量以根为单位计量	1. 场地清理； 2. 备水电、材料、机具设备； 3. 钻机定位； 4. 钻进、成孔； 5. 起吊安装热棒； 6. 热棒四周灌砂密实； 7. 钻机移位

第206节 路基整修

本节包括路堤整修和路堑边坡的修整，达到符合图纸所示的线型、纵坡、边坡、边沟和路基断面的作业。本节工作内容不作计量。

第207节　坡 面 排 水

本节工程量清单项目分项计量规则应按附表2-5的规定执行。

附表2-5　坡面排水

子目号	子目名称	单位	工程量计量	工程内容
207	坡面排水			
207-1	边沟			
-a	浆砌片石	m³	依据图纸所示位置及断面尺寸，按浆砌片石的体积以立方米为单位计量	1. 场地清理； 2. 地基平整夯实、断面补挖； 3. 铺设垫层； 4. 砂浆拌制； 5. 浆砌片石、勾缝、抹面、养护； 6. 回填
-b	浆砌块石	m³	依据图纸所示位置及断面尺寸，按不同强度等级浆砌块石的体积以立方米为单位计量	1. 场地清理； 2. 地基平整夯实、断面补挖； 3. 铺设垫层； 4. 砂浆拌制； 5. 浆砌块石、勾缝、抹面、养护； 6. 回填
-c	现浇混凝土	m³	依据图纸所示位置及断面尺寸，按不同强度等级混凝土浇筑的边沟体积以立方米为单位计量	1. 场地清理； 2. 地基平整夯实、断面补挖； 3. 铺设垫层； 4. 模板制作、安装、拆除； 5. 钢筋制作与安装； 6. 混凝土拌和、运输、浇筑、养护； 7. 回填
-d	预制安装混凝土	m³	依据图纸所示位置及断面尺寸，按不同强度等级混凝土预制的边沟体积以立方米为单位计量	1. 场地清理； 2. 地基平整夯实、断面补挖； 3. 铺设垫层； 4. 模板制作、安装、拆除； 5. 预制件预制、运输、装卸； 6. 预制件安装； 7. 回填
-e	预制安装混凝土盖板	m³	依据图纸所示位置及断面尺寸，按不同强度等级混凝土预制的盖板体积以立方米为单位计量	1. 场地清理； 2. 模板制作、安装、拆除； 3. 钢筋制作与安装； 4. 预制件预制、运输、装卸； 5. 预制件安装
-f	干砌片石	m³	依据图纸所示位置及断面尺寸，按干砌片石的体积以立方米为单位计量	1. 场地清理； 2. 地基平整夯实、断面补挖； 3. 铺设垫层； 4. 铺砌片石； 5. 回填

子目号	子目名称	单位	工程量计量	工程内容
207-2	排水沟			
-a	浆砌片石	m³	依据图纸所示位置及断面尺寸，按浆砌片石的体积以立方米为单位计量	1. 场地清理； 2. 地基平整夯实、断面补挖； 3. 铺设垫层； 4. 砂浆拌制； 5. 浆砌片石、勾缝、抹面、养护； 6. 回填
-b	浆砌块石	m³	依据图纸所示位置及断面尺寸，按不同强度等级浆砌块石的体积以立方米为单位计量	1. 场地清理； 2. 地基平整夯实、断面补挖； 3. 铺设垫层； 4. 砂浆拌制； 5. 浆砌块石、勾缝、抹面、养护； 6. 回填
-c	现浇混凝土	m³	依据图纸所示位置及断面尺寸，按不同强度等级混凝土浇筑的排水沟体积以立方米为单位计量	1. 场地清理； 2. 地基平整夯实、断面补挖； 3. 铺设垫层； 4. 模板制作、安装、拆除； 5. 钢筋制作与安装； 6. 混凝土拌和、运输、浇筑、养护； 7. 回填
-d	预制安装混凝土	m³	依据图纸所示位置及断面尺寸，按不同强度等级混凝土预制的排水沟体积以立方米为单位计量	1. 场地清理； 2. 地基平整夯实、断面补挖； 3. 铺设垫层； 4. 模板制作、安装、拆除； 5. 预制件预制、运输、装卸； 6. 预制件安装； 7. 回填
-e	预制安装混凝土盖板	m³	依据图纸所示位置及断面尺寸，按不同强度等级混凝土预制的盖板体积以立方米为单位计量	1. 场地清理； 2. 模板制作、安装、拆除； 3. 钢筋制作与安装； 4. 预制件预制、运输、装卸； 5. 预制件安装
-f	干砌片石	m³	依据图纸所示位置及断面尺寸，按干砌片石的体积以立方米为单位计量	1. 场地清理； 2. 地基平整夯实、断面补挖； 3. 铺设垫层； 4. 铺砌片石； 5. 回填
207-3	截水沟			
-a	浆砌片石	m³	依据图纸所示位置及断面尺寸，按浆砌片石的体积以立方米为单位计量	1. 场地清理； 2. 地基平整夯实、断面补挖； 3. 铺设垫层； 4. 砂浆拌制； 5. 浆砌片石、勾缝、抹面、养护； 6. 回填

续表

子目号	子目名称	单位	工程量计量	工程内容
-b	浆砌块石	m³	依据图纸所示位置及断面尺寸，按不同强度等级浆砌块石的体积以立方米为单位计量	1. 场地清理； 2. 地基平整夯实、断面补挖； 3. 铺设垫层； 4. 砂浆拌制； 5. 浆砌块石、勾缝、抹面、养护； 6. 回填
-c	现浇混凝土	m³	依据图纸所示位置及断面尺寸，按不同强度等级混凝土浇筑的截水沟体积以立方米为单位计量	1. 场地清理； 2. 地基平整夯实、断面补挖； 3. 铺设垫层； 4. 模板制作、安装、拆除； 5. 混凝土拌和、运输、浇筑、养护； 6. 回填
-d	预制安装混凝土	m³	依据图纸所示位置及断面尺寸，按不同强度等级混凝土预制的截水沟体积以立方米为单位计量	1. 场地清理； 2. 地基平整夯实、断面补挖； 3. 铺设垫层； 4. 模板制作、安装、拆除； 5. 预制件预制、运输、装卸； 6. 预制件安装； 7. 回填
-e	干砌片石	m³	依据图纸所示位置及断面尺寸，按干砌片石的体积以立方米为单位计量	1. 场地清理； 2. 地基平整夯实、断面补挖； 3. 铺设垫层； 4. 铺砌片石； 5. 回填
207-4	跌水与急流槽			
-a	干砌片石	m³	依据图纸所示位置及断面尺寸，按干砌片石的体积以立方米为单位计量	1. 场地清理； 2. 基础开挖； 3. 铺设垫层； 4. 铺砌片石； 5. 回填
-b	浆砌片石	m³	依据图纸所示位置及断面尺寸，按不同强度等级浆砌片石的体积以立方米为单位计量	1. 场地清理； 2. 基础开挖； 3. 铺设垫层； 4. 砂浆拌制； 5. 浆砌片石、勾缝、抹面、养护； 6. 回填
-c	现浇混凝土	m³	依据图纸所示位置及断面尺寸，按不同强度等级混凝土浇筑的体积以立方米为单位计量	1. 场地清理； 2. 地基平整夯实、断面补挖； 3. 铺设垫层； 4. 模板制作、安装、拆除； 5. 混凝土拌和、运输、浇筑、养护； 6. 回填

子目号	子目名称	单位	工程量计量	工程内容
-d	预制安装混凝土	m³	依据图纸所示位置及断面尺寸，按不同强度等级混凝土预制的体积以立方米为单位计量	1. 场地清理； 2. 地基平整夯实、跌水与急流槽断面补挖； 3. 铺设垫层； 4. 模板制作、安装、拆除； 5. 预制件预制、运输、装卸； 6. 预制件安装； 7. 回填
207-5	渗沟	m	依据图纸所示位置及断面尺寸，分不同类型及规格的渗沟，按长度以米为单位计量	1. 基础开挖； 2. 进出水口处理； 3. 铺设防渗材料； 4. 铺设透水管及泄水管； 5. 填料填筑及夯实； 6. 设置反滤层； 7. 设置封闭层； 8. 现场清理
207-6	蒸发池			
-a	挖土(石)方	m³	依据图纸所示地面线、断面尺寸、土石比例，按开挖的天然密实体积以立方米为单位计量	1. 场地清理； 2. 开挖、集中、装运； 3. 施工排水处理； 4. 弃方处理
-b	圬工	m³	依据图纸所示位置及断面尺寸，分不同类型及强度等级，按圬工体积以立方米为单位计量	1. 场地清理； 2. 基坑开挖及弃方处理； 3. 地基平整夯实、断面补挖； 4. 浆砌片石、勾缝、抹面、养护； 5. 回填
207-7	涵洞上下游改沟、改渠铺砌			
-a	浆砌片石铺砌	m³	依据图纸所示位置及断面尺寸，按照不同强度等级水泥砂浆铺砌的片石体积以立方米为单位计量	1. 场地清理； 2. 地基平整夯实，沟、渠断面补挖； 3. 铺设垫层； 4. 砂浆拌制； 5. 浆砌片石、勾缝、抹面、养护； 6. 回填
-b	现浇混凝土铺砌	m³	依据图纸所示位置及断面尺寸，按照不同强度等级混凝土浇筑的沟、渠铺砌体积以立方米为单位计量	1. 场地清理； 2. 地基平整夯实，沟、渠断面补挖； 3. 铺设垫层； 4. 模板制作、安装、拆除； 5. 混凝土拌和、运输、浇筑、养护； 6. 回填

子目号	子目名称	单位	工程量计量	工程内容
-c	预制混凝土铺砌	m³	依据图纸所示位置及断面尺寸，按不同强度等级混凝土预制的沟、渠铺砌体积以立方米为单位计量	1. 场地清理； 2. 地基平整夯实，沟、渠断面补挖； 3. 铺设垫层； 4. 模板制作、安装、拆除； 5. 预制件预制、运输、装卸； 6. 预制件安装； 7. 回填
207-8	现浇混凝土坡面排水结构物	m³	依据图纸所示位置及断面尺寸，按照不同强度等级混凝土浇筑的坡面排水结构物体积以立方米为单位计量	1. 场地清理； 2. 地基平整夯实，坡面排水结构物断面补挖； 3. 铺设垫层； 4. 模板制作、安装、拆除； 5. 混凝土拌和、运输、浇筑、养护； 6. 回填
207-9	预制混凝土坡面排水结构物	m³	依据图纸所示位置及断面尺寸，按不同强度等级混凝土预制的坡面排水结构物体积以立方米为单位计量	1. 场地清理； 2. 地基平整夯实，坡面排水结构物断面补挖； 3. 铺设垫层； 4. 模板制作、安装、拆除； 5. 预制件预制、运输、装卸； 6. 预制件安装； 7. 回填
207-10	仰斜式排水孔			
-a	钻孔	m	按照图纸所示位置及孔径，按照不同孔径排水孔长度以米计量	1. 搭拆脚手架； 2. 安拆钻机； 3. 布眼、钻孔、清孔； 4. 现场清理
-b	排水管	m	按照图纸所示位置及排水管材质，按照不同管径排水管长度以米计量	1. 搭拆脚手架； 2. 管体制作、包裹渗水土工布； 3. 安装排水管，排水口处理； 4. 现场清理
-c	软式透水管	m	按照图纸所示位置及排水管材质，按照不同管径排水管长度以米计量	1. 搭拆脚手架； 2. 管体制作、包裹渗水土工布(反滤膜)； 3. 安装透水管，排水口处理； 4. 现场清理

第208节　护坡、护面墙

本节工程量清单项目分项计量规则应按附表2-6的规定执行。

附表2-6　护坡、护面墙

子目号	子目名称	单位	工程量计量	工程内容
208	护坡、护面墙			
208-1	护坡垫层	m³	依据图纸所示位置和密实厚度，按照不同材料类别的垫层体积以立方米为单位计量	1. 坡面清理、修整； 2. 垫层材料铺筑； 3. 压实、捣固； 4. 弃渣处理
208-2	干砌片石护坡	m³	1. 依据图纸所示位置和铺砌厚度，扣除急流槽所占部分，以立方米为单位计量； 2. 含碎落台、护坡平台满铺干砌片石数量	1. 清理边坡； 2. 铺砌片石； 3. 回填； 4. 清理现场
208-3	浆砌片石护坡			
-a	满铺干砌片石护坡	m³	1. 依据图纸所示位置和铺砌厚度、水泥砂浆强度，按照铺砌体积以立方米为单位计量； 2. 含碎落台、护坡平台满铺浆砌片石数量； 3. 扣除急流槽所占体积	1. 清理边坡，坡面夯实，基础开挖； 2. 浆砌片石； 3. 勾缝、抹面、养护； 4. 回填； 5. 清理现场
-b	浆砌骨架护坡	m³	1. 依据图纸所示位置和铺砌厚度、骨架形式、水泥砂浆强度，按照护坡体积以立方米为单位计量； 2. 含碎落台、护坡平台浆砌骨架数量； 3. 扣除急流槽所占体积	1. 清理边坡，坡面夯实，基础开挖； 2. 浆砌片石； 3. 勾缝、抹面、养护； 4. 回填； 5. 清理现场
-c	现浇混凝土	m³	依据图纸所示位置及断面尺寸，按照不同强度等级混凝土浇筑的现浇混凝土体积以立方米为单位计量	1. 清理边坡，坡面夯实，基坑开挖； 2. 模板制作、安装、拆除； 3. 混凝土拌和、运输、浇筑、养护； 4. 回填； 5. 清理现场
208-4	混凝土护坡			
-a	现浇混凝土满铺护坡	m³	1. 依据图纸所示位置及断面尺寸，按照不同强度等级混凝土浇筑的实体体积以立方米为单位计量； 2. 含碎落台、护坡平台满铺混凝土数量； 3. 扣除急流槽所占体积	1. 清理边坡，坡面夯实，基坑开挖； 2. 模板制作、安装、拆除； 3. 混凝土拌和、运输、浇筑、养护； 4. 回填； 5. 清理现场
-b	混凝土预制件满铺护坡	m³	1. 依据图纸所示位置和构造尺寸，按照不同强度等级混凝土预制件铺砌坡面的实体体积以立方米为单位计量； 2. 含碎落台、护坡平台满铺混凝土数量； 3. 扣除急流槽所占体积	1. 清理边坡，坡面夯实，基坑开挖； 2. 预制场建设； 3. 预制件预制、运输、装卸； 4. 预制件安装； 5. 回填； 6. 清理现场

子目号	子目名称	单位	工程量计量	工程内容
-c	现浇混凝土骨架护坡	m³	依据图纸所示位置及断面尺寸，按照不同强度等级混凝土浇筑的骨架护坡体积以立方米为单位计量	1. 清理边坡，坡面夯实，基坑开挖； 2. 模板制作、安装、拆除； 3. 混凝土拌和、运输、浇筑、养护； 4. 回填； 5. 清理现场
-d	混凝土预制件骨架护坡	m³	依据图纸所示位置和构造尺寸，按照不同强度等级混凝土预制件骨架护坡的体积以立方米为单位计量	1. 清理边坡，坡面夯实，基坑开挖； 2. 预制场建设； 3. 预制件预制、运输、装卸； 4. 预制件安装； 5. 回填； 6. 清理现场
-e	浆砌片石	m³	依据图纸所示位置和铺砌厚度，按照不同强度等级水泥砂浆砌筑的浆砌片石护坡体积以立方米为单位计量；	1. 清理边坡，坡面夯实，基础开挖； 2. 浆砌片石； 3. 勾缝、抹面、养护； 4. 回填； 5. 清理现场
208-5	护面墙			
-a	浆砌片(块)石护面墙	m³	1. 依据图纸所示位置和断面尺寸，按图示不同强度等级水泥砂浆砌片(块)石的体积以立方米为单位计量； 2. 不扣除沉降缝、泄水孔、预埋件所占体积	1. 基坑开挖，地基平整夯实，废方弃运； 2. 边坡清理夯实； 3. 浆砌片石，设泄水孔及其滤水层； 4. 接缝处理； 5. 勾缝、抹面、墙背排水设施设置、填料分层填筑； 6. 清理现场
-b	现浇混凝土护面墙	m³	1. 依据图纸所示位置和断面尺寸，按图示不同强度等级混凝土的体积以立方米为单位计量； 2. 不扣除沉降缝、泄水孔、预埋件所占体积	1. 场地清理； 2. 基坑开挖，地基平整夯实，废方弃运； 3. 边坡清理夯实； 4. 模板制作、安装、拆除； 5. 混凝土拌和、运输、浇筑、养护； 6. 泄水孔及其滤水层、沉降缝设置； 7. 墙背排水设施设置、填料分层填筑； 8. 清理现场
-c	预制安装混凝土护面墙	m³	1. 依据图纸所示位置和断面尺寸，按照不同强度等级混凝土预制件的体积以立方米为单位计量； 2. 不扣除沉降缝、泄水孔、预埋件所占体积	1. 预制场建设； 2. 预制件预制、运输、装卸； 3. 预制件安装； 4. 墙背排水设施设置、填料分层填筑； 5. 清理现场
208-6	封面			
-a	封面	m²	依据图纸所示位置及断面尺寸，按照不同厚度的封面面积以平方米为单位计量	1. 坡面清理； 2. 封面施工； 3. 清理现场

续表

子目号	子目名称	单位	工程量计量	工程内容
208-7	捶面			
-a	捶面	m²	依据图纸所示位置及断面尺寸，按照不同厚度的捶面面积以平方米为单位计量	1. 坡面清理； 2. 捶面施工； 3. 清理现场
208-8	坡面柔性防护			
-a	主动防护系统	m²	1. 依据图纸所示，按主动防护系统防护的坡面面积以平方米为单位计量； 2. 网片搭接部分作为附属工作，不另行计量	1. 坡面清理； 2. 脚手架安设、拆除、完工清理和保养； 3. 支撑绳穿绳、张拉、固定； 4. 挂网、网片连接、缝合、固定； 5. 钻孔、清孔、套管装拔、锚杆制作、安装、锚固、锚头处理； 6. 浆液制备、注浆、养护； 7. 网面调整
-b	被动防护系统	m²	1. 依据图纸所示，按被动防护系统网面的面积以平方米为单位计量； 2. 网片搭接部分作为附属工作，不另行计量	1. 坡面清理； 2. 基础及立柱施工； 3. 支撑绳穿绳、张拉、固定； 4. 挂网、网片连接、缝合、固定； 5. 钻孔、清孔、套管装拔、锚杆制作、安装、锚固、锚头处理； 6. 浆液制备、注浆、养护； 7. 网面调整

第 209 节 挡 土 墙

本节工程量清单项目分项计量规则应按附表 2-7 的规定执行。

附表 2-7　挡土墙

子目号	子目名称	单位	工程量计量	工程内容
209	挡土墙			
209-1	垫层	m³	依据图纸所示位置及垫层密实厚度，按照不同材料的垫层体积以立方米为单位计量	1. 基底清理； 2. 临时排水； 3. 铺筑垫层； 4. 夯实
209-2	基础			
-a	浆砌片(块)石基础	m³	依据图示所示位置和断面尺寸，按图示不同强度等级水泥砂浆砌石体积以立方米为单位计量	1. 基坑开挖、清理、平整、夯实、废方弃运； 2. 拌、运砂浆； 3. 砌筑、养护； 4. 回填

子目号	子目名称	单位	工程量计量	工程内容
-b	混凝土基础	m³	依据图纸所示位置和断面尺寸，按图示不同强度等级混凝土体积以立方米为单位计量	1. 基坑开挖、清理、平整、夯实； 2. 混凝土制作、运输； 3. 浇筑、振捣； 4. 养护； 5. 回填； 6. 清理现场
209-3	砌体挡土墙			
-a	浆砌片(块)石	m³	1. 依据图纸所示位置和断面尺寸，按图示不同强度等级水泥砂浆砌石体积以立方米为单位计量； 2. 不扣除沉降缝、泄水孔、预埋件所占体积	1. 基坑开挖、清理、平整、夯实； 2. 浆筑片(块)石，设泄水孔及其滤水层； 3. 接缝处理； 4. 勾缝、抹面、墙背排水设施设置、墙背填料分层填筑； 5. 清理、废方弃运
209-4	干砌挡土墙	m³	1. 依据图纸所示位置和断面尺寸，按图示干砌体积以立方米为单位计量； 2. 不扣除沉降缝、泄水孔所占体积	1. 基坑开挖、清理、平整、夯实； 2. 浆筑片(块)石，设泄水孔及其滤水层； 3. 接缝处理； 4. 抹面； 5. 墙背排水设施设置、墙背填料分层填筑； 6. 清理、废方弃运
209-5	混凝土挡土墙			
-a	混凝土	m³	1. 依据图纸所示位置和断面尺寸，按图示不同强度等级混凝土体积以立方米为单位计量； 2. 不扣除沉降缝、泄水孔、预埋件所占体积	1. 基坑开挖、清理、平整、夯实； 2. 模板制作、安装、拆除； 3. 混凝土拌和、运输、浇筑、养护； 4. 泄水孔及其滤水层、沉降缝设置； 5. 墙背填料分层填筑； 6. 清理、弃方处理
-b	钢筋	kg	1. 依据图纸所示及钢筋表所列钢筋质量以千克为单位计量； 2. 固定钢筋的材料、定位架立钢筋、钢筋接头、吊装钢筋、钢板、铁丝作为钢筋作业的附属工作，不另行计量	1. 钢筋的保护、储存及除锈； 2. 钢筋整直、接头； 3. 钢筋截断、弯曲； 4. 钢筋安设、支承及固定

第 210 节　锚杆、锚定板挡土墙

本节工程量清单项目分项计量规则应按附表 2-8 的规定执行。

附表 2-8　锚杆、锚定板挡土墙

子目号	子目名称	单位	工程量计量	工程内容
210	锚杆、锚定板挡土墙			
210-1	锚杆挡土墙			
-a	现浇混凝土立柱	m³	依据图纸所示位置及断面尺寸，按图示不同强度等级混凝土体积以立方米为单位计量	1. 基坑开挖、清理、平整、夯实； 2. 模板制作、安装、拆除； 3. 混凝土拌和、运输、浇筑、养护； 4. 锚头制作、防锈及防水封闭； 5. 清理现场
-b	预制安装混凝土立柱	m³	依据图纸所示位置和断面尺寸，按图示不同强度等级混凝土立柱体积以立方米为单位计量	1. 基础开挖； 2. 预制场建设； 3. 预制件预制、运输、装卸； 4. 预制件安装； 5. 锚头制作、防锈及防水封闭； 6. 清理现场
-c	预制安装混凝土挡板	m³	依据图纸所示位置及断面尺寸，按图示不同强度等级混凝土体积以立方米为单位计量	1. 沟槽开挖； 2. 预制场建设； 3. 预制件预制、运输、装卸； 4. 预制件安装； 5. 墙背回填及墙背排水系统施工； 6. 清理、弃方处理
210-2	锚定板挡土墙			
-a	现浇混凝土肋柱	m³	依据图纸所示位置及断面尺寸，按图示不同强度等级混凝土体积以立方米为单位计量	1. 基坑开挖、清理、平整、夯实； 2. 模板制作、安装、拆除； 3. 混凝土拌和、运输、浇筑、养护； 4. 锚头制作、防锈及防水封闭； 5. 清理现场
-b	预制安装混凝土肋柱	m³	依据图纸所示位置及断面尺寸，按图示不同强度等级混凝土体积以立方米为单位计量	1. 基础开挖； 2. 预制场建设； 3. 预制件预制、运输、装卸； 4. 预制件安装； 5. 锚头制作、防锈及防水封闭； 6. 清理现场
-c	预制安装混凝土锚定板	m³	依据图纸所示位置及断面尺寸，按图示不同强度等级混凝土体积以立方米为单位计量	1. 沟槽开挖； 2. 预制场建设； 3. 预制件预制、运输、装卸； 4. 预制件安装； 5. 墙背回填及墙背排水系统施工； 6. 清理现场

子目号	子目名称	单位	工程量计量	工程内容
210-3	现浇墙身混凝土、附属部位混凝土			
-a	现浇墙身混凝土	m³	1. 依据图纸所示位置及断面尺寸，按图示不同强度等级混凝土体积以立方米为单位计量； 2. 不扣除沉降缝、泄水孔、预埋件所占体积	1. 模板制作、安装、拆除； 2. 混凝土拌和、运输、浇筑、养护； 3. 墙背回填及墙背排水系统施工； 4. 清理现场
-b	现浇附属部位混凝土	m³	依据图纸所示位置及断面尺寸，按图示不同强度等级混凝土体积以立方米为单位计量	1. 模板制作、安装、拆除； 2. 混凝土拌和、运输、浇筑、养护； 3. 清理现场
210-4	现浇桩基混凝土	m³	1. 依据图纸所示位置及断面尺寸，按图示不同强度等级混凝土体积以立方米为单位计量； 2. 护壁混凝土为桩基混凝土的附属工作，不另行计量	1. 钻孔； 2. 模板制作、安装、拆除； 3. 护壁及桩身混凝土拌和、运输、浇筑、养护； 4. 墙背回填、压实、排水措施施工； 5. 清理现场
210-5	锚杆及拉杆			
-a	锚杆	kg	依据图纸所示位置，按照锚杆设计长度和规格计算质量以千克为单位计量	1. 坡面清理； 2. 钻孔； 3. 制作安放锚杆； 4. 灌浆； 5. 拉拔实验； 6. 锚固； 7. 锚头处理
-b	拉杆	kg	依据图纸所示位置，按照锚杆设计长度和规格计算质量以千克为单位计量	1. 拉杆沟槽开挖、废方弃运； 2. 拉杆制作、防锈处理、安装； 3. 拉杆与肋柱、锚定板连接处的防锈处理； 4. 锚头制作、防锈处理、防水封闭、养护
210-6	钢筋	kg	1. 依据图纸所示及钢筋表所列钢筋质量以千克为单位计量； 2. 固定钢筋的材料、定位架立钢筋、钢筋接头、吊装钢筋、钢板、铁丝作为钢筋作业的附属工作，不另行计量	1. 钢筋的保护、储存及除锈； 2. 钢筋整直、接头； 3. 钢筋截断、弯曲； 4. 钢筋安设、支承及固定

第 211 节　加筋挡土墙

本节工程量清单项目分项计量规则应按附表 2-9 的规定执行。

附表2-9　加筋挡土墙

子目号	子目名称	单位	工程量计量	工程内容
211	加筋挡土墙			
211-1	基础			
-a	浆砌片石基础	m³	依据图纸所示位置及断面尺寸，按图示不同强度等级水泥砂浆砌石体积以立方米为单位计量	1. 基坑开挖、清理、平整、夯实、废方弃运； 2. 拌、运砂浆； 3. 砌筑； 4. 养护； 5. 回填
-b	混凝土基础	m³	依据图纸所示位置及断面尺寸，按图示不同强度等级混凝土体积以立方米为单位计量	1. 基坑开挖、清理、平整、夯实； 2. 混凝土制作、运输； 3. 浇筑、振捣； 4. 养护； 5. 回填； 6. 清理现场
211-2	混凝土帽石			
-a	现浇帽石混凝土	m³	依据图纸所示断面尺寸，按照不同强度等级混凝土体积以立方米为单位计量	1. 模板制作、安装、拆除； 2. 混凝土拌和、运输、浇筑、养护； 3. 清理现场
211-3	预制安装混凝土墙面板	m³	1. 依据图纸所示位置及断面尺寸，按图示不同强度等级混凝土体积以立方米为单位计量； 2. 加筋土挡土墙的路堤填料按第204节计量	1. 沟槽开挖； 2. 预制场建设； 3. 预制件预制、运输、装卸； 4. 预制件安装； 5. 墙背回填(不含路堤填料的回填)及墙背排水系统施工； 6. 清理现场
211-4	加筋带			
-a	扁钢带	kg	依据图纸所示位置及断面尺寸，按铺设数量换算为质量以千克为单位计量	1. 场地清理； 2. 铺设加筋带； 3. 填料摊平； 4. 分层压实
-b	钢筋混凝土带	m³	1. 依据图纸所示位置及断面尺寸，按图示不同强度等级混凝土体积以立方米为单位计量； 2. 混凝土中的钢筋作为加筋带的附属工作，不另行计量	1. 场地清理； 2. 铺设加筋带； 3. 填料摊平； 4. 分层压实
-c	塑钢复合带	kg	依据图纸所示位置及断面尺寸，按铺设数量换算为质量以千克为单位计量	1. 场地清理； 2. 铺设加筋带； 3. 填料摊平； 4. 分层压实

子目号	子目名称	单位	工程量计量	工程内容
-d	塑料土工格栅	m²	1. 依据图纸所示位置和规格，按土层中分层铺设土工格栅的累计净面积以平方米为单位计量； 2. 接缝的重叠面积和边缘的包裹面积不予计量	1. 场地清理； 2. 铺设加筋带； 3. 填料摊平； 4. 分层压实
-e	聚丙烯土工带	kg	依据图纸所示位置及断面尺寸，按铺设数量换算为质量以千克为单位计量	1. 场地清理； 2. 铺设加筋带； 3. 填料摊平； 4. 分层压实
211-5	钢筋	kg	1. 依据图纸所示及钢筋表所列钢筋质量以千克为单位计量； 2. 固定钢筋的材料、定位架立钢筋、钢筋接头、吊装钢筋、钢板、铁丝作为钢筋作业的附属工作，不另行计量； 3. 加筋带中的钢筋不另行计量	1. 钢筋的保护、储存及除锈； 2. 钢筋整直、接头； 3. 钢筋截断、弯曲； 4. 钢筋安设、支承及固定

第212节　喷射混凝土和喷浆边坡防护

本节工程量清单项目分项计量规则应按附表2-10的规定执行。

附表2-10　喷射混凝土和喷浆边坡防护

子目号	子目名称	单位	工程量计量	工程内容
212	喷射混凝土和喷浆边坡防护			
212-1	挂网土工格栅喷浆防护边坡			
-a	喷浆防护边坡	m²	依据图纸所示位置及砂浆强度等级，按照不同厚度喷浆防护面积以平方米为单位计量	1. 岩面清理； 2. 设备安装与拆除； 3. 水泥喷浆拌制； 4. 喷射； 5. 养护
-b	铁丝网	kg	1. 依据图纸所示位置，按照设计数量以千克为单位计量； 2. 因搭接而增加的铁丝网不予计量	1. 清理坡面； 2. 铁丝网安设、支承及固定

子目号	子目名称	单位	工程量计量	工程内容
-c	土工格栅	m²	1. 依据图纸所示位置和规格、型号，按分层铺设土工格栅的累计净面积以平方米为单位计量； 2. 接缝的重叠面积和边缘包裹面积不予计量	1. 清理坡面； 2. 铺设； 3. 接缝处理（搭接、缝接、粘接）
-d	锚杆	kg	依据图纸所示位置，按照锚杆设计长度和规格计算质量，以千克为单位计量	1. 清理坡面； 2. 钻孔； 3. 制作安装锚杆； 4. 灌浆
212-2	挂网锚喷混凝土防护边坡（全坡面）			
-a	喷射混凝土防护边坡	m²	依据图纸所示位置及混凝土浆强度等级，按照不同厚度喷射混凝土防护面积以平方米为单位计量	1. 岩面清理； 2. 设备安装与拆除； 3. 混凝土拌制； 4. 喷射； 5. 沉降缝设置； 6. 养护
-b	钢筋网	kg	1. 依据图纸所示位置，按照设计数量以千克为单位计量； 2. 因搭接而增加的钢筋网不予计量	1. 清理坡面； 2. 钢筋网安设、支承及固定
-c	铁丝网	kg	1. 依据图纸所示位置，按照设计数量以千克为单位计量； 2. 因搭接而增加的铁丝网不予计量	1. 清理坡面； 2. 铁丝网安设、支承及固定
-d	土工格栅	m²	1. 依据图纸所示位置和规格、型号，按分层铺设土工格栅的累计净面积以平方米为单位计量； 2. 接缝的重叠面积和边缘包裹面积不予计量	1. 清理坡面； 2. 铺设； 3. 接缝处理（搭接、缝接、粘接）
-e	锚杆	kg	依据图纸所示位置，按照锚杆设计长度和规格计算质量，以千克为单位计量	1. 清理坡面； 2. 钻孔； 3. 制作安装锚杆； 4. 灌浆
212-3	坡面防护			
-a	喷浆边坡防护	m²	依据图纸所示位置及砂浆强度等级，按照不同厚度喷浆防护面积以平方米为单位计量	1. 岩面清理； 2. 设备安装与拆除； 3. 水泥砂浆拌制； 4. 喷射； 5. 养护

子目号	子目名称	单位	工程量计量	工程内容
-b	喷射混凝土边坡防护	m²	依据图纸所示位置及混凝土强度等级，按照不同厚度喷射混凝土面积以平方米为单位计量	1. 岩面清理； 2. 设备安装与拆除； 3. 混凝土拌制； 4. 喷射； 5. 养护
212-4	土钉支护			
-a	钻孔注浆钉	m	依据图纸所示位置，按图示不同直径的土钉钻孔桩长度以米为单位计量	1. 清理坡面； 2. 钻孔； 3. 制作安放土钉钢筋； 4. 浆体配置、运输、注浆
-b	击入钉	kg	依据图纸所示位置，按图示击入金属钉的质量以千克为单位计量	1. 清理坡面； 2. 土钉制作； 3. 土钉击入
-c	喷射混凝土	m²	依据图纸所示位置及混凝土强度等级，按照不同厚度喷射混凝土面积以平方米为单位计量	1. 清理坡面； 2. 混凝土拌制； 3. 喷射混凝土； 4. 沉降缝设置； 5. 养护
-d	钢筋	kg	1. 依据图纸所示及钢筋表所列钢筋质量以千克为单位计量； 2. 固定钢筋的材料、定位架立钢筋、钢筋接头、吊装钢筋、钢板、铁丝作为钢筋作业的附属工作，不另行计量； 3. 土钉用钢材不予计量	1. 钢筋的保护、储存及除锈； 2. 钢筋整直、接头； 3. 钢筋截断、弯曲； 4. 钢筋安设、支承及固定
-e	钢筋网	kg	1. 依据图纸所示位置，按照设计数量以千克为单位计量； 2. 因搭接而增加的钢筋网不予计量	1. 清理坡面； 2. 钢筋网安设、支承及固定
-f	网格梁、立柱、挡土板	m³	依据图纸所示位置及断面尺寸，按照混凝土体积以立方米为单位计量	1. 边坡清理及土槽开挖； 2. 模板制作、安装、拆除； 3. 混凝土制作、运输、浇筑、养护； 4. 清理现场
-g	土工格栅	m²	1. 依据图纸所示位置和规格、型号，按分层铺设土工格栅的累计净面积，以平方米为单位计量； 2. 接缝的重叠面积和边缘包裹面积不予计量	1. 清理坡面； 2. 铺设； 3. 接缝处理(搭接、缝接、粘接)

第213节　预应力锚索边坡加固

本节工程量清单项目分项计量规则应按附表2-11的规定执行。

附表 2-11　预应力锚索边坡加固

子目号	子目名称	单位	工程量计量	工程内容
213	预应力锚索边坡加固			
213-1	预应力钢绞线	m	依据图纸所示位置和钢绞线规格，按照各类锚索锚固端底至锚具外侧的长度，以米为单位计量	1. 坡面清理； 2. 脚手架安设、拆除、完工清理和保养； 3. 钻孔、清孔； 4. 锚索成束、支架及导向头制作安装、锚固； 5. 浆液制备、注浆、养护； 6. 锚头防腐处理、封锚
213-2	无黏结预应力钢绞线	m	依据图纸所示位置和钢绞线规格，按照各类锚索锚固端底至锚具外侧的长度，以米为单位计量	1. 坡面清理； 2. 脚手架安设、拆除、完工清理和保养； 3. 钻孔、清孔； 4. 锚索成束、支架及导向头制作安装、锚固； 5. 浆液制备、注浆、养护； 6. 锚头防腐处理、封锚
213-3	锚杆			
-a	钢筋锚杆	kg	依据图纸所示位置和规格、型号，按照安装的锚杆质量以千克为单位计量	1. 坡面清理； 2. 脚手架安设、拆除、完工清理和保养； 3. 钻孔、清孔、套管拔拔； 4. 锚杆制作、安装、锚固、锚头处理； 5. 浆液制备、注浆、养护
-b	预应力钢筋锚杆	kg	依据图纸所示位置和规格、型号，按照安装的锚杆质量以千克为单位计量	1. 坡面清理； 2. 脚手架安设、拆除、完工清理和保养； 3. 钻孔、清孔、套管拔拔； 4. 锚杆制作、安装； 5. 浆液制备、一次注浆、锚固； 6. 张拉、二次注浆
213-4	混凝土框格梁	m^3	依据图纸所示位置及断面尺寸，按照不同强度等级混凝土浇筑体积以立方米为单位计量	1. 边坡清理； 2. 模板制作、安装、拆除； 3. 混凝土制作、运输、浇筑、养护； 4. 清理现场
213-5	混凝土锚固板	m^3	依据图纸所示位置及断面尺寸，按照不同强度等级混凝土浇筑体积以立方米为单位计量	1. 边坡清理； 2. 模板制作、安装、拆除； 3. 混凝土制作、运输、浇筑、养护； 4. 清理现场
213-6	钢筋	kg	1. 依据图纸所示及钢筋表所列钢筋质量以千克为单位计量； 2. 固定钢筋的材料、定位架立钢筋、钢筋接头、吊装钢筋、钢板、铁丝作为钢筋作业的附属工作，不另行计量	1. 钢筋的保护、储存及除锈； 2. 钢筋整直、接头； 3. 钢筋截断、弯曲； 4. 钢筋安设、支承及固定

第 214 节　抗　滑　桩

本节工程量清单项目分项计量规则应按附表 2-12 的规定执行。

附表 2-12　抗滑桩

子目号	子目名称	单位	工程量计量	工程内容
214	抗滑桩			
214-1	现浇混凝土桩			
-a	混凝土	m³	1. 依据图纸所示位置及断面尺寸，按照不同强度等级混凝土体积以立方米为单位计量； 2. 护壁混凝土及护壁钢筋为桩基混凝土的附属工作，不另行计量； 3. 声测管为现浇混凝土桩的附属工作，不另行计量	1. 场地清理； 2. 成孔； 3. 模板制作、安装、拆除； 4. 护壁及桩身混凝土制作、运输、浇筑、养护； 5. 桩的无损检测； 6. 清理现场
214-2	桩板式抗滑挡墙			
-a	挡土板	m³	依据图纸所示位置及断面尺寸，按照不同强度等级混凝土体积以立方米为单位计量	1. 沟槽开挖； 2. 预制场建设； 3. 预制件预制、运输、装卸； 4. 预制件安装； 5. 墙背回填及墙背排水系统施工； 6. 清理现场
214-3	钢筋	kg	1. 依据图纸所示及钢筋表所列钢筋质量以千克为单位计量； 2. 固定钢筋的材料、定位架立钢筋、钢筋接头、吊装钢筋、钢板、铁丝作为钢筋作业的附属工作，不另行计量	1. 钢筋的保护、储存及除锈； 2. 钢筋整直、接头； 3. 钢筋截断、弯曲； 4. 钢筋安设、支承及固定

第 215 节　河　道　防　护

本节工程量清单项目分项计量规则应按附表 2-13 的规定执行。

附表 2-13　河道防护

子目号	子目名称	单位	工程量计量	工程内容
215	河道防护			
215-1	河床铺砌			
-a	浆砌片石铺砌	m³	依据图纸所示位置和断面尺寸，按照图示不同强度等级水泥砂浆铺砌体积以立方米为单位计量	1. 临时排水； 2. 基坑开挖； 3. 拌、运砂浆； 4. 砌筑； 5. 养护； 6. 清理现场

253

续表

子目号	子目名称	单位	工程量计量	工程内容
-b	混凝土铺砌	m³	依据图纸所示位置及断面尺寸，按照不同强度等级混凝土铺筑体积以立方米为单位计量	1. 临时排水； 2. 基坑开挖； 3. 模板制作、安装、拆除； 4. 混凝土拌和、运输、浇筑、养护； 5. 清理现场
215-2	导流设施(护岸墙、顺坝、丁坝、调水坝、锥坡)			
-a	浆砌片石	m³	依据图纸所示位置及断面尺寸，按照图示不同强度等级水泥砂浆砌石体积以立方米为单位计量	1. 围堰、临时排水工程施工； 2. 基坑修整、清理夯实、废方弃运； 3. 拌、运砂浆； 4. 砌筑、勾缝、抹面、养护； 5. 墙背回填、夯实
-b	混凝土	m³	依据图纸所示位置和断面尺寸，按照不同强度等级混凝土浇筑体积以立方米为单位计量	1. 围堰、临时排水工程施工水； 2. 基坑修整、清理夯实、废方弃运； 3. 模板制作、安装、拆除、修理及保养； 4. 混凝土拌和、运输、浇筑、振捣、养护； 5. 墙背回填、夯实
-c	石笼	m³	1. 依据图纸所示位置和构造类型、结构尺寸，按照实际铺筑的石笼防护体积以立方米为单位计量； 2. 石笼钢筋(铁丝)网片不另行计量，含在石笼报价之中	1. 备材料及补助设施； 2. 编织网片、装入块石、封闭成石笼； 3. 抛到图纸指定处； 4. 石笼间连接牢固
215-3	抛石防护	m³	依据图纸所示位置和断面尺寸，按照抛填石料体积以立方米为单位计量	1. 移船定位； 2. 抛填； 3. 测量检查

第300章 路　　面

第301节 通　　则

本节包括材料标准、路基施工的一般要求、材料取样与试验、试验路段、料场作业、拌和场场地硬化及遮雨棚、雨季施工。本节工作内容均不作计量，其所涉及的作业应包含在其相关工程子目之中。

第302节 垫　　层

本节工程量清单项目分项计量规则应按附表3-1的规定执行。

附表 3-1　垫层

子目号	子目名称	单位	工程量计量	工程内容
302	垫层			
302-1	碎石垫层	m²	依据图纸所示压实厚度，按照铺筑的顶面面积以平方米计量	1. 检查、清除路基上的浮土、杂物，并洒水湿润； 2. 摊铺； 3. 整平、整型； 4. 洒水、碾压、修整
302-2	砂砾垫层	m²	依据图纸所示压实厚度，按照铺筑的顶面面积以平方米计量	1. 检查、清除路基上的浮土、杂物，并洒水湿润； 2. 摊铺； 3. 整平、整型； 4. 洒水、碾压、修整
302-3	水泥稳定土垫层	m²	依据图纸所示压实厚度，按照铺筑的顶面面积以平方米计量	1. 检查、清除路基上的浮土、杂物，并洒水湿润； 2. 拌和、运输、摊铺； 3. 整平、整型； 4. 洒水、碾压、修整、初期养护
302-4	石灰稳定土垫层	m²	依据图纸所示压实厚度，按照铺筑的顶面面积以平方米计量	1. 检查、清除路基上的浮土、杂物，并洒水湿润； 2. 拌和、运输、摊铺； 3. 整平、整型； 4. 洒水、碾压、修整、初期养护

第 303 节　石灰稳定土底基层、基层

本节工程量清单项目分项计量规则应按附表 3-2 的规定执行。

附表 3-2　石灰稳定土底基层、基层

子目号	子目名称	单位	工程量计量	工程内容
303	石灰稳定土底基层、基层			
303-1	石灰稳定土底基层	m²	依据图纸所示压实厚度，按照铺筑的顶面面积以平方米计量	1. 检查、清理下承层、洒水； 2. 拌和、运输、摊铺； 3. 整平、整型； 4. 洒水、碾压、初期养护
303-2	搭板、埋板下石灰稳定土底基层	m³	依据图纸所示尺寸、范围、按照铺筑体积以立方米为单位计量	1. 检查、清理下承层、洒水； 2. 拌和、运输、摊铺； 3. 整平、整型； 4. 洒水、碾压、初期养护
303-3	石灰稳定土基层	m²	依据图纸所示压实厚度，按照铺筑的顶面面积以平方米计量	1. 检查、清理下承层、洒水； 2. 拌和、运输、摊铺； 3. 整平、整型； 4. 洒水、碾压、初期养护

第304节 水泥稳定土底基层、基层

本节工程量清单项目分项计量规则应按附表 3-3 的规定执行。

附表3-3 水泥稳定土底基层、基层

子目号	子目名称	单位	工程量计量	工程内容
304	水泥稳定土底基层、基层			
304-1	水泥稳定土底基层	m²	依据图纸所示压实厚度，按照铺筑的顶面面积以平方米计量	1. 检查、清理下承层、洒水； 2. 拌和、运输、摊铺； 3. 整平、整型； 4. 洒水、碾压、初期养护
304-2	搭板、埋板下水泥稳定土底基层	m³	依据图纸所示尺寸、范围、按照铺筑体积以立方米为单位计量	1. 检查、清理下承层、洒水； 2. 拌和、运输、摊铺； 3. 整平、整型； 4. 洒水、碾压、初期养护
304-3	水泥稳定土基层	m²	依据图纸所示压实厚度，按照铺筑的顶面面积以平方米计量	1. 检查、清理下承层、洒水； 2. 拌和、运输、摊铺； 3. 整平、整型； 4. 洒水、碾压、初期养护

第305节 石灰粉煤灰稳定土底基层、基层

本节工程量清单项目分项计量规则应按附表 3-4 的规定执行。

附表3-4 石灰粉煤灰稳定土底基层、基层

子目号	子目名称	单位	工程量计量	工程内容
305	石灰粉煤灰稳定土底基层、基层			
305-1	石灰粉煤灰稳定土底基层	m²	依据图纸所示压实厚度，按照铺筑的顶面面积以平方米计量	1. 检查、清理下承层、洒水； 2. 拌和、运输、摊铺； 3. 整平、整型； 4. 洒水、碾压、初期养护
305-2	搭板、埋板下石灰粉煤灰稳定土底基层	m³	依据图纸所示尺寸、范围、按照铺筑体积以立方米为单位计量	1. 检查、清理下承层、洒水； 2. 铺筑材料拌和、运输、摊铺； 3. 整平、整型； 4. 洒水、碾压、初期养护
305-3	石灰粉煤灰稳定土基层	m²	依据图纸所示压实厚度，按照铺筑的顶面面积以平方米计量	1. 检查、清理下承层、洒水； 2. 铺筑材料拌和、运输、摊铺； 3. 整平、整型； 4. 洒水、碾压、初期养护
305-4	石灰煤渣稳定土基层	m²	依据图纸所示压实厚度，按照铺筑的顶面面积以平方米计量	1. 检查、清理下承层、洒水； 2. 铺筑材料拌和、运输、摊铺； 3. 整平、整型； 4. 洒水、碾压、初期养护

第306节　级配碎(砾)石底基层、基层

本节工程量清单项目分项计量规则应按附表 3-5 的规定执行。

附表 3-5　级配碎(砾)石底基层、基层

子目号	子目名称	单位	工程量计量	工程内容
306	级配碎(砾)石底基层、基层			
306-1	级配碎石底基层	m²	依据图纸所示压实厚度,按照铺筑的顶面面积以平方米计量	1. 检查、清理下承层、洒水; 2. 铺筑材料拌和、运输、摊铺; 3. 整平、整型; 4. 洒水、碾压
306-2	搭板、埋板下级配碎石底基层	m³	依据图纸所示尺寸、范围、按照铺筑体积以立方米为单位计量	1. 检查、清理下承层、洒水; 2. 铺筑材料拌和、摊铺; 3. 整平、整型; 4. 洒水、碾压
306-3	级配碎石基层	m²	依据图纸所示压实厚度,按照铺筑的顶面面积以平方米计量	1. 检查、清理下承层、洒水; 2. 铺筑材料拌和、运输、摊铺; 3. 整平、整型; 4. 洒水、碾压
306-4	级配碎砾石底基层	m²	依据图纸所示压实厚度,按照铺筑的顶面面积以平方米计量	1. 检查、清理下承层、洒水; 2. 铺筑材料拌和、运输、摊铺; 3. 整平、整型; 4. 洒水、碾压
306-5	搭板、埋板下级配砾石底基层	m³	依据图纸所示尺寸、范围、按照铺筑体积以立方米为单位计量	1. 检查、清理下承层、洒水; 2. 铺筑材料拌和、运输、摊铺; 3. 整平、整型; 4. 洒水、碾压
306-6	级配砾石基层	m²	依据图纸所示压实厚度,按照铺筑的顶面面积以平方米计量	1. 检查、清理下承层、洒水; 2. 铺筑材料拌和、运输、摊铺; 3. 整平、整型; 4. 洒水、碾压

第307节　沥青稳定碎石基层(ATB)

本节工程量清单项目分项计量规则应按附表 3-6 的规定执行。

附表 3-6　沥青稳定碎石基层(ATB)

子目号	子目名称	单位	工程量计量	工程内容
307	沥青稳定碎石基层(ATB)			
307-1	沥青稳定碎石基层(ATB)	m²	依据图纸所示级配类型、铺筑压实厚度,按照铺筑的顶面面积以平方米为单位计量	1. 检查和清理下承层; 2. 拌和设备安装、调试、拆除; 3. 沥青铺筑材料加热、保温、输送,配运料,矿料加热烘干,拌和、出料; 4. 运输、摊铺、压实、成型; 5. 接缝; 6. 初期养护

第 308 节　透层和黏层

本节工程量清单项目分项计量规则应按附表 3-7 的规定执行。

附表 3-7　透层和黏层

子目号	子目名称	单位	工程量计量	工程内容
308	透层和黏层			
308-1	透层	m^2	依据图纸所示沥青品种、规格、喷油量，按照洒布面积以平方米为单位计量	1. 检查和清理下承层； 2. 材料制备、运输； 3. 试洒； 4. 沥青洒布车均匀喷洒并检测洒布用量； 5. 初期养护
308-2	黏层	m^2	依据图纸所示沥青品种、规格、喷油量，按照洒布面积以平方米为单位计量	1. 检查和清理下承层； 2. 材料制备、运输； 3. 试洒； 4. 沥青洒布车均匀喷洒并检测洒布用量； 5. 初期养护

第 309 节　热拌沥青混合料面层

本节工程量清单项目分项计量规则应按附表 3-8 的规定执行。

附表 3-8　热拌沥青混合料面层

子目号	子目名称	单位	工程量计量	工程内容
309	热拌沥青混合料面层			
309-1	细粒式沥青混凝土	m^2	依据图纸所示级配类型及铺筑压实厚度，按照铺筑的顶面面积以平方米为单位计量	1. 检查和清理下承层； 2. 拌和设备安装、调试、拆除； 3. 沥青加热、保温、输送，配运料，矿料加热烘干，拌和、出料； 4. 运输、摊铺、碾压、成型； 5. 接缝； 6. 初期养护
309-2	中粒式沥青混凝土	m^2	依据图纸所示级配类型及铺筑压实厚度，按照铺筑的顶面面积以平方米为单位计量	1. 检查和清理下承层； 2. 拌和设备安装、调试、拆除； 3. 沥青加热、保温、输送，配运料，矿料加热烘干，拌和、出料； 4. 运输、摊铺、碾压、成型； 5. 接缝； 6. 初期养护
309-3	粗粒式沥青混凝土	m^2	依据图纸所示级配类型及铺筑压实厚度，按照铺筑的顶面面积以平方米为单位计量	1. 检查和清理下承层； 2. 拌和设备安装、调试、拆除； 3. 沥青加热、保温、输送，配运料，矿料加热烘干，拌和、出料； 4. 运输、摊铺、碾压、成型； 5. 接缝； 6. 初期养护

第 310 节　沥青表面处置与封层

本节工程量清单项目分项计量规则应按附表 3-9 的规定执行。

附表 3-9　沥青表面处置与封层

子目号	子目名称	单位	工程量计量	工程内容
310	沥青表面处置与封层			
310-1	沥青表面处置	m²	依据图纸所示沥青种类、厚度、喷油量，按照沥青表面处置面积以平方米为单位计量	1. 检查和清理下承层； 2. 安拆熬油设备； 3. 熬油、运油； 4. 沥青洒布车洒油； 5. 整型、碾压、找补； 6. 初期养护
310-2	封层	m²	依据图纸所示沥青种类、厚度，按照封层面积以平方米为单位计量	1. 检查和清理下承层； 2. 实验段施工； 3. 专用设备洒布或施工封层； 4. 整型、碾压、找补； 5. 初期养护

第 311 节　改性沥青及改性沥青混合料

本节工程量清单项目分项计量规则应按附表 3-10 的规定执行。

附表 3-10　改性沥青及改性沥青混合料

子目号	子目名称	单位	工程量计量	工程内容
311	改性沥青及改性沥青混合料			
311-1	细粒式改性沥青混合料路面	m²	依据图纸所示级配类型及压实厚度，按照铺筑的顶面面积以平方米为单位计量	1. 检查和清理下承层； 2. 拌和设备安装、调试、拆除； 3. 改性沥青混合料生产； 4. 混合料运输、摊铺、碾压、成型； 5. 接缝； 6. 初期养护
311-2	中粒式改性沥青混合料路面	m²	依据图纸所示级配类型及压实厚度，按照铺筑的顶面面积以平方米为单位计量	1. 检查和清理下承层； 2. 拌和设备安装、调试、拆除； 3. 改性沥青混合料生产； 4. 混合料运输、摊铺、碾压、成型； 5. 接缝； 6. 初期养护
311-3	SMA 路面	m²	依据图纸所示级配类型及压实厚度，按照铺筑的顶面面积以平方米为单位计量	1. 检查和清理下承层； 2. 拌和设备安装、调试、拆除； 3. 改性沥青混合料生产； 4. 混合料运输、摊铺、碾压、成型； 5. 接缝； 6. 初期养护

第 312 节　水泥混凝土面板

本节工程量清单项目分项计量规则应按附表 3-11 的规定执行。

附表 3-11　水泥混凝土面板

子目号	子目名称	单位	工程量计量	工程内容
312	水泥混凝土面板			
312-1	水泥混凝土面板	m³	依据图纸所示厚度和混凝土强度等级，按照铺筑体积以立方米为单位计量	1. 检查和清理下承层、洒水湿润； 2. 模板制作、架设、安装、修理、拆除； 3. 混凝土拌和物配合比设计、配料、拌和、运输、浇筑、振捣、真空吸水、抹平、压(刻)纹、养护； 4. 切缝、灌缝； 5. 初期养护
312-2	钢筋	kg	1. 依据图纸所示水泥混凝土路面钢筋按图示质量以千克为单位计量； 2. 因搭接而增加的钢筋作为附属工作，不另行计量	1. 钢筋的保护、储存及除锈； 2. 钢筋整直、连接； 3. 钢筋截断、弯曲； 4. 钢筋安设、支承及固定

第 313 节　路肩培土、中央分隔带回填土、土路肩加固及路缘石

本节工程量清单项目分项计量规则应按附表 3-12 的规定执行。

附表 3-12　路肩培土、中央分隔带回填土、土路肩加固及路缘石

子目号	子目名称	单位	工程量计量	工程内容
313	路肩培土、中央分隔带回填土、土路肩加固及路缘石			
313-1	路肩培土	m³	依据图纸所示断面尺寸，按照压实体积以立方米为单位计量	1. 挖运土； 2. 路基整修、培土、整型； 3. 分层填筑、压实； 4. 修整路肩横坡
313-2	中央分隔带回填土	m³	依据图纸所示断面尺寸，按照压实体积以立方米为单位计量	1. 挖运土； 2. 路基整修、培土、整型； 3. 分层填筑、压实
313-3	现浇混凝土加固路肩	m³	依据图纸所示断面尺寸和混凝土强度等级，按照浇筑体积以立方米为单位计量	1. 路基整修； 2. 模板制作、架设、安装、修理、涂脱模剂； 3. 混凝土拌和、制备、运输、摊铺、振捣、养护
313-4	混凝土预制块加固土路肩	m³	依据图纸所示断面尺寸和混凝土强度等级，按照预制安装体积以立方米为单位计量	1. 预制场地平整、硬化处理； 2. 预制块预制、装运； 3. 路基整修； 4. 预制块铺砌、勾缝

子目号	子目名称	单位	工程量计量	工程内容
313-5	混凝土预制块路缘石	m³	依据图纸所示断面尺寸和混凝土强度等级，按照预制安装体积以立方米为单位计量	1. 预制场地平整、硬化处理； 2. 路缘石预制、装运； 3. 路基整修、基槽开挖与回填，废方弃运； 4. 基槽夯实； 5. 路缘石铺砌、勾缝； 6. 路缘石后背回填夯实

第314节　路面及中央分隔带排水

本节工程量清单项目分项计量规则应按附表 3-13 的规定执行。

附表 3-13　路面及中央分隔带排水

子目号	子目名称	单位	工程量计量	工程内容
314	路面及中央分隔带排水			
314-1	排水管	m	依据图纸所示位置，分不同类型及规格，按埋设管长以米为单位计量	1. 基槽开挖、废方弃运； 2. 垫层（基础)铺筑； 3. 排水管制作； 4. 安放排水管； 5. 接头处理； 6. 回填、压实； 7. 出水口处理
314-2	纵向雨水沟(管)	m	依据图纸所示位置，分不同类型及规格，按埋设管长以米为单位计量	1. 基槽开挖、废方弃运； 2. 垫层(基础)铺筑； 3. 模板制作、安装、拆除、修理； 4. 钢筋制作与安装； 5. 盖板预制及安装； 6. 混凝土拌和、运输、浇筑； 7. 养护； 8. 安放排水管； 9. 接头处理； 10. 回填、压实； 11. 出水口处理
314-3	集水井	座	依据图纸所示位置，分不同类型及规格，按设置的集水井数量，以座为单位计量	1. 基坑开挖及废方弃运； 2. 地基平整夯实，垫层及基础施工； 3. 模板制作、安装、拆除、修理； 4. 钢筋制作与安装； 5. 混凝土拌和、运输、浇筑、养护； 6. 井壁外围回填，夯实

子目号	子目名称	单位	工程量计量	工程内容
314-4	中央分隔带渗沟	m	依据图纸所示位置，分不同类型，按埋设长度以米为单位计量	1. 基槽开挖、废方弃运； 2. 垫层（基础）铺筑； 3. 制管、打孔； 4. 安放排水管； 5. 接头处理； 6. 填碎石、铺设土工布； 7. 回填、压实
314-5	沥青油毡防水层	m²	依据图纸所示位置，按铺设的防水层面积以平方米为单位计量	1. 下承层清理； 2. 喷涂黏结层； 3. 铺油毡； 4. 接缝处理
314-6	路肩排水沟	m	依据图纸所示位置及断面尺寸，按照不同类型的路肩排水沟长度以米为单位计量	1. 场地清理； 2. 地基平整夯实，排水沟断面补挖； 3. 铺设垫层； 4. 模板制作、安装、拆除； 5. 钢筋制作、安装； 6. 混凝土拌和、运输、浇筑、养护； 7. 预制件预制（现浇）、运输、装卸、安装； 8. 回填、清理
314-7	拦水带	m	依据图纸所示位置及断面尺寸，分不同类型，按照拦水带长度，以米为单位计量	1. 混凝土制作、运输、浇筑、振捣、养护、拆模、刷漆； 2. 开槽； 3. 预制块装运、安装、接缝防漏处理； 4. 沥青混凝土配运料、拌和、运输、摊铺、压实、成型、初期养护； 5. 清理

第400章 桥梁、涵洞

第401节 通 则

本节工程量清单项目分项计量规则应按附表4-1的规定执行。

附表4-1 通则

子目号	子目名称	单位	工程量计量	工程内容
401	通则			
401-1	桥梁荷载试验（暂估价）	总额	依据图纸及桥梁荷载试验委托合同中约定的试验项目以暂估价形式按总额为单位计量	1. 选择有资质的单位签订桥梁荷载试验委托合同； 2. 按图纸所示及合同约定的测试项目现场试验； 3. 数据采集、分析、编写提交试验报告

子目号	子目名称	单位	工程量计量	工程内容
401-2	桥梁施工监控（暂估价）	总额	依据图纸及桥梁施工监控委员会合同中约定的监控量测项目以暂估价形式按总额为单位计量	1. 选择有资质的单位签订桥梁施工监控委托合同； 2. 按图纸所示及合同约定的测试项目及量测频率对现场实施监控量测； 3. 数据采集、分析、编写提交监控量测报告
401-3	地质钻探及取样试验（暂定工程量）	m	按实际发生的地质钻探及取样试验分不同钻径以米为单位计量	1. 场地清理； 2. 钻机安拆、钻探； 3. 取样、试验

第 402 节　模板、拱架和支架

本节包括模板、拱架和支架的设计制作、安装、拆卸施工等有关作业。本节工作作为有关工程的附属工作，均不作计量。

第 403 节　钢　　筋

本节工程量清单项目分项计量规则应按附表 4-2 的规定执行。

附表 4-2　钢筋

子目号	子目名称	单位	工程量计量	工程内容
403	钢筋			
403-1	基础钢筋(含灌注桩、承台、桩系梁、沉桩、沉井等)	kg	1. 依据图纸所示及钢筋表所列钢筋质量以千克为单位计量； 2. 固定钢筋的材料、定位架立钢筋、钢筋接头、吊装钢筋、钢板、铁丝作为钢筋作业的附属工作，不另行计量	1. 钢筋的保护、储存及除锈； 2. 钢筋整直、接头； 3. 钢筋截断、弯曲； 4. 钢筋安设、支承及固定
403-2	下部结构钢筋	kg	1. 依据图纸所示及钢筋表所列钢筋质量以千克为单位计量； 2. 固定钢筋的材料、定位架立钢筋、钢筋接头、吊装钢筋、钢板、铁丝作为钢筋作业的附属工作，不另行计量	1. 钢筋的保护、储存及除锈； 2. 钢筋整直、接头； 3. 钢筋截断、弯曲； 4. 钢筋安设、支承及固定
403-3	上部结构钢筋	kg	1. 依据图纸所示及钢筋表所列钢筋质量以千克为单位计量； 2. 固定钢筋的材料、定位架立钢筋、钢筋接头、吊装钢筋、钢板、铁丝作为钢筋作业的附属工作，不另行计量	1. 钢筋的保护、储存及除锈； 2. 钢筋整直、接头； 3. 钢筋截断、弯曲； 4. 钢筋安设、支承及固定

续表

子目号	子目名称	单位	工程量计量	工程内容
403-4	附属结构钢筋	kg	1. 依据图纸所示及钢筋表所列钢筋质量以千克为单位计量； 2. 缘石、人行道、防撞墙、栏杆、桥头搭板、枕梁、抗震挡块、支座垫块等构造物，其所用钢筋以及伸缩缝预埋的钢筋，均列入本子目计量； 3. 固定钢筋的材料、定位架立钢筋、钢筋接头、吊装钢筋、钢板、铁丝作为钢筋作业的附属工作，不另行计量	1. 钢筋的保护、储存及除锈； 2. 钢筋整直、接头； 3. 钢筋截断、弯曲； 4. 钢筋安设、支承及固定

注：钢筋按所在部位分为以下四类。

1. 基础钢筋：灌注桩、承台、底系梁、沉桩、沉井等钢筋；
2. 下部结构钢筋：台身、台帽、墩身、墩帽、耳背墙、中系梁等钢筋；
3. 上部结构钢筋：现浇和预制梁或板、整体化结构、桥面铺装等钢筋；
4. 附属结构钢筋：桥梁搭板、枕梁、护栏、栏杆、人行道、缘石、伸缩缝预埋钢筋、抗震锚栓、抗震挡块及支座垫石等钢筋。

第 404 节　基坑开挖及回填

本节工程量清单项目分项计量规则应按附表 4-3 的规定执行。

附表 4-3　基坑开挖及回填

子目号	子目名称	单位	工程量计量	工程内容
404	基坑开挖及回填			
404-1	干处挖土方	m³	1. 根据图示，取用底、顶面间平均高度的棱柱体体积，分别按干处、水下及土、石，以立方米为单位计量； 2. 在地下水位以上开挖的为干处挖方，在地下水位以下开挖的为水下挖方；	1. 场地清理； 2. 围堰、排水； 3. 基坑开挖； 4. 基坑支护； 5. 基坑检查； 6. 基坑回填； 7. 弃方清运
404-2	水下挖土方	m³		
404-3	干处挖石方	m³	3. 基坑底面、顶面及侧面的确定应符合下列规定： a. 基坑开挖底面：按图纸所示的基底高程线计算； b. 基坑开挖顶面：按设计图纸横断面上所标示的原地面线计算； c. 基坑开挖侧面：按顶面到底面，以超出基底周边 0.5m 的竖直面为界	1. 场地清理； 2. 围堰、排水； 3. 钻爆； 4. 出渣； 5. 基坑支护； 6. 基坑检查、修整； 7. 基坑回填、压实； 8. 弃方清运
404-4	水下挖石方	m³		

第 405 节　钻孔灌注桩

本节工程量清单项目分项计量规则应按附表 4-4 的规定执行。

附表 4-4 钻孔灌注桩

子目号	子目名称	单位	工程量计量	工程内容
405	钻孔灌注桩			
405-1	钻孔灌注桩			
-a	陆上钻孔灌注桩	m	1. 依据图纸所示桩长及混凝土强度等级,按照不同桩径的桩长以米为单位计量; 2. 施工图设计水深小于2m(含2m)的为陆上钻孔灌注桩; 3. 桩长为桩底高程至承台底面或系梁底面。对于与桩连为一体的柱式墩台,如无承台或系梁时,则以桩位处原始地面线为分界线,地面线以下部分为灌注桩桩长。若图纸有标示的,按图纸标示为准	1. 安设护筒及设置钻孔平台; 2. 钻机安拆、就位; 3. 钻孔、成孔、成孔检查; 4. 安装声测管; 5. 混凝土制拌、运输、浇筑; 6. 破桩头; 7. 按《公路工程标准施工招标文件》技术规范405.11的规定进行桩基检测
-b	水中钻孔灌注桩	m	1. 依据图纸所示桩长及混凝土强度等级,按照不同桩径的桩长以米为单位计量; 2. 施工图设计水深大于2m的为水中钻孔灌注桩; 3. 桩长为桩底高程至承台底面或系梁底面。对于与桩连为一体的柱式墩台,如无承台或系梁时,则以桩位处原始地面线为分界线,地面线以下部分为灌注桩桩长。若图纸有标示的,按图纸标示为准	1. 安设护筒及设置钻孔平台; 2. 钻机安拆、就位; 3. 钻孔、成孔、成孔检查; 4. 安装声测管; 5. 混凝土制拌、运输、浇筑; 6. 破桩头; 7. 按《公路工程标准施工招标文件》技术规范405.11的规定进行桩基检测
405-2	钻取混凝土芯样检测(暂定工程量)	m	1. 按实际钻取的混凝土芯样长度,分不同钻径以米为单位计量; 2. 如混凝土质量合格,钻取的芯样给予计量,否则,不予计量	1. 场地清理; 2. 钻机安拆、钻芯; 3. 取样、试验
405-3	破坏荷载试验用桩(暂定工程量)	m	依据图纸所示桩长及混凝土强度等级,按照不同桩径的桩长以米为单位计量	1. 钻孔平台搭设、筑岛或围堰; 2. 钻机安拆、就位; 3. 钻孔、成孔、成孔检查; 4. 安装声测管; 5. 混凝土制拌、运输、浇筑; 6. 破桩头

第 406 节 沉 桩

本节工程量清单项目分项计量规则应按附表 4-5 的规定执行。

附表 4-5　沉桩

子目号	子目名称	单位	工程量计量	工程内容
406	沉桩			
406-1	钢筋混凝土沉桩	m	依据图纸所示桩长及混凝土强度等级，按照不同桩径的桩长以米为单位计量	1. 钢筋混凝土桩预制、养护、移运、沉入、桩头处理； 2. 锤击、射水、接桩
406-2	预应力混凝土沉桩	m	依据图纸所示桩长及混凝土强度等级，按照不同桩径的桩长以米为单位计量	1. 预应力混凝土桩预制、养护、移运、沉入、桩头处理； 2. 锤击、射水、接桩
406-3	试桩(暂定工程量)	m	依据图纸所示桩长及混凝土强度等级，按照不同桩径的桩长以米为单位计量	1. 钢筋混凝土或预应力混凝土桩预制、养护、移运、沉入、桩头处理； 2. 锤击、射水、接桩

第 407 节　挖孔灌注桩

本节工程量清单项目分项计量规则应按附表 4-6 的规定执行。

附表 4-6　挖孔灌注桩

子目号	子目名称	单位	工程量计量	工程内容
407	挖孔灌注桩			
407-1	挖孔灌注桩	m	1. 依据图纸所示桩长及混凝土强度等级，按照不同桩径的桩长以米为单位计量； 2. 桩长为桩底高程至承台底面或系梁底面。对于与桩连为一体的柱式墩台，如无承台或系梁时，则以桩位处原始地面线为分界线，地面线以下部分为灌注桩桩长。若图纸有标示的，按图纸标示为准	1. 设置支撑与护壁； 2. 挖孔、清孔、通风、钎探、排水； 3. 安装声测管； 4. 混凝土制拌、运输、浇筑； 5. 破桩头； 6. 按《公路工程标准施工招标文件》技术规范 405.11 的规定进行桩基检测
407-2	钻取混凝土芯样检测(暂定工程量)	m	1. 按实际钻取的混凝土芯样长度，分不同钻径以米为单位计量； 2. 如混凝土质量合格，钻取的芯样给予计量，否则，不予计量	1. 场地清理； 2. 钻机安拆、钻芯； 3. 取样、试验
407-3	破坏荷载试验用桩(暂定工程量)	m	依据图纸所示桩长及混凝土强度等级，按照不同桩径的桩长以米为单位计量	1. 设置支撑与护壁； 2. 挖孔、清孔、通风、钎探、排水； 3. 安装声测管； 4. 混凝土制拌、运输、浇筑； 5. 破桩头

第408节　桩的垂直静荷载试验

本节工程量清单项目分项计量规则应按附表4-7的规定执行。

附表4-7　挖孔灌注桩

子目号	子目名称	单位	工程量计量	工程内容
408	桩的垂直静荷载试验			
408-1	桩的垂直静荷载试验(暂定工程量)	每一试桩	1. 依据图纸及桩的检验荷载试验委托合同,在图纸所示位置现场进行桩的检验荷载试验,按实际进行检验荷载试验的桩数,分不同的桩径、桩长、混凝土强度等级、检验荷载等级以每一试桩为单位计量; 2. 桩的检验荷载试验仅指荷载试验工作;桩的工程量在对应工程结构中计量	1. 选择有资质的单位签订桩的检验荷载试验委托合同; 2. 按图纸所示及合同约定的内容现场进行桩的检验荷载试验(包括清理场地、搭设试桩工作台、埋设观测设备、加载、卸载、观测); 3. 数据采集、分析、编写提交桩的检验荷载试验报告
408-2	桩的破坏荷载试验(暂定工程量)	每一试桩	1. 依据图纸及桩的破坏荷载试验委托合同,在图纸所示位置现场进行桩的破坏荷载试验,按实际进行破坏荷载试验的桩数,分不同的桩径、桩长、混凝土强度等级、破坏荷载等级以每一试桩为单位计量; 2. 桩的破坏荷载试验仅指荷载试验工作;桩的工程量在对应工程结构中计量	1. 选择有资质的单位签订桩的破坏荷载试验委托合同; 2. 按图纸所示及合同约定的内容现场进行桩的破坏荷载试验(包括清理场地、搭设试桩工作台、埋设观测设备、加载、卸载、观测); 3. 数据采集、分析、编写提交桩的破坏荷载试验报告

第409节　沉　　井

本节工程量清单项目分项计量规则应按附表4-8的规定执行。

附表4-8　沉井

子目号	子目名称	单位	工程量计量	工程内容
409	沉井			
409-1	钢筋混凝土沉井			
-a	井壁混凝土	m³	依据图纸所示位置及尺寸,按图示混凝土体积分不同强度等级以立方米为单位计量	1. 制作场地建设; 2. 配、拌、运混凝土; 3. 刃脚制作、浇筑、振捣、养护井壁混凝土; 4. 浮运、定位、下沉、助沉、接高、拼装; 5. 井内土石开挖、弃运

子目号	子目名称	单位	工程量计量	工程内容
-b	封底混凝土	m³	依据图纸所示位置及尺寸，按图示混凝土体积分不同强度等级以立方米为单位计量	1. 场地清理； 2. 搭拆作业平台； 3. 配、拌、运混凝土； 4. 浇筑、养护
-c	填芯混凝土	m³		
-d	顶板混凝土	m³		

第410节　结构混凝土工程

本节工程量清单项目分项计量规则应按附表4-9的规定执行。

附表4-9　结构混凝土工程

子目号	子目名称	单位	工程量计量	工程内容
410	结构混凝土工程			
410-1	混凝土基础(包括支撑梁、桩基承台、桩系梁，但不包括桩基)	m³	依据图纸所示体积分不同强度等级以立方米为单位计量	1. 场地清理； 2. 搭拆作业平台； 3. 安拆套箱或模板；安设预埋件； 4. 混凝土配运料、拌和、运输、浇筑、振捣、养护； 5. 施工缝、沉降缝设置处理； 6. 混凝土的冷却管制作安装、通水、降温； 7. 防水、防冻、防腐措施
410-2	混凝土下部结构			
-a	桥台混凝土	m³	1. 依据图纸所示体积分不同强度等级以立方米为单位计量； 2. 直径小于200mm的管子、钢筋、锚固件、管道、泄水孔或桩所占混凝土体积不予扣除	1. 场地清理； 2. 搭拆作业平台、支架； 3. 安拆模板；安设预埋件(包括支座预埋件、防震锚栓及套管等)； 4. 混凝土配运料、拌和、运输、浇筑、振捣、养护； 5. 施工缝、沉降缝设置处理； 6. 防水、防冻、防腐措施
-b	桥墩混凝土	m³	1. 依据图纸所示体积分不同强度等级以立方米为单位计量； 2. 直径小于200mm的管子、钢筋、锚固件、管道、泄水孔或桩所占混凝土体积不予扣除	1. 场地清理； 2. 搭拆作业平台、支架； 3. 安拆模板；安设预埋件(包括支座预埋件、防震锚栓及套管等)； 4. 混凝土配运料、拌和、运输、浇筑、振捣、养护； 5. 防水、防冻、防腐措施
-c	盖梁混凝土	m³	1. 依据图纸所示体积分不同强度等级以立方米为单位计量； 2. 直径小于200mm的管子、钢筋、锚固件、管道、泄水孔或桩所占混凝土体积不予扣除； 3. 墩梁固结混凝土计入本子目。桥墩上的支座垫石、防震挡块混凝土计入附属结构混凝土	1. 场地清理； 2. 搭拆作业平台、支架； 3. 安拆模板；安设预埋件(包括支座预埋件、防震锚栓及套管等)； 4. 混凝土配运料、拌和、运输、浇筑、振捣、养护

子目号	子目名称	单位	工程量计量	工程内容
-d	台帽混凝土	m³	1. 依据图纸所示体积分不同强度等级以立方米为单位计量； 2. 直径小于200mm的管子、钢筋、锚固件、管道、泄水孔或桩所占混凝土体积不予扣除； 3. 耳背墙混凝土计入本子目。桥台上的支座垫石、防震挡块混凝土计入附属结构混凝土	1. 场地清理； 2. 搭拆作业平台、支架； 3. 安拆模板；安设预埋件(包括支座预埋件、防震锚栓及套管等)； 4. 混凝土配运料、拌和、运输、浇筑、振捣、养护
410-3	现浇混凝土上部结构	m³	1. 依据图纸所示体积分不同强度等级以立方米为单位计量； 2. 直径小于200mm的管子、钢筋、锚固件、管道、泄水孔或桩所占混凝土体积不予扣除	1. 平整场地； 2. 搭拆工作平台； 3. 支架搭设、预压与拆除； 4. 安拆模板；安设预埋件； 5. 混凝土配运料、拌和、运输、浇筑、养护； 6. 施工缝、沉降缝设置处理
410-4	预制混凝土上部结构	m³	1. 依据图纸所示体积分不同强度等级以立方米为单位计量； 2. 直径小于200mm的管子、钢筋、锚固件、管道、泄水孔或桩所占混凝土体积不予扣除	1. 搭拆工作平台； 2. 安拆模板；安设预埋件(吊环、预埋件连接)； 3. 混凝土配运料、拌和、运输、浇筑、养护； 4. 构件预制、运输、安装
410-5	桥梁上部结构现浇整体化混凝土	m³	1. 依据图纸所示体积分不同强度等级以立方米为单位计量； 2. 直径小于200mm的管子、钢筋、锚固件、管道、泄水孔或桩所占混凝土体积不予扣除； 3. 绞缝、湿接缝、先简支后连续现浇接头混凝土计入本子目	1. 工作面清理； 2. 搭拆作业平台； 3. 安拆支架、模板； 4. 混凝土配运料、拌和、运输、浇筑、养护
410-6	现浇混凝土附属结构	m³	1. 依据图纸所示体积分不同强度等级以立方米为单位计量； 2. 直径小于200mm的管子、钢筋、锚固件、管道、泄水孔或桩所占混凝土体积不予扣除； 3. 现浇缘石、人行道、防撞墙、栏杆、护栏、桥头搭板、枕梁、抗震挡块、支座垫石等列入本子目	1. 工作面清理； 2. 搭拆作业平台； 3. 安拆支架、模板； 4. 混凝土配运料、拌和、运输、浇筑、养护
410-7	预制混凝土附属结构	m³	1. 依据图纸所示体积分不同强度等级以立方米为单位计量； 2. 直径小于200mm的管子、钢筋、锚固件、管道、泄水孔或桩所占混凝土体积不予扣除； 3. 预制缘石、人行道、防撞墙、栏杆、护栏、桥头搭板、枕梁、抗震挡块、支座垫石等列入本子目	1. 预制场建设、拆除； 2. 搭拆作业平台； 3. 安拆模板； 4. 混凝土配运料、拌和、运输、浇筑、养护； 5. 构件预制、运输、安装

第411节 预应力混凝土工程

本节工程量清单项目分项计量规则应按附表4-10的规定执行。

附表4-10 预应力混凝土工程

子目号	子目名称	单位	工程量计量	工程内容
411	预应力混凝土工程			
411-1	先张法预应力钢丝	kg	1. 依据图纸所示构件长度计算的预应力钢材质量，分不同材质以千克为单位计量； 2. 除上述计算长度以外的锚固长度及工作长度的预应力钢材含入相应预应力钢材报价之中，不另行计量	1. 制作安装预应力钢材； 2. 制作安装管道； 3. 安装锚具、锚板； 4. 张拉； 5. 放张； 6. 封锚头
411-2	先张法预应力钢绞线	kg		
411-3	先张法预应力钢筋	kg		
411-4	后张法预应力钢丝	kg	1. 按图示两端锚具间的理论长度计算的预应力钢材质量，分不同材质以千克为单位计量； 2. 除上述计算长度以外的锚固长度及工作长度的预应力钢材含入相应预应力钢材报价之中，不另行计量	1. 制作安装预应力钢材； 2. 制作安装管道； 3. 安装锚具、锚板； 4. 张拉； 5. 压浆； 6. 封锚头
411-5	后张法预应力钢绞线	kg		
411-6	后张法预应力钢筋	kg		
411-7	现浇预应力混凝土上部结构	m³	1. 依据图纸所示体积分不同强度等级以立方米为单位计量； 2. 钢筋、钢材所占体积及单个面积在0.03m² 以内的孔洞不予扣除	1. 平整场地； 2. 搭拆工作平台、支架搭设、预压与拆除； 3. 安拆模板； 4. 混凝土配运料、拌和、运输、浇筑、养护； 5. 施工缝、伸缩缝设置处理
411-8	预制预应力混凝土上部结构	m³	1. 依据图纸所示体积分不同强度等级以立方米为单位计量； 2. 钢筋、钢材所占体积及单个面积在0.03m² 以内的孔洞不予扣除； 3. 后张法预应力混凝土梁封端混凝土工程量列入本子目	1. 搭拆工作平台； 2. 安拆模板； 3. 混凝土配运料、拌和、运输、浇筑、养护； 4. 构件预制、运输、安装

第412节 预制构件的安装

本节包括预制构件的起吊、运输、装卸、储存和安装，其工作量在第410节及第411节计量，本节不另行计量。

第 413 节 砌 石 工 程

本节工程量清单项目分项计量规则应按附表 4-11 的规定执行。

附表 4-11 砌石工程

子目号	子目名称	单位	工程量计量	工程内容
413	砌石工程			
413-1	浆砌片石	m³		1. 基础清理;
413-2	浆砌块石	m³	依据图纸所示位置及尺寸砌筑体积分不同砂浆强度等级以立方米为单位计量	2. 基底检查;
413-3	浆砌料石	m³		3. 选修石料;
413-4	浆砌预制混凝土块	m³		4. 铺筑基础垫层; 5. 搭、拆脚手架; 6. 配、拌、运砂浆; 7. 砌筑、勾缝、抹面、养护; 8. 沉降缝设置

第 414 节 小型钢构件

本节包括桥梁及其他公路构造物,除钢筋及预应力钢筋以外的小型钢构件的供应、制造、保护和安装。除另有说明外,本节工作内容均不作计量。

第 415 节 桥 面 铺 装

本节工程量清单项目分项计量规则应按附表 4-12 的规定执行。

附表 4-12 桥面铺装

子目号	子目名称	单位	工程量计量	工程内容
415	桥面铺装			
415-1	沥青混凝土桥面铺装	m³	依据图纸所示位置、尺寸、按照铺筑体积以立方米为单位计量	1. 清理下沉层; 2. 拌和设备安装、调试、拆除; 3. 沥青混合料拌和、运输、摊铺、压实、成型; 4. 接缝; 5. 初期养护
415-2	水泥混凝土桥面铺装	m³	依据图纸所示位置、尺寸、分不同强度等级,按照铺筑体积以立方米为单位计量	1. 场地清理; 2. 混凝土配料、拌和、运输、浇筑、养护; 3. 施工缝、沉降缝设置处理
415-3	防水层			
-a	桥面混凝土表面处理	m²	按图示处理的桥面凝土表面净面积以平方米为单位计量	1. 场地清理; 2. 混凝土面板铣刨(喷砂)拉毛; 3. 铣刨(喷砂)拉毛后清理、平整

续表

子目号	子目名称	单位	工程量计量	工程内容
-b	铺设防水层	m²	依据图纸所示位置及尺寸,在桥面铺装前铺设防水材料,按图示铺装净面积分不同材质以平方米为单位计量	1. 场地清理； 2. 桥面清洁； 3. 铺装防水材料； 4. 安拆作业平台； 5. 安设排水设施
415-4	桥面排水			
-a	竖、横向集中排水管	kg 或 m	1. 依据图示所示位置及尺寸,在桥面安设泄水孔,按图示数量分不同材质、管径计量；铸铁管、钢管以千克为单位计量；PVC管以米为单位计量； 2. 接头、固定泄水管的金属构件不予计量。铸铁泄水孔作为附属工作,不另行计量	1. 场地清理； 2. 安拆作业平台； 3. 钻孔安设排水管锚固件； 4. 安设排水设施
-b	桥面边部碎石盲沟	m³	依据图纸所示位置、尺寸、按照盲沟体积以立方米为单位计量	1. 边部切割； 2. 清理； 3. 盲沟设置

第416节 桥梁支座

本节工程量清单项目分项计量规则应按附表4-13的规定执行。

附表4-13 桥梁支座

子目号	子目名称	单位	工程量计量	工程内容
416	桥梁支座			
416-1	板式橡胶支座	dm³	依据图纸所示位置及尺寸,安装图纸所示类型及规格板式橡胶支座就位,按图示体积,分不同材质及形状以立方米为单位计量	1. 清洁整平混凝表面； 2. 砂浆配运料、拌和、接触面抹平； 3. 钢板制作与安装； 4. 支座定位安装
416-2	盆式支座	个	依据图纸所示位置及尺寸,安装图纸所示类型及规格盆式支座就位,按图示数量,分不同型号、支座反力以个为单位计量	1. 清洁整平混凝土表面； 2. 砂浆配运料、拌和、接触面抹平； 3. 钢板制作与安装； 4. 吊装设备安拆； 5. 支座定位安装； 6. 支座焊接固定
416-3	隔震橡胶支座	个	依据图纸所示位置及尺寸,安装图纸所示类型及规格隔震橡胶支座就位,按图示数量,分不同型号、支座反力以个为单位计量	1. 清洁整平混凝土表面； 2. 砂浆配运料、拌和、接触面抹平； 3. 钢板制作与安装； 4. 支座定位安装

续表

子目号	子目名称	单位	工程量计量	工程内容
416-4	球形支座	个	依据图纸所示位置及尺寸,安装图纸所示类型及规格球形支座就位,按图示数量分不同型号、支座反力以个为单位计量	1. 清洁整平混凝土表面; 2. 砂浆配运料、拌和、接触面抹平; 3. 钢板制作与安装; 4. 吊装设备安拆; 5. 支座定位安装; 6. 支座焊接固定

第417节　桥梁接缝和伸缩装置

本节工程量清单项目分项计量规则应按附表4-14的规定执行。

附表4-14　桥梁接缝和伸缩装置

子目号	子目名称	单位	工程量计量	工程内容
417	桥梁接缝和伸缩装置			
417-1	橡胶伸缩装置	m	依据图纸所示位置及尺寸,按图示的橡胶条伸缩装置长度(包括人行道、缘石、护栏底座与行车道等全部长度)以米为单位计量	1. 切割清理伸缩装置范围内混凝土;设置预埋件; 2. 伸缩装置定位、安装
417-2	模数式伸缩装置	m	依据图纸所示位置及尺寸,安装图示类型和规格的模数式伸缩装置,按图示长度(包括人行道、缘石、护栏底座与行车道等全部长度),分不同伸缩量以米为单位计量	1. 切割清理伸缩装置范围内混凝土;设置预埋件; 2. 伸缩装置定位、安装; 3. 混凝土拌和、运输、浇筑、压纹、养护
417-3	梳齿板式伸缩装置	m	依据图纸所示位置及尺寸,按图示的梳齿板式伸缩装置长度(包括人行道、缘石、护栏底座与行车道等全部长度),分不同伸缩量以米为单位计量	1. 切割清理伸缩装置范围内混凝土;设置预埋件; 2. 伸缩装置定位、安装; 3. 混凝土拌和、运输、浇筑、压纹、养护
417-4	填充式材料伸缩装置	m	依据图纸所示位置及尺寸,按图示的填充式材料伸缩装置长度(包括人行道、缘石、护栏底座与行车道等全部长度),分不同材质以米为单位计量	1. 切割清理伸缩装置范围内混凝土; 2. 跨缝板安装; 3. 材料填充、养护

第418节　防　水　处　理

本节包括混凝土和砌体表面的沥青或油毛毡防水层。本节工作内容均不作计量。

第419节　圆管涵及倒虹吸管涵

本节工程量清单项目分项计量规则应按附表4-15的规定执行。

附表 4-15　圆管涵及倒虹吸管涵

子目号	子目名称	单位	工程量计量	工程内容
419	圆管涵及倒虹吸管涵			
419-1	单孔钢筋混凝土圆管涵	m	1. 依据图纸所示，按不同孔径的涵身长度(进出口端墙外侧间距离)计算，以米为单位计量； 2. 基底软基处理参照第 205 节的相关规定计量，并列入第 205 节相应子目	1. 基坑排水； 2. 挖基、基底清理； 3. 基座砌筑或浇筑； 4. 垫层材料铺筑； 5. 钢筋制作安装； 6. 预制或现浇钢筋混凝土管； 7. 铺涂防水层； 8. 安装、接缝； 9. 砌筑进出口(端墙、翼墙、八字墙井口)； 10. 防水、防冻、防腐措施； 11. 回填
419-2	双孔钢筋混凝土圆管涵	m		
419-3	钢筋混凝土圆管倒虹吸管涵	m	1. 依据图纸所示，按不同孔径的涵身长度(进出口端墙外侧间距离)计算，以米为单位计量； 2. 基底软基处理参照第 205 节的相关规定计量，并列入第 205 节相应子目	1. 基坑排水； 2. 挖基、基底清理； 3. 基座砌筑或浇筑； 4. 垫层材料铺筑； 5. 钢筋制作安装； 6. 预制或现浇钢筋混凝土管； 7. 铺涂防水层； 8. 安装、接缝； 9. 砌筑进出口(端墙、翼墙、八字墙井口)； 10. 防水、防冻、防腐措施； 11. 回填

第 420 节　盖板涵、箱涵

本节工程量清单项目分项计量规则应按附表 4-16 的规定执行。

附表 4-16　盖板涵、箱涵

子目号	子目名称	单位	工程量计量	工程内容
420	盖板涵、箱涵			
420-1	钢筋混凝土盖板涵	m	1. 依据图纸所示，按不同跨径的盖板涵长度以米为单位计量； 2. 基底软基处理参照第 205 节的相关规定计量，并列入第 205 节相应子目	1. 场地清理； 2. 围堰、排水、基坑开挖、基坑支护； 3. 基础及涵台施工； 4. 施工缝设置、处理； 5. 盖板预制、运输、安装； 6. 砂浆制作、填缝； 7. 防水、防冻、防腐措施； 8. 回填

续表

子目号	子目名称	单位	工程量计量	工程内容
420-2	钢筋混凝土箱涵	m	1. 依据图纸所示，按不同跨径的箱涵长度以米为单位计量； 2. 基底软基处理参照第 205 节的相关规定计量，并列入第 205 节相应子目	1. 围堰、排水、基坑开挖； 2. 垫层、基础施工； 3. 搭拆作业平台； 4. 模板安设、加固、检查； 5. 钢筋安设、支承及固定； 6. 混凝土配运料、拌和、运输、浇筑、养护； 7. 施工缝设置、处理； 8. 防水、防冻、防腐措施； 9. 回填
420-3	钢筋混凝土盖板通道涵	m	1. 依据图纸所示，按不同跨径的盖板通道涵长度以米为单位计量； 2. 基底软基处理参照第 205 节的相关规定计量，并列入第 205 节相应子目	1. 场地清理； 2. 围堰、排水、基坑开挖、基坑支护； 3. 基础及涵台施工； 4. 施工缝设置、处理； 5. 盖板预制、运输、安装； 6. 砂浆制作、填缝； 7. 铺设通道路面；砌筑边沟； 8. 防水、防冻、防腐措施； 9. 回填
420-4	钢筋混凝土箱形通道涵	m	1. 依据图纸所示，按不同跨径的箱形通道涵长度以米为单位计量； 2. 基底软基处理参照第 205 节的相关规定计量，并列入第 205 节相应子目	1. 围堰、排水、基坑开挖； 2. 垫层、基础施工； 3. 搭拆作业平台； 4. 模板安设、加固、检查； 5. 钢筋安设、支承及固定； 6. 混凝土配运料、拌和、运输、浇筑、养护； 7. 施工缝设置、处理； 8. 铺设通道路面；砌筑边沟； 9. 防水、防冻、防腐措施； 10. 回填

第 421 节 拱 涵

本节工程量清单项目分项计量规则应按附表 4-17 的规定执行。

附表 4-17 拱涵

子目号	子目名称	单位	工程量计量	工程内容
421	拱涵			
421-1	拱涵			
-a	石拱涵	m	1. 依据图纸所示，按不同跨径的石拱涵长度以米为单位计量； 2. 基底软基处理参照第 205 节的相关规定计量，并列入第 205 节相应子目	1. 场地清理； 2. 围堰、排水、基坑开挖、基坑支护； 3. 基础及涵台施工； 4. 搭拆作业平台； 5. 安装支架、拱盔； 6. 选修石料、配砂浆； 7. 砌筑； 8. 勾缝、抹面、养护； 9. 防水、防冻、防腐措施

子目号	子目名称	单位	工程量计量	工程内容
-b	混凝土拱涵	m	1. 依据图纸所示，按不同跨径的混凝土拱涵长度以米为单位计量； 2. 基底软基处理参照第205节的相关规定计量，并列入第205节相应子目	1. 场地清理； 2. 围堰、排水、基坑开挖、基坑支护； 3. 基础及涵台施工； 4. 搭拆作业平台； 5. 安拆支架、拱盔； 6. 配、拌、运混凝土、浇筑、养护； 7. 防水、防冻、防腐措施
421-2	拱形通道涵			
-a	石拱通道涵	m	1. 依据图纸所示，按不同跨径的石拱通道涵长度以米为单位计量； 2. 基底软基处理参照第205节的相关规定计量，并列入第205节相应子目	1. 场地清理； 2. 围堰、排水、基坑开挖、基坑支护； 3. 基础及涵台施工； 4. 搭拆作业平台； 5. 安拆支架、拱盔； 6. 选修石料、配砂浆； 7. 砌筑； 8. 勾缝、抹面、养护； 9. 铺设通道路面；砌筑边沟； 10. 防水、防冻、防腐措施
-b	混凝土通道拱涵	m	1. 依据图纸所示，按不同跨径的混凝土拱通道涵长度以米为单位计量； 2. 基底软基处理参照第205节的相关规定计量，并列入第205节相应子目	1. 场地清理； 2. 围堰、排水、基坑开挖、基坑支护； 3. 基础及涵台施工； 4. 搭拆作业平台； 5. 安拆支架、拱盔； 6. 配、拌、运混凝土、浇筑、养护； 7. 铺设通道路面，砌筑边沟； 8. 防水、防冻、防腐措施

第500章　隧　道

第501节　通　则

本节为隧道施工的材料、施工准备及施工的一般规定。本节工作内容均不作计量，其所涉及的作业应包含在与其相关工程子目之中。

第502节　洞口与明洞工程

本节工程量清单项目分项计量规则应按附表5-1的规定执行。

附表 5-1 洞口与明洞工程

子目号	子目名称	单位	工程量计量	工程内容
502	洞口与明洞工程			
502-1	洞口、明洞开挖	m³	依据设计图纸所示位置及尺寸,按图示开挖的体积,不分土、石的种类,只区分为土方和石方,以立方米为单位计量	1. 石方爆破; 2. 挖、装、运输、卸车; 3. 填料分理、弃土整型、压实; 4. 坡面临时支护及排水; 5. 坡面修整
502-2	防水与排水			
-a	石砌截水沟、排水沟	m³	依据图纸所示位置及尺寸,按图示砌体体积分不同砂浆强度等级以立方米为单位计量	1. 沟槽开挖; 2. 基底检查; 3. 铺设垫层; 4. 砂浆拌制; 5. 浆砌片石、勾缝、抹面、养护; 6. 回填; 7. 场地清理
-b	现浇混凝土沟槽	m³	依据图纸所示位置及尺寸,按图示混凝土体积分不同强度等级以立方米为单位计量	1. 沟槽开挖; 2. 基底检查; 3. 铺设垫层; 4. 模板制作、安装、拆除; 5. 混凝土拌和、运输、浇筑、养护; 6. 回填; 7. 场地清理
-c	预制安装混凝土沟槽	m³	依据图纸所示位置及尺寸,按图示预制安装混凝土体积分不同强度等级以立方米为单位计量	1. 沟槽开挖; 2. 基底检查; 3. 铺设垫层; 4. 预制场建设; 5. 混凝土沟槽预制、安装; 6. 回填; 7. 场地清理
-d	预制安装混凝土沟槽盖板	m³	依据图纸所示位置及尺寸,按图示预制安装混凝土体积分不同强度等级以立方米为单位计量	1. 预制场建设; 2. 混凝土沟槽盖板预制、安装; 3. 回填
-e	土工合成材料	m²	1. 依据图纸所示的位置及规格,按图示铺设的土工合成材料面积,分不同材质以平方米为单位计量; 2. 接缝的重叠面积和边缘的包裹面积不予计量	1. 场地清理; 2. 土工合成材料铺设、固定; 3. 接缝处理(搭接、缝接、粘接); 4. 边缘处理
-f	渗沟	m³	依据设计图纸所示位置及尺寸,按图示渗沟体积以立方米为单位计量	1. 开挖渗沟槽; 2. 铺设土工材料; 3. 铺设渗沟填料; 4. 沟槽回填; 5. 场地清理

子目号	子目名称	单位	工程量计量	工程内容
-g	钢筋	kg	1. 依据图纸所示及钢筋表所列钢筋质量以千克为单位计量； 2. 固定钢筋的材料、定位架立钢筋、钢筋接头、吊装钢筋、钢板、铁丝作为钢筋作业的附属工作，不另行计量	1. 钢筋的保护、储存及除锈； 2. 钢筋整直、接头； 3. 钢筋截断、弯曲； 4. 钢筋安设、支承及固定
502-3	洞口坡面防护			
-a	浆砌片石护坡	m³	依据图纸所示位置及尺寸，按图示砌体体积分不同强度等级以立方米为单位计量	1. 清理边坡、坡面夯实、基础开挖； 2. 铺设垫层； 3. 砌筑片石； 4. 勾缝、抹面、养护； 5. 回填
-b	现浇混凝土护坡	m³	依据图纸所示位置及尺寸，按图示混凝土体积分不同强度等级以立方米为单位计量	1. 清理边坡、坡面夯实、基坑开挖； 2. 模板制作、安装、拆除； 3. 混凝土拌和、运输、浇筑、养护； 4. 泄水孔及其滤水层、沉降缝设置； 5. 回填
-c	预制安装混凝土护坡	m³	依据图纸所示位置及尺寸，按图示预制安装混凝土体积分不同强度等级以立方米为单位计量	1. 清理边坡、坡面夯实、基坑开挖； 2. 预制件的预制； 3. 预制件安装； 4. 回填； 5. 清理现场
-d	喷射混凝土护坡	m³	依据图纸所示位置及尺寸，按图示喷射混凝土体积分不同强度等级以立方米为单位计量	1. 岩面清理； 2. 设备安装与清理； 3. 混凝土拌制； 4. 喷射； 5. 沉降缝设置； 6. 养护
-e	浆砌护面墙	m³	1. 依据图纸所示位置及尺寸，按图示砌体体积分不同砂浆强度等级以立方米为单位计量； 2. 不扣除沉降缝、泄水孔、预埋件所占体积	1. 基坑开挖、清理、平整、夯实； 2. 浆砌片(块)石,泄水孔及其滤水层； 3. 接缝处理； 4. 勾缝、抹面； 5. 墙背排水设施设置、填料分层填筑； 6. 清理、废方弃运
-f	现浇混凝土护面墙	m³	1. 依据图纸所示位置及尺寸，按图示不同强度等级混凝土体积以立方米为单位计量； 2. 不扣除沉降缝、泄水孔、预埋件所占体积	1. 场地清理； 2. 基坑开挖,地基平整夯实、废方弃运； 3. 边坡清理夯实； 4. 模板制作、安装、拆除； 5. 混凝土拌和、运输、浇筑、养护； 6. 泄水孔及其滤水层、沉降缝设置； 7. 墙背排水设施设置、填料分层填筑； 8. 清理现场

续表

子目号	子目名称	单位	工程量计量	工程内容
-g	混凝土挡土墙	m³	1. 依据图纸所示位置及尺寸，按图示混凝土体积分不同强度等级以立方米为单位计量； 2. 不扣除沉降缝、泄水孔、预埋件所占体积	1. 基坑开挖、清理、平整、夯实； 2. 模板制作、安装、拆除； 3. 混凝土拌和、运输、浇筑、养护； 4. 泄水孔及其滤水层、沉降缝设置； 5. 填料分层填筑； 6. 清理、弃方处理
-h	地表注浆	m³	依据设计图纸所示注浆量，按浆液体积分不同强度等级及材质以立方米为单位计量	1. 场地清理； 2. 钻孔； 3. 安装注浆管； 4. 安拆注浆机； 5. 浆液制备； 6. 注浆
-i	钢筋	kg	1. 依据图纸所示及钢筋表所列钢筋质量以千克为单位计量； 2. 固定钢筋的材料、定位架立钢筋、钢筋接头、吊装钢筋、钢板、铁丝作为钢筋作业的附属工作，不另行计量	1. 钢筋的保护、储存及除锈； 2. 钢筋整直、接头； 3. 钢筋截断、弯曲； 4. 钢筋安设、支承及固定
-j	锚杆	m	依据设计图纸所示位置及尺寸，按锚杆长度分不同直径以米为单位计量	1. 搭、拆、移作业平台； 2. 锚杆及附件制作、运输； 3. 布眼、钻孔、清孔； 4. 浆液制作、注浆； 5. 锚杆就位、顶进、锚固
-k	主动防护系统	m²	1. 依据图纸所示，按主动防护系统防护的坡面面积以平方米为单位计量； 2. 网片搭接部分作为附属工作，不另行计量	1. 坡面清理； 2. 脚手架安设、拆除、完工清理和保养； 3. 支撑绳穿绳、张拉、固定； 4. 挂网、网片连接、缝合、固定； 5. 钻孔、清孔、套管装拔、锚杆制作、安装、锚固、锚头处理； 6. 浆液制备、注浆、养护； 7. 网面调整
-l	被动防护系统	m²	1. 依据图纸所示，按被动防护系统网面的面积以平方米为单位计量； 2. 网片搭接部分作为附属工作，不另行计量	1. 坡面清理； 2. 基础及立柱施工； 3. 支撑绳穿绳、张拉、固定； 4. 挂网、网片连接、缝合、固定； 5. 钻孔、清孔、套管装拔、锚杆制作、安装、锚固、锚头处理； 6. 浆液制备、注浆、养护； 7. 网面调整
502-4	洞门建筑			
-a	现浇混凝土	m³	依据图纸所示位置及尺寸，按图示混凝土体积分不同强度等级以立方米为单位计量	1. 基坑开挖、清理、平整、夯实； 2. 模板制作、安装、拆除； 3. 混凝土拌和、运输、浇筑、养护； 4. 清理现场

子目号	子目名称	单位	工程量计量	工程内容
-b	预制安装混凝土块	m³	依据图纸所示位置及尺寸，按图示预制安装混凝土体积分不同强度等级以立方米为单位计量	1. 基坑开挖、清理、平整、夯实； 2. 构件预制； 3. 预制件安装、设置泄水孔及其滤水层； 4. 接缝处理； 5. 勾缝、抹面； 6. 场地清理
-c	浆砌片粗料石（块石）	m³	依据图纸所示位置及尺寸，按图示砌体体积分不同砂浆强度等级以立方米为单位计量	1. 基坑开挖、清理、平整、夯实； 2. 砌筑、设置泄水孔及其滤水层； 3. 接缝处理； 4. 勾缝、抹面； 5. 场地清理
-d	洞门墙装修	m²	依据设计图纸所示位置和尺寸，按图示装修面积分不同的材质以平方米为单位计量	1. 搭拆作业平台； 2. 墙面拉毛、清洁、润湿； 3. 装修材料加工制作； 4. 配、拌、运砂浆及涂料； 5. 装修、养护； 6. 制作安装隧道铭牌； 7. 清理现场
-e	钢筋	kg	1. 依据图纸所示及钢筋表所列钢筋质量以千克为单位计量； 2. 固定钢筋的材料、定位架立钢筋、钢筋接头、吊装钢筋、钢板、铁丝作为钢筋作业的附属工作，不另行计量	1. 钢筋的保护、储存及除锈； 2. 钢筋整直、接头； 3. 钢筋截断、弯曲； 4. 钢筋安设、支承及固定
-f	隧道铭牌	处	依据设计图纸所示位置及规格，按图示每一洞口以处为单位计量	1. 搭拆作业平台； 2. 铭牌制作； 3. 铭牌安装
502-5	明洞衬砌			
-a	现浇混凝土	m³	依据图纸所示位置及尺寸，按图示混凝土体积分不同强度等级以立方米为单位计量	1. 搭拆作业平台； 2. 模板制作、安装、拆除； 3. 混凝土拌和、运输、浇筑、养护； 4. 接缝处理； 5. 场地清理
-b	钢筋	kg	1. 依据图纸所示及钢筋表所列钢筋质量以千克为单位计量； 2. 固定钢筋的材料、定位架立钢筋、钢筋接头、吊装钢筋、钢板、铁丝作为钢筋作业的附属工作，不另行计量	1. 钢筋的保护、储存及除锈； 2. 钢筋整直、接头； 3. 钢筋截断、弯曲； 4. 钢筋安设、支承及固定

子目号	子目名称	单位	工程量计量	工程内容
502-6	遮光棚(板)	m²	依据图纸所示位置及规格，按照不同材质棚板的面积以平方米为单位计量	1. 安装、拆除工作平台； 2. 支架设置； 3. 遮光棚(板)制作； 4. 遮光棚(板)安装
502-7	洞顶回填			
-a	防水层			
-a-1	黏土防水层	m³	依据图纸所示的位置及规格，按图示铺设的防水层体积，以立方米为单位计量	1. 场地清理； 2. 填筑； 3. 平整、夯实
-a-2	土工合成材料	m²	1. 依据图纸所示的位置及规格，按图示铺设的土工合成材料面积，分不同材质以平方米为单位计量； 2. 接缝的重叠面积和边缘的包裹面积不予计量	1. 场地清理； 2. 防水材料铺设、固定； 3. 接缝处理(搭接、缝接、粘接)； 4. 边缘处理
-b	回填	m³	依据设计图纸所示的位置及尺寸，按图示回填体积，分不同材质以立方米为单位计量	1. 场地清理； 2. 填筑； 3. 平整、夯实

注：洞口坡面植物防护在第700章计量。

第503节　洞身开挖

本节工程量清单项目分项计量规则应按附表5-2的规定执行。

附表5-2　洞身开挖

子目号	子目名称	单位	工程量计量	工程内容
503	洞身开挖			
503-1	洞身开挖			
-a	洞身开挖(不含竖井、斜井)	m³	1. 依据图纸所示成洞断面(不计许超挖值及预留变形量的设计净断面)计算开挖体积，不分围岩级别，只区分为土方和石方，以立方米为单位计量； 2. 含紧急停车带、车行横洞、人行横洞以及设备洞室的开挖	1. 钻孔爆破； 2. 风、水、电作业及通风防尘； 3. 粉尘、有害气体、可燃气体量测监控及防护； 4. 临时支护及临时防排水； 5. 装渣、运输、卸车； 6. 填料分理、弃土整型、压实
-b	竖井洞身开挖	m³	依据图纸所示成洞断面(不计许超挖值及预留变形量的设计净断面)计算开挖体积，不分围岩级别，只区分为土方和石方，以立方米为单位计量	1. 钻孔爆破； 2. 风、水、电作业及通风防尘； 3. 粉尘、有害气体、可燃气体量测监控及防护； 4. 临时支护及临时防排水； 5. 装渣、运输、卸车； 6. 填料分理、弃土整型、压实

续表

子目号	子目名称	单位	工程量计量	工程内容
-c	斜井洞身开挖	m³	依据图纸所示成洞断面(不计允许超挖值及预留变形量的设计净断面)计算开挖体积，不分围岩级别，只区分为土方和石方，以立方米为单位计量	1. 钻孔爆破； 2. 风、水、电作业及通风防尘； 3. 粉尘、有害气体、可燃气体量测监控及防护； 4. 临时支护及临时防排水； 5. 装渣、运输、卸车； 6. 填料分理、弃土整型、压实
503-2	洞身支护			
-a	管棚支护			
-a-1	基础钢管桩	m	依据图纸所示位置和断面尺寸，按图示不同规格的钢管桩长度以米为单位计量	1. 场地清理； 2. 打桩机定位； 3. 沉管； 4. 混凝土(水泥浆)拌制； 5. 灌注混凝土(水泥浆)； 6. 打桩机移位
-a-2	套拱混凝土	m³	依据图纸所示位置及尺寸，按图示混凝土体积分不同强度等级以立方米为单位计量	1. 场地清理； 2. 模板制作、安装、拆除； 3. 混凝土拌和、运输、浇筑、养护
-a-3	孔口管	m	依据设计图纸所示位置及尺寸，按钢管长度分不同规格以米为单位计量	1. 场地清理； 2. 搭拆工作平台； 3. 布眼、钻孔、清孔； 4. 钢管制作、运输、就位、顶进
-a-4	套拱钢架	kg	1. 依据设计图纸所示位置及尺寸，按钢材质量以千克为单位计量； 2. 钢架纵向连接钢筋作为附属工作，不另行计量； 3. 连接钢板、螺栓、螺母、拉杆、垫圈为套拱钢架的附属工作，均不另行计量	1. 场地清理； 2. 搭拆工作平台； 3. 钢架加工及安装； 4. 钢架安装； 5. 钢架固定
-a-5	钢筋	kg	1. 依据图纸所示及钢筋表所列钢筋质量以千克为单位计量； 2. 固定钢筋的材料、定位架立钢筋、钢筋接头、吊装钢筋、钢板、铁丝作为钢筋作业的附属工作，不另行计量	1. 钢筋的保护、储存及除锈； 2. 钢筋整直、接头； 3. 钢筋截断、弯曲； 4. 钢筋安设、支承及固定
-a-6	管棚	m	依据设计图纸所示位置及尺寸，按钢管长度分不同规格以米为单位计量	1. 场地清理； 2. 搭拆工作平台； 3. 布眼、钻孔、清孔； 4. 钢管制作、运输、就位、顶进； 5. 浆液制作、注浆、检查、堵孔

子目号	子目名称	单位	工程量计量	工程内容
-b	注浆小导管	m	依据设计图纸所示位置及尺寸，按钢管长度分不同规格以米为单位计量	1. 场地清理； 2. 搭拆工作平台； 3. 布眼、钻孔、清孔； 4. 钢管制作、运输、就位、顶进； 5. 浆液制作、注浆、检查、堵孔
-c	锚杆支护			
-c-1	砂浆锚杆	m	依据设计图纸所示位置及尺寸，按锚杆长度分不同直径以米为单位计量	1. 搭、拆、移作业平台； 2. 锚杆及附件制作、运输； 3. 布眼、钻孔、清孔； 4. 浆液制作、注浆； 5. 锚杆就位、顶进、锚固
-c-2	药包锚杆	m	依据设计图纸所示位置及尺寸，按锚杆长度分不同直径以米为单位计量	1. 搭、拆、移作业平台； 2. 锚杆及附件制作、运输； 3. 布眼、钻孔、清孔； 4. 药包浸泡及安装入孔； 5. 锚杆就位、顶进、锚固
-c-3	中空注浆锚杆	m	依据设计图纸所示位置及尺寸，按锚杆长度分不同直径以米为单位计量	1. 搭、拆、移作业平台； 2. 锚杆及附件制作、运输； 3. 布眼、钻孔、清孔； 4. 锚杆就位、顶进； 5. 浆液制作、注浆、锚固
-c-4	自进式锚杆	m	依据设计图纸所示位置及尺寸，按锚杆长度分不同直径以米为单位计量	1. 搭、拆、移作业平台； 2. 锚杆及附件制作、运输； 3. 锚杆就位、布眼、钻进； 4. 浆液制作、注浆、锚固
-c-5	预应力锚杆	m	依据设计图纸所示位置及尺寸，按锚杆长度分不同直径以米为单位计量	1. 搭、拆、移作业平台； 2. 锚杆及附件制作、运输； 3. 布眼、钻孔、清孔； 4. 锚杆安装、就位； 5. 浆液制作、注浆； 6. 预应力张拉、锚固； 7. 二次注浆； 8. 封锚
-d	喷射混凝土支护			
-d-1	钢筋网	kg	1. 依据设计图纸所示位置及尺寸，按图示钢筋网质量以千克为单位计量； 2. 钢筋网锚固件为钢筋网的附属工作，不另行计量	1. 搭、拆、移作业平台； 2. 布眼、钻孔、清孔、安装锚固件； 3. 挂网、绑扎、焊接、加固
-d-2	喷射混凝土	m³	依据图纸所示位置及尺寸，按图示喷射混凝土体积分不同强度等级以立方米为单位计量	1. 冲洗岩面； 2. 安、拆、移喷射设备； 3. 搭、拆、移作业平台； 4. 配、拌、运混凝土； 5. 上料、喷射、养护

续表

子目号	子目名称	单位	工程量计量	工程内容
-e	钢支架支护			
-e-1	型钢支架	kg	1. 依据设计图纸所示位置及尺寸，按型钢质量以千克为单位计量； 2. 型钢支架纵向连接钢筋作为附属工作，不另行计量； 3. 连接钢板、螺栓、螺母、拉杆、垫圈为型钢支架的附属工作，均不另行计量	1. 场地清理； 2. 搭拆工作平台； 3. 型钢支架加工； 4. 型钢支架成型； 5. 型钢支架修整、焊接； 6. 安装就位、紧固螺栓； 7. 型钢支架纵向连接
-e-2	钢筋格栅	kg	1. 依据设计图纸所示位置及尺寸，按钢筋质量以千克为单位计量； 2. 钢筋格栅纵向连接钢筋作为附属工作，不另行计量； 3. 连接钢板、螺栓、螺母、拉杆、垫圈为钢筋格栅的附属工作，均不另行计量	1. 场地清理； 2. 搭拆工作平台； 3. 钢筋格栅加工； 4. 钢筋格栅成型； 5. 钢筋格栅修整、焊接； 6. 安装就位、紧固螺栓； 7. 钢筋格栅纵向连接

第 504 节　洞 身 衬 砌

本节工程量清单项目分项计量规则应按附表 5-3 的规定执行。

附表 5-3　洞身衬砌

子目号	子目名称	单位	工程量计量	工程内容
504	洞身衬砌			
504-1	洞身衬砌			
-a	钢筋	kg	1. 依据图纸所示及钢筋表所列钢筋质量以千克为单位计量； 2. 固定钢筋的材料、定位架立钢筋、钢筋接头、吊装钢筋、钢板、铁丝作为钢筋作业的附属工作，不另行计量	1. 钢筋的保护、储存及除锈； 2. 钢筋整直、接头； 3. 钢筋截断、弯曲； 4. 钢筋安设、支承及固定
-b	现浇混凝土	m³	依据图纸所示位置及尺寸，按图示混凝土体积分不同强度等级以立方米为单位计量	1. 场地清理； 2. 基底检查； 3. 模板制作、安装、拆除； 4. 混凝土拌和、运输、浇筑、养护； 5. 设置施工缝、沉降缝
504-2	仰拱、铺底混凝土			
-a	现浇混凝土仰拱	m³	依据图纸所示位置及尺寸，按图示混凝土体积分不同强度等级以立方米为单位计量	1. 场地清理； 2. 基底检查； 3. 模板制作、安装、拆除； 4. 混凝土拌和、运输、浇筑、养护； 5. 设置施工缝、沉降缝

子目号	子目名称	单位	工程量计量	工程内容
-b	现浇混凝土仰拱回填	m³	依据图纸所示位置及尺寸,按图示混凝土体积分不同强度等级以立方米为单位计量	1. 场地清理; 2. 基底检查; 3. 凝土拌和、运输、浇筑、养护
504-3	边沟、电缆沟混凝土			
-a	现浇混凝土沟槽	m³	依据图纸所示位置及尺寸,按图示混凝土体积分不同强度等级以立方米为单位计量	1. 沟槽开挖; 2. 基底检查; 3. 模板制作、安装、拆除; 4. 混凝土拌和、运输、浇筑、养护; 5. 设置施工缝、沉降缝
-b	预制安装混凝土沟槽	m³	依据图纸所示位置及尺寸,按图示预制安装混凝土体积分不同强度等级以立方米为单位计量	1. 沟槽开挖; 2. 预制场建设; 3. 模板制作、安装、拆除; 4. 构件预制; 5. 构件安装; 6. 设置施工缝、沉降缝
-c	预制安装混凝土沟槽盖板	m³	依据图纸所示位置及尺寸,按图示预制安装混凝土体积分不同强度等级以立方米为单位计量	1. 预制场建设; 2. 模板制作、安装、拆除; 3. 构件预制、安装
-d	钢筋	kg	1. 依据图纸所示及钢筋表所列钢筋质量以千克为单位计量; 2. 固定钢筋的材料、定位架立钢筋、钢筋接头、吊装钢筋、钢板、铁丝作为钢筋作业的附属工作,不另行计量	1. 钢筋的保护、储存及除锈; 2. 钢筋整直、接头; 3. 钢筋截断、弯曲; 4. 钢筋安设、支承及固定
-e	铸铁盖板	kg	按设计图纸所示位置及尺寸,按制作安设铸铁盖板的质量以千克为单位计量	1. 盖板的加工制作及防腐处理; 2. 盖板安装
504-4	洞室门	个	按设计图纸所示位置及尺寸,按安装就位的洞室门数量以个为单位计量	1. 洞室门制作; 2. 洞室门安装
504-5	洞内路面			
-a	钢筋	kg	1. 依据图纸所示及钢筋表所列钢筋质量以千克为单位计量; 2. 含拉杆、补强钢筋、传力杆; 3. 钢筋接头、铁丝作为钢筋作业的附属工作,不另行计量	1. 钢筋的保护、储存及除锈; 2. 钢筋整直、接头; 3. 钢筋截断、弯曲; 4. 钢筋安设、支承及固定
-b	现浇混凝土	m³	依据图纸所示位置及尺寸,按图示混凝土体积分不同强度等级以立方米为单位计量	1. 基底检查; 2. 模板制作、安装、拆除; 3. 混凝土拌和、运输、浇筑、养护; 4. 接缝处理

第505节 防水与排水

本节工程量清单项目分项计量规则应按附表5-4的规定执行。

附表5-4 防水与排水

子目号	子目名称	单位	工程量计量	工程内容
505	防水与排水			
505-1	防水与排水			
-a	金属材料	kg	1. 依据图示所示位置及规格、按金属材料的质量，分不同材质以千克为单位计量； 2. 接头、固定、定位材料作为附属工作，均不另行计量	1. 金属材料的保护、储存及除锈； 2. 材料加工、整直、截断、弯曲； 3. 接头； 4. 安设、支承及固定； 5. 盖板安设
-b	排水管			
-b-1	钢筋混凝土排水管	m	依据设计图纸所示位置，按图示排水管的长度，分不同管径以米为单位计量	1. 管材预制、运输； 2. 布管、接缝； 3. 回填； 4. 现场清理
-b-2	PVC排水管	m	依据设计图纸所示位置，按图示排水管的长度、分不同管径以米为单位计量	1. 场地清理； 2. 搭拆移作业平台； 3. 排水管制作； 4. 土工布包裹、绑扎； 5. 水管布设、连接； 6. 水管定位锚固
-b-3	U型排水管	m	依据设计图纸所示位置，按图示排水管的长度、分不同规格以米为单位计量	1. 场地清理； 2. 搭拆移作业平台； 3. 排水管制作； 4. 土工布包裹、绑扎； 5. 水管布设、连接； 6. 水管定位锚固
-b-4	Ω型排水管	m	依据设计图纸所示位置，按图示排水管的长度、分不同规格以米为单位计量	1. 场地清理； 2. 搭拆移作业平台； 3. 排水管制作； 4. 土工布包裹、绑扎； 5. 水管布设、连接； 6. 水管定位锚固
-c	防水板	m²	依据图纸所示位置及规格，按照铺设的不同材质防水板面积以平方米为单位计量	1. 场地清理； 2. 搭拆移作业平台； 3. 基面处理； 4. 下料、拼接就位、焊接拉紧、锚固
-d	止水带	m	依据图纸所示位置及规格，按照铺设的不同材质止水带长度以米为单位计量	1. 缝隙设置； 2. 固定架安装； 3. 止水带安装、拉紧、固定； 4. 接头粘接
-e	止水条	m	依据图纸所示位置及规格，按照铺设的不同型号止水条长度以米为单位计量	1. 预留槽设置； 2. 止水条安装； 3. 固定止水条； 4. 注浆

子目号	子目名称	单位	工程量计量	工程内容
-f	涂料防水层	m²	依据图纸所示位置及涂料类型,按照不同厚度以平方米为单位计量	1. 场地清理; 2. 搭拆移作业平台; 3. 基面拉毛、清洗; 4. 涂料制作、运输; 5. 喷涂; 6. 移动作业平台
-g	注浆			
-g-1	水泥	t	依据设计图纸位置,按图示掺加的水泥质量,分不同强度等级以吨为单位计量	1. 场地清理; 2. 搭拆移作业平台; 3. 钻孔; 4. 顶进注浆钢管; 5. 配、拌、运浆液; 6. 压浆、堵孔
-g-2	水玻璃原液	m³	依据设计图纸位置,按图示掺加的水玻璃原液体积以立方米为单位计量	1. 场地清理; 2. 搭拆移作业平台; 3. 钻孔; 4. 顶进注浆钢管; 5. 配、拌、运浆液; 6. 压浆、堵孔
505-2	保温			
-a	保温层	m²	1. 依据图纸所示位置、尺寸及保温材料类型,按图示保温层面积以平方米为单位计量; 2. 保温板的重叠面积不予计量	1. 选备保温板材(聚氨酯板等); 2. 保温板下料、拼接、就位、焊接、拉紧、锚固
-b	洞口排水保温			
-b-1	洞口排水沟保温层	m²	1. 依据图纸所示位置、尺寸及保温材料类型,按图示保温层面积以平方米为单位计量; 2. 保温板的重叠面积不予计量	1. 选备保温板材(聚氨酯板等); 2. 保温板下料、拼接、就位、焊接、拉紧、锚固
-b-2	保温出水口暗管	m	依据图纸所示位置、材料、尺寸及埋设深度,按图示不同材料的保温出水口暗管长度以米为单位计量	1. 场地清理; 2. 开挖管沟; 3. 边坡临时防护; 4. 铺设垫层; 5. 敷设排水管、连接、固定; 6. 砌(浇)筑检查井; 7. 回填土、覆盖表土护坡
-b-3	保温出水口	处	依据图纸所示位置、结构、尺寸,分不同类型,按图示出水口形式以处为单位计量	1. 铲除地表腐殖质及植物; 2. 换填渗水性好的土壤; 3. 铺设碎石垫层; 4. 干砌、堆砌片石; 5. 做流水陡坡; 6. 出水口覆盖层护坡

第 506 节　洞内防火涂料和装饰工程

本节工程量清单项目分项计量规则应按附表 5-5 的规定执行。

附表 5-5　洞内防火涂料和装饰工程

子目号	子目名称	单位	工程量计量	工程内容
506	洞内防火涂料和装饰工程			
506-1	洞内防火涂料	m²	依据设计图纸所示位置及尺寸，按图示面积分不同喷涂厚度以平方米为单位计量	1. 场地清理； 2. 搭拆移作业平台； 3. 基面拉毛、清洗； 4. 涂料制作； 5. 喷涂
506-2	洞内装饰材料			
-a	墙面装饰	m²	依据设计图纸所示位置及尺寸，按图示装饰面积分不同材质以平方米为单位计量	1. 场地清理； 2. 搭拆移作业平台； 3. 墙面拉毛、清洗； 4. 砂浆制作； 5. 镶贴装饰材料； 6. 抹平、养护
-b	喷涂混凝土专用漆	m²	依据设计图纸所示位置及尺寸，按图示面积以平方米为单位计量	1. 场地清理； 2. 搭拆移作业平台； 3. 基面拉毛、清洗； 4. 涂料制作； 5. 喷涂
-c	吊顶	m²	依据设计图纸所示位置及尺寸，按图示面积分不同材质以平方米为单位计量	1. 场地清理； 2. 搭拆移作业平台； 3. 吊顶骨架安设； 4. 吊顶板面安装

第 507 节　风水电作业及通风防尘

本节包括隧道施工中的供风、供水、供电、照明以及施工中的通风、防尘的作业。本节工作内容均不作计量。

第 508 节　监 控 量 测

本节工程量清单项目分项计量规则应按附表 5-6 的规定执行。

附表 5-6　监控量测

子目号	子目名称	单位	工程量计量	工程内容
508	监控量测			
508-1	监控量测			
-a	必测项目	总额	依据图纸所示及《公路隧道施工技术规范》（JTG F60—2009）规定的必测项目进行监控量测，以总额为单位计量	1. 选择量测仪器和原件； 2. 埋设测试原件； 3. 数据采集； 4. 数据分析； 5. 后续数据分析、处理

续表

子目号	子目名称	单位	工程量计量	工程内容
-b	选测项目	总额	依据图纸所示及《公路隧道施工技术规范》(JTG F60—2009)规定的选测项目进行监控量测，以总额为单位计量	1. 选择量测仪器和原件； 2. 埋设测试原件； 3. 数据采集； 4. 数据分析； 5. 后续数据分析、处理

第509节　特殊地质地段的施工与地质预报

本节工程量清单项目分项计量规则应按附表5-7的规定执行。

附表5-7　特殊地质地段的施工与地质预报

子目号	子目名称	单位	工程量计量	工程内容
509	特殊地质地段的施工与地质预报			
509-1	地质预报	总额	依据需要预报的距离和内容，分不同的探测手段，以总额为单位计量	1. 按地质预报需要采用合适的探测手段进行探测； 2. 地质分析与判断； 3. 预报结果及施工建议

第510节　洞内机电设施预埋件和消防设施

本节工程量清单项目分项计量规则应按附表5-8的规定执行。

附表5-8　洞内机电设施预埋件和消防设施

子目号	子目名称	单位	工程量计量	工程内容
510	洞内机电设施预埋件和消防设施			
510-1	预埋件	kg	1. 依据图纸所示位置和断面尺寸，按照材料表所列的金属结构预埋件质量以千克为单位计量； 2. 金属结构接头、螺栓、螺母、垫片、固定及定位材料作为金属结构预埋件的附属工作，不另行计量； 3. 非金属结构预埋件作为预埋件的附属工作，不另行计量	1. 预埋件加工与涂装； 2. 预埋件安装、固定； 3. 工地涂装
510-2	消防设施			
-a	供水钢管(外径φ，单位：mm)	m	1. 依据图示要求材料、尺寸，按供水管管道中心线长度以米为单位计量； 2. 不扣除阀门、管件及各种组件所占长度	1. 管道路定位，沟槽开挖、回填； 2. 钢管制作加工、防腐、运输、装卸； 3. 安装、就位、除锈、刷油、防腐； 4. 接头接续，定位、固定； 5. 管道吹扫，水压试验

续表

子目号	子目名称	单位	工程量计量	工程内容
-b	消防洞室防火门	套	1. 依据图示要求，按满足设计功能要求的隧道消防洞室防火门数量以套为单位计量； 2. 包含帘板、导轨、底座、电机、控制器、手动装置	1. 按配置要求提交隧道消防洞室防火门(含附件)； 2. 防火门及附件搬运、就位； 3. 钻孔、螺栓固定、点击测试、安装固定、校位； 4. 电缆保护套安装固定； 5. 电力电缆连接，控制电缆引出至电缆沟； 6. 测试、指标测试
-c	集水池	座	1. 依据图示结构、尺寸，按钢筋混凝土集水池数量以座为单位计量； 2. 包含池内检查梯、池顶棚、人孔盖	1. 水池基础土石方开挖； 2. 基坑临时支护，临时排水； 3. 垫层铺筑、碾压； 4. 模板、支架架设、拆除； 5. 钢筋加工、安装； 6. 混凝土制作浇筑； 7. 检查梯制作安装、各管道、管件、仪表的安装配合； 8. 堵洞，水池防渗处理； 9. 基坑回填、现场清理、弃方处理
-d	蓄水池	座	依据图示结构、尺寸，按蓄水池数量以座为单位计量	1. 基坑开挖，混凝土或砂浆制作； 2. 基底垫层铺筑、施工排水； 3. 模板安设浇筑混凝土或池体砌筑； 4. 清理现场，基坑回填，弃方处理
-e	泵房	座	1. 依据图示规格、功能，按水泵房建筑以座为单位计量； 2. 包含泵房防雷接地	1. 配置泵房全部结构、装饰； 2. 配电、排水、各种预埋件； 3. 场地硬化

第 600 章 安全设施及预埋管线

第 601 节 通 则

本节为安全设施与预埋管线施工的一般要求。本节工作内容均不作计量，其所涉及的作业应包含在与其相关工程子目之中。

第 602 节 护 栏

本节工程量清单项目分项计量规则应按附表 6-1 的规定执行。

附表 6-1 护栏

子目号	子目名称	单位	工程量计量	工程内容
602	护栏			
602-1	混凝土护栏(护墙、立柱)			
-a	现浇混凝土护栏	m³	1. 依据图纸所示位置和断面尺寸,按图示浇筑的不同强度混凝土体积以立方米为单位计量; 2. 不扣除混凝土沉降缝、泄水孔所占体积; 3. 桥上混凝土护栏(护墙、立柱)在 410-6 中计量	1. 沟槽开挖; 2. 铺筑垫层; 3. 模板制作、安装、拆除; 4. 混凝土制作、运输、浇筑、养护; 5. 沉降缝、泄水孔预留、灌封处理; 6. 基坑回填,夯实; 7. 清理,弃方处理
-b	预制安装混凝土护栏	m³	1. 依据图纸所示位置和断面尺寸,按图示预制并安装的不同强度等级的混凝土体积以立方米为单位计量; 2. 不扣除混凝土沉降缝、泄水孔和预埋件所占体积; 3. 桥上混凝土护栏(护墙、立柱)在 410-7 中计量	1. 混凝土护栏块预制、运输; 2. 基槽开挖; 3. 铺筑垫层; 4. 结合面凿毛; 5. 混凝土护栏块安装; 6. 接缝处理; 7. 基坑回填,夯实; 8. 清理,弃方处理
-c	现浇混凝土基础	m³	依据图纸所示位置和断面尺寸,按图示浇筑混凝土体积以立方米为单位计量	1. 基槽开挖、清理; 2. 模板制作、安装、拆除; 3. 混凝土拌制、运输、浇筑、养护; 4. 基坑回填,夯实; 5. 清理,弃方处理
-d	钢筋	kg	1. 依据图纸所示及钢筋表所列钢筋质量以千克为单位计量; 2. 固定钢筋的材料、定位架立钢筋、钢筋接头、吊装钢筋、钢板、铁丝作为钢筋作业的附属工作,不另行计量	1. 钢筋的保护、储存及除锈; 2. 钢筋整直、接头; 3. 钢筋截断、弯曲; 4. 钢筋安设、支承及固定
602-2	石砌护墙	m³	1. 依据图纸所示位置和断面尺寸,按图示各类石砌体积以立方米为单位计量; 2. 不扣除砌体沉降缝、泄水孔所占体积	1. 基槽开挖; 2. 铺筑碎(砾)石垫层; 3. 砂浆制作、运输、石料清洗、块石修面、砌体砌筑; 4. 沉降缝、泄水孔预留、灌封处理、勾缝抹面; 5. 基坑回填,夯实; 6. 清理,弃方处理
602-3	波形梁钢护栏			
-a	路侧波形梁钢护栏	m	依据图纸所示位置、防撞等级、构造形式代号,按图示长度以米为单位计量	1. 基础施工(成孔、埋入或预埋套筒或预埋地脚螺栓等); 2. 波形梁及其匹配件安装; 3. 场地清理,弃方处理; 4. 补涂防腐涂装

续表

子目号	子目名称	单位	工程量计量	工程内容
-b	中央分隔带波形梁钢护栏	m	依据图纸所示位置、防撞等级、构造形式代号，按图示长度（单柱）以米为单位计量	1. 基础施工(成孔、埋入或预埋套筒或预埋地脚螺栓等)； 2. 波形梁及其匹配件安装； 3. 场地清理，弃方处理； 4. 补涂防腐涂装
-c	波形梁钢护栏端头	个	1. 依据图纸所示位置、断面尺寸，按图示各型号端头数量，以个为单位计量； 2. 每个端头的长度为沿路线的长度，详见《公路交通安全设施设计细则》(JTG/T D81—2006)	1. 基槽开挖； 2. 混凝土制备、运输、埋设预埋件、浇筑、养护； 3. 安装波形梁护栏端头； 4. 场地清理，弃方处理； 5. 补涂防腐涂装
602-4	缆索护栏			
-a	路侧缆索护栏	m	依据图纸所示位置和断面尺寸，分不同类型，按图示护栏长度以米为单位计量	1. 基槽开挖； 2. 基础施工； 3. 缆索及各种匹配件安装； 4. 张拉、固定； 5. 场地清理，弃方处理； 6. 补涂防腐涂装
-b	中央分隔带缆索护栏	m	依据图纸所示位置和断面尺寸，分不同类型，按图示护栏长度（单柱）以米为单位计量	1. 基槽开挖； 2. 基础施工； 3. 立柱及支架设置； 4. 缆索及各种匹配件安装； 5. 张拉、固定； 6. 场地清理，弃方处理； 7. 补涂防腐涂装
602-5	中央分隔带活动护栏			
-a	钢制插拔式	m	依据图纸所示位置和断面尺寸，按图示活动护栏长度以米为单位计量	1. 基础开挖； 2. 护栏固定型钢及插口型钢基槽埋设； 3. 护栏及其匹配件连接，防盗和开启装置设施安装，表面反射体安装
-b	钢制伸缩式	m	依据图纸所示位置和断面尺寸，按图示活动护栏长度以米为单位计量	1. 基础开挖； 2. 护栏固定型钢基槽埋设； 3. 护栏及其匹配件连接，防盗和开启装置设施安装，表面反射体安装
-c	钢管预应力索防撞活动护栏	m	依据图纸所示位置和断面尺寸，按图示活动护栏长度以米为单位计量	1. 基础开挖； 2. 导向板埋设，混凝土拌制、运输、浇筑、养护，基础回填夯实； 3. 护栏单元框架及其匹配件安装，防盗和开启装置设施安装，表面反射体安装

第603节 隔离栅和防落物网

本节工程量清单项目分项计量规则应按附表 6-2 的规定执行。

附表 6-2 隔离栅和防落物网

子目号	子目名称	单位	工程量计量	工程内容
603	隔离栅和防落物网			
603-1	钢板网隔离栅	m	1. 依据图纸所示位置和断面尺寸，按图示钢板网隔离栅沿路线展开长度以米为单位计量； 2. 不扣除钢管(型钢)所占沿路线长度，三角形起讫端按相应沿路线长度的 1/2 计量	1. 沿路线清理，基槽开挖； 2. 基础混凝土制作，运输，钢管(型钢)柱埋设，浇筑，振捣，养护，网框、网面安装，隔离栅门制作安装； 3. 场地清理，基坑回填，弃方处理
603-2	编制网隔离栅	m	1. 依据图纸所示位置和断面尺寸，按图示编制网隔离栅沿路线展开长度以米为单位计量； 2. 不扣除钢管(型钢)所占沿路线长度，三角形起讫端按相应沿路线长度的 1/2 计量	1. 沿路线清理，基槽开挖； 2. 基础混凝土制作，运输，钢管(型钢)柱埋设，浇筑，振捣，养护，网框、网面安装，隔离栅门制作安装； 3. 场地清理，基坑回填，弃方处理
603-3	焊接网隔离栅	m	1. 依据图纸所示位置和断面尺寸，按图示电焊网隔离栅沿路线展开长度以米为单位计量； 2. 不扣除钢管(型钢)所占沿路线长度，三角形起讫端按相应沿路线长度的 1/2 计量	1. 沿路线清理，基槽开挖； 2. 基础混凝土制作，运输，钢管(型钢)柱埋设，浇筑，振捣，养护，网框、网面安装，隔离栅门制作安装； 3. 场地清理，基坑回填，弃方处理
603-4	刺钢丝网隔离栅	m	1. 依据图纸所示位置和断面尺寸，按图示刺铁丝网隔离栅沿路线展开长度以米为单位计量； 2. 不扣除混凝土立柱所占沿路线长度，三角形起讫端按相应沿路线长度的 1/2 计量	1. 沿路线清理，基槽开挖； 2. 预制场平整、硬化、立柱钢筋(挂钩)制作安装、立柱混凝土浇筑、养护； 3. 基础混凝土制作，运输，钢管(型钢)柱埋设，浇筑，振捣，养护，网框、网面安装，隔离栅门制作安装； 4. 场地清理，基坑回填，弃方处理
603-5	防落物网	m	1. 按图纸设计以米为单位计量； 2. 立柱、安装网片的支架、预埋件及紧固件、防雷接地等不另行计量	1. 钢管(型钢)柱埋设、浇筑、养护； 2. 网框、网面安装； 3. 对防雷接地处理

注：隔离栅高度指隔离栅上缘网面至地表面的铅直距离。

第604节 道路交通标志

本节工程量清单项目分项计量规则应按附表 6-3 的规定执行。

附表6-3　道路交通标志

子目号	子目名称	单位	工程量计量	工程内容
604	道路交通标志			
604-1	单柱式交通标志	个	依据图纸所示位置和断面尺寸，分不同规格的标志板面，按安装就位的标志数量以个为单位计量	1. 基槽开挖； 2. 基础施工(钢筋与预埋件安装、混凝土浇筑等)； 3. 立柱、标志板及各种匹配件制作与安装； 4. 清理，弃方处理
604-2	双柱式交通标志	个	依据图纸所示位置和断面尺寸，分不同规格的标志板面，按安装就位的标志数量以个为单位计量	1. 基槽开挖； 2. 基础施工(钢筋与预埋件安装、混凝土浇筑等)； 3. 立柱、标志板及各种匹配件制作与安装； 4. 清理，弃方处理
604-3	三柱式交通标志	个	依据图纸所示位置和断面尺寸，分不同规格的标志板面，按安装就位的标志数量以个为单位计量	1. 基槽开挖； 2. 基础施工(钢筋与预埋件安装、混凝土浇筑等)； 3. 立柱、标志板及各种匹配件制作与安装； 4. 清理，弃方处理
604-4	门架式交通标志	个	依据图纸所示位置和断面尺寸，分不同规格的标志板面，按安装就位的标志数量以个为单位计量	1. 基槽开挖； 2. 基础施工(钢筋与预埋件安装、混凝土浇筑等)； 3. 门架构件、标志板及各种匹配件制作与安装； 4. 清理，弃方处理
604-5	单悬臂式交通标志	个	依据图纸所示位置和断面尺寸，分不同规格的标志板面，按安装就位的标志数量以个为单位计量	1. 基槽开挖； 2. 基础施工(钢筋与预埋件安装、混凝土浇筑等)； 3. 立柱、标志板及各种匹配件制作与安装； 4. 清理，弃方处理
604-6	双悬臂式交通标志	个	依据图纸所示位置和断面尺寸，分不同规格的标志板面，按安装就位的标志数量以个为单位计量	1. 基槽开挖； 2. 基础施工(钢筋与预埋件安装、混凝土浇筑等)； 3. 立柱、标志板及各种匹配件制作与安装； 4. 清理，弃方处理
604-7	附着式交通标志	个	依据图纸所示位置和断面尺寸，分不同规格的标志板面，按安装就位的标志数量以个为单位计量	1. 安设预埋件或连接件； 2. 立柱及板面制作与安装
604-8	里程碑	个	依据图纸所示位置和断面尺寸，按图示里程碑数量以个为单位计量	1. 基础施工或设置连接件； 2. 里程碑制作与安装

续表

子目号	子目名称	单位	工程量计量	工程内容
604-9	公路界牌	个	依据图纸所示位置和断面尺寸，按图示公路界牌数量以个为单位计量	1. 界牌制作； 2. 基槽开挖、基槽混凝土浇筑、界牌埋设； 3. 基坑回填、夯实； 4. 清理，弃方处理
604-10	百米桩	个	依据图纸所示位置和断面尺寸，按图示百米桩数量以个为单位计量	百米桩制作、安装
604-11	防撞桶	个	依据图纸所示位置和断面尺寸，按图示防撞桶数量以个为单位计量	防撞桶安设、表面粘贴反光膜
604-12	锥形桶	个	依据图纸所示位置和断面尺寸，按图示锥形桶数量以个为单位计量	锥形桶安设、表面粘贴反光膜
604-13	道路反光镜	个	依据图纸所示位置，分不同类型的反光镜数量，以个为单位计量	1. 基础施工； 2. 反光镜安装； 3. 场地清理

第 605 节　道路交通标线

本节工程量清单项目分项计量规则应按附表 6-4 的规定执行。

附表 6-4　道路交通标线

子目号	子目名称	单位	工程量计量	工程内容
605	道路交通标线			
605-1	热熔型涂料路面标线	m²	依据图纸所示位置和断面尺寸，分不同类型，按图示标线面积以平方米为单位计量	1. 路面清扫； 2. 刮涂底油，涂料加热溶解，喷(刮)标线，撒布玻璃珠(反光标线)，初期养护
605-2	溶剂型涂料路面标线	m²	依据图纸所示位置和断面尺寸，分不同类型，按图示标线面积以平方米为单位计量	1. 路面清扫； 2. 涂料拌和溶解，喷(刮)标线，撒布玻璃珠(反光标线)，初期养护
605-3	预成型标线带	m²	依据图纸所示位置和断面尺寸，分不同类型，按图示标线面积以平方米为单位计量	1. 路面清扫； 2. 刮涂底油，粘贴标线，初期养护
605-4	突起路标	个	依据图纸所示位置，分不同类型，按图示突起路标数量以个为单位计量	1. 路面清扫； 2. 底胶调和，粘贴突起路标，初期养护
605-5	轮廓标	个	依据图纸所示位置，分不同类型，按图示轮廓标数量以个为单位计量	1. 基础施工及连接件设置； 2. 轮廓标安装； 3. 发光型轮廓标调试
605-6	立面标记	处	依据图示所示位置，按图示立面标记以处为单位计量	表面清理，刮(喷)涂

续表

子目号	子目名称	单位	工程量计量	工程内容
605-7	锥形路标	个	依据图纸所示位置,按图示锥形路标以个为单位计量	锥形路标制作与安装
605-8	减速带	m	依据图纸所示位置,按图示减速带长度以米为单位计量	1. 钻孔及锚杆安设; 2. 橡胶减速带安装
605-9	铲除原有路面标线	m²	依据图纸所示,按铲除的原有路面标线面积以平方米为单位计量	1. 铲除原有标线; 2. 清理现场

第606节 防眩设施

本节工程量清单项目分项计量规则应按附表6-5的规定执行。

附表6-5 防眩设施

子目号	子目名称	单位	工程量计量	工程内容
606	防眩设施			
606-1	防眩板	块	依据图纸所示位置和断面尺寸,分不同类型,按图示防眩板数量以块为单位计量	1. 钻孔及螺栓安设; 2. 支架安装; 3. 防眩板安装,校位
606-2	防眩网	m	1. 依据图纸所示位置和断面尺寸,分不同类型,按图示防眩网长度以米为单位计量; 2. 不扣除立柱所占长度	1. 钻孔及螺栓安设; 2. 支架安装; 3. 防眩网安装,校位

第607节 通信和电力管道与预埋(预留)基础

本节工程量清单项目分项计量规则应按附表6-6的规定执行。

附表6-6 通信和电力管道与预埋(预留)基础

子目号	子目名称	单位	工程量计量	工程内容
607	通信和电力管道与预埋(预留)基础			
607-1	人(手)孔	个	依据图纸所示位置和断面尺寸,按图示现浇混凝土人孔的数量以个为单位计量	1. 基槽开挖; 2. 铺筑碎(砾)石垫层、立模; 3. 混凝土制作,运输,构造钢筋和穿钉、管道支架、拉力环的加工制作,装卸运输、预埋、浇筑、振捣、养护、拆模; 4. 钢筋混凝土上腹盖板预制或现浇的全部工序,井孔口圈和井盖制作安装; 5. 基坑回填,夯实; 6. 清理,弃方处理

子目号	子目名称	单位	工程量计量	工程内容
607-2	紧急电话平台	个	依据图纸所示位置和断面尺寸，按图示电话平台的数量以个为单位计量	1. 基槽开挖； 2. 浆砌片石基础调整，铺筑碎(砾)石垫层、立模； 3. 混凝土制作，运输，钢管护栏加工制作，装卸运输、预埋、浇筑、振捣、接地母线预埋、养护、拆模； 4. 基坑回填，夯实； 5. 清理，弃方处理
607-3	管道工程	m	1. 依据图纸所示位置和断面尺寸，分不同类型及规格，按图示铺设的管道长度以米为单位计量； 2. 不扣除人孔、手孔所占长度	1. 基槽开挖； 2. 铺筑细粒土找平层； 3. 硅芯管下料铺设、接头接续、定位、编码、包封、人孔和手孔封口、管口保护； 4. 土体回填，夯实； 5. 过桥管箱支架及管箱安装； 6. 清理、弃方处理

第608节 收费设施及地下通道

本节工程量清单项目分项计量规则应按附表6-7的规定执行。

附表6-7 收费设施及地下通道

子目号	子目名称	单位	工程量计量	工程内容
608	收费设施及地下通道			
608-1	收费亭	个	依据设计图纸所示位置和尺寸，分不同类型，按图示材料材质制作安装收费亭数量，以个为单位计量	收费亭制作、防腐、粘贴反光标识、就位、固定
608-2	收费天棚	m²	依据图示位置和尺寸，按图示材料制作安装的收费天棚平面投影面积，以平方米为单位计量	1. 基础施工； 2. 立柱结构制作、架设； 3. 天棚支撑系统结构制作、安装、固定； 4. 刷防护油漆
608-3	收费岛	个	依据图纸所示位置和断面尺寸，分不同类型，按图示混凝土收费岛数量，以个为单位计量	1. 模板制作、安装、拆除； 2. 钢筋制作、安装； 3. 混凝土拌和、运输、浇筑、养护； 4. 涂料拌制、刮涂底油、喷(刮)标线、初期养护； 5. 清理现场
608-4	地下通道	m	依据图纸所示位置和结构形式及断面尺寸，分不同类型，按地下通道中心量测的洞口间距离以米为单位计量	1. 支架、模板制作、安装、拆除； 2. 钢筋制作、安装； 3. 混凝土拌和、运输、浇筑、养护； 4. 预制梁板、运输、安装； 5. 清理现场

续表

子目号	子目名称	单位	工程量计量	工程内容
608-5	预埋管线	m	依据图纸所示位置和断面尺寸，分不同类型，按图示预埋管线长度以米为单位计量	1. 备管、运输； 2. 基槽开挖、埋地管就位，穿放牵引铁丝，安装接续、焊缝防腐处理； 3. 包封及进出口端封口处理； 4. 基槽回填、夯实； 5. 清理现场、弃方处理
608-6	架设管线	m	依据图纸所示位置和断面尺寸，分不同类型，按图示架设管线长度以米为单位计量	1. 管线支架、运输、安装； 2. 管线现场就位、安装、焊缝防腐处理； 3. 进出口端封口处理

第700章 绿化及环境保护设施

第701节 通 则

本节包括材料标准、绿化施工的一般要求。本节工作内容均不作计量，其所涉及的作业应包含在与其相关工程子目之中。

第702节 铺 设 表 土

本节工程量清单项目分项计量规则应按附表7-1的规定执行。

附表7-1 铺设表土

子目号	子目名称	单位	工程量计量	工程内容
702	铺设表土			
702-1	开挖并铺设表土	m³	依据图纸所示位置和断面尺寸，按开挖并铺设的种植土体积以立方米为单位计量	1. 填前场地清理； 2. 回填种植土、清除杂物、拍实、耙细整平、找坡、沉降后补填； 3. 路面清洁保护，场地清理，废弃物装卸运输
702-2	铺设利用的表土	m³	依据图纸所示位置和断面尺寸，按铺设利用的种植土体积以立方米为单位计量	1. 填前场地清理； 2. 回填种植土、清除杂物、拍实、耙细整平、找坡、沉降后补填； 3. 路面清洁保护，场地清理，废弃物装卸运输

第703节 撒播草种和铺植草皮

本节工程量清单项目分项计量规则应按附表7-2的规定执行。

附表 7-2　撒播草种和铺植草皮

子目号	子目名称	单位	工程量计量	工程内容
703	撒播草种和铺植草皮			
703-1	撒播草种(含喷播)	m²	1. 依据图纸所示位置，按图示种植的面积以平方米为单位计量； 2. 扣除结构工程防护和密栽灌木所占面积，不扣除散栽苗木所占面积	1. 场地清理，耙细； 2. 种植及覆盖； 3. 浇水、施肥、除虫、除杂草、修剪、补种； 4. 清除垃圾、杂物
703-2	撒播草种及花卉、灌木籽(含喷播)	m²	1. 依据图纸所示位置，按图示种植的面积以平方米为单位计量； 2. 扣除结构工程防护和密栽灌木所占面积，不扣除散栽苗木所占面积	1. 场地清理，耙细； 2. 种植及覆盖； 3. 浇水、施肥、除虫、除杂草、修剪、补种； 4. 清除垃圾、杂物
703-3	先点播灌木后喷播草种	m²	1. 依据图纸所示位置，按图示种植的面积以平方米为单位计量； 2. 扣除结构工程防护和密栽灌木所占面积，不扣除散栽苗木所占面积	1. 场地清理，耙细； 2. 挖坑穴(槽)，灌木点播； 3. 喷播草种、覆盖； 4. 浇水、施肥、除虫、除杂草、修剪、补种； 5. 清除垃圾、杂物
703-4	铺植草皮	m²	1. 依据图纸所示位置，按图示种植的面积以平方米为单位计量； 2. 扣除结构工程防护和密栽灌木所占面积，不扣除散栽苗木所占面积	1. 场地清理，耙细； 2. 种植草皮； 3. 浇水、施肥、除虫、除杂草、修剪、补种； 4. 清除垃圾、杂物
703-5	三维土工网植草	m²	1. 依据图纸所示位置，按图示种植的面积以平方米为单位计量； 2. 扣除结构工程面积	1. 地表整理、修整坡面； 2. 铺设三维土工网及锚钉固定； 3. 铺设表土； 4. 喷播草种(灌木籽)； 5. 浇水、施肥、除虫、除杂草、修剪、补种； 6. 清除垃圾、杂物
703-6	客土喷播	m²	依据图纸所示，按照客土喷播的面积以平方米为单位计量	1. 坡面整理； 2. 安设锚杆； 3. 安设铁丝网(钢丝网)； 4. 绿湖基材设备； 5. 喷播绿湖基材； 6. 浇水、施肥、除虫、除杂草、修剪、补种； 7. 清除垃圾、杂物
703-7	植生袋	m²	依据图纸所示位置，按铺设面积以平方米为单位计量	1. 清理坡面； 2. 垫铺碎石； 3. 安放植生袋； 4. 浇水、施肥、除虫、除杂草、修剪、补种； 5. 清除垃圾、杂物

续表

子目号	子目名称	单位	工程量计量	工程内容
703-8	绿地喷灌管道	m	依据图纸所示，按敷设的不同管径的管道长度以米为单位计量	1. 开挖与回填； 2. 管道敷设，管道连接，闸阀、洒水栓安装； 3. 通水及洒水调试

第 704 节　种植乔木、灌木和攀缘植物

本节工程量清单项目分项计量规则应按附表 7-3 的规定执行。

附表 7-3　种植乔木、灌木和攀缘植物

子目号	子目名称	单位	工程量计量	工程内容
704	种植乔木、灌木和攀缘植物			
704-1	人工种植乔木	棵	依据图纸所示位置，按图示种植的不同规格的各类乔木数量以棵为单位计量	1. 开挖种植穴(槽)； 2. 换填种植土； 3. 苗木栽培； 4. 支撑、浇水、施肥、除虫、除杂草、修剪、补种； 5. 场地清理，废弃物装卸运输
704-2	人工种植灌木	棵	依据图纸所示位置，按图示种植的不同规格的各类灌木数量以棵为单位计量	1. 开挖种植穴(槽)； 2. 换填种植土； 3. 苗木栽培； 4. 支撑、浇水、施肥、除虫、除杂草、修剪、补种； 5. 场地清理，废弃物装卸运输
704-3	人工种植攀缘植物	棵	依据图纸所示位置，按图示种植的不同规格的各类攀缘植物数量以棵为单位计量	1. 开挖种植穴(槽)； 2. 换填种植土； 3. 苗木栽培； 4. 支撑、浇水、施肥、除虫、除杂草、修剪、补种； 5. 场地清理，废弃物装卸运输
704-4	人工种植竹类	棵	依据图纸所示位置，按图示种植的不同类型的竹母数量以棵为单位计量	1. 开挖种植穴(槽)； 2. 换填种植土； 3. 苗木栽培； 4. 支撑、浇水、施肥、除虫、除杂草、修剪、补种； 5. 场地清理，废弃物装卸运输

注：苗木计算应符合下列规定：

1. 胸径应为地表面向上 1.2m 处树干直径；
2. 冠径(冠幅)应为苗木冠丛垂直投影面的最大直径和最小直径之间的平均值；
3. 蓬径应为灌木、灌丛垂直投影面的直径；
4. 地径应为地表面向上 0.1m 高处树干直径；
5. 干径应为地表面向上 0.3m 高处树干直径；
6. 株高应为地表面至树顶端的高度；
7. 冠丛高应为地表面至乔(灌)木顶端的高度；
8. 篱高应为地表面至绿篱顶端的高度。

第705节　植物养护和管理

本节包括从绿化植物开始种植到工程缺陷责任期结束的养护和管理。本节工作含入绿化植物种植的相关子目中均不另行计量。

第706节　声　屏　障

本节工程量清单项目分项计量规则应按附表7-4的规定执行。

附表7-4　声屏障

子目号	子目名称	单位	工程量计量	工程内容
706	声屏障			
706-1	吸、隔声板声屏障	m	依据图纸所示位置和断面尺寸，分不同类型，按图示吸、隔声板声屏障的长度以米为单位计量	1. 场地清理； 2. 基础施工； 3. 声屏障制作； 4. 声屏障安装
706-2	吸声砖声屏障	m³	1. 依据图纸所示位置和断面尺寸，分不同类型，按图示吸声砖的体积以立方米为单位计量； 2. 基础作为附属工作，不另行计量	1. 场地清理； 2. 基础施工； 3. 吸声砖砌筑； 4. 压顶； 5. 装饰装修
706-3	砖墙声屏障	m³	1. 依据图纸所示位置和断面尺寸，分不同类型，按图示砖墙的体积以立方米为单位计量； 2. 基础作为附属工作，不另行计量	1. 场地清理； 2. 基础施工； 3. 砖墙砌筑； 4. 压顶； 5. 装饰装修

参考文献

范智杰，2008. 公路工程计量与进价控制[M]. 北京：人民交通出版社.

江苏省质量技术监督局，2010. 江苏省高速公路工程工程量清单计价规范(DB32/T 1553—2009)[S]. 南京：江苏省质量技术监督局.

交通运输部职业资格中心，2015. 公路工程技术与计量[M]. 北京：人民交通出版社.

交通运输部职业资格中心，2015. 公路工程造价案例分析[M]. 北京：人民交通出版社.

邬晓光，陈鄂川，2010. 公路工程工程量清单计价指南[M]. 北京：人民交通出版社.

邢凤岐，2006. 公路工程概预算百问[M]. 北京：人民交通出版社.

于仁杰，2003. 道路工程造价手册[M]. 北京：中国科学技术出版社.

张国栋，2009. 图解建筑工程工程量清单计算手册[M]. 3 版. 北京：机械工业出版社.

中华人民共和国交通部，2008. 公路工程预算定额(JTG/T B06-02—2007)[S]. 北京：人民交通出版社.

中华人民共和国交通运输部，2018. 公路工程标准施工招标文件(2018 年版)[S]. 北京：人民交通出版社.